Estructuras de Datos Dinámicas

Una forma fácil de aprender

Estructuras de Datos Dinámicas

Una forma fácil de aprender

Libardo Pantoja

César Pardo

Ra-Ma®

Editado por:
RA-MA Editorial
Madrid, España

Colección American Book Group - Informática y Computación - Volumen 9.
ISBN No. 978-168-165-707-3
Biblioteca del Congreso de los Estados Unidos de América: Número de control 2019935027
www.americanbookgroup.com/publishing.php

Maquetación: Antonio García Tomé
Diseño de portada: Antonio García Tomé
Arte: Pikisuperstar / Freepik

Dedicado a...
Dios, por brindarme esta oportunidad de compartir
con los lectores mi experiencia y conocimiento,
a mi hijo, a mi sobrina y a mi madre,
quienes son mi amor e inspiración.
Libardo Pantoja

Dedicado a...
Mi amada esposa, Mara, por su amor, apoyo y
comprensión incondicional en cada uno de los proyectos,
sin imaginar las dimensiones del viaje que emprendemos.
A mi familia, por permitirme estar a su lado,
el destino nos mantiene unidos.
A mi amigo y colega, Libardo Pantoja,
por permitirme formar parte de este hermoso proyecto.
César Pardo

ÍNDICE

SOBRE LOS AUTORES

Wilson Libardo Pantoja Yépez

Magister en Computación por la Universidad del Cauca, Colombia. Especialista en Redes y Servicios Telemáticos por la Universidad del Cauca, Colombia. Ingeniero de Sistemas por la Universidad de Nariño, Colombia. Actualmente trabaja en la Universidad del Cauca como docente titular adscrito a la Facultad de Ingeniería Electrónica y Telecomunicaciones y al Departamento de Sistemas, orientando materias varias entre ellas, Ingeniería de software, Estructuras de Datos y Programación Orientada a Objetos. El profesor Pantoja tiene conocimientos en usabilidad, arquitecturas de software para aplicaciones empresariales, principalmente en Java, Software Libre y Open Source, implementación de servicios telemáticos en plataformas Gnu/Linux y se ha desempeñado como asesor en estos temas en empresas de Colombia. Durante sus primeros años de ingeniero de sistemas fue desarrollador de aplicaciones de gestión hospitalaria. El profesor participó en proyectos de Investigación durante 14 años con el Grupo I+D IDIS (Investigación y Desarrollo en Ingeniería de Software) donde publicó varios artículos científicos, libros y capítulos de libros. Por el desarrollo de este libro y sus áreas de investigación el profesor Libardo Pantoja agradece el apoyo de la Universidad del Cauca.

César Jesús Pardo Calvache

Doctor y magister en Ingeniería Informática por la Universidad de Castilla-La Mancha, España. Ingeniero de Sistemas por la Universidad del Cauca, Colombia, donde actualmente trabaja como profesor asistente a tiempo completo adscrito a la Facultad de Ingeniería Electrónica y Telecomunicaciones y al Departamento de Sistemas, orientando materias relacionadas a la teoría de la Computación, Calidad de

Software, Programación, Ingeniería de Software y Metodologías ágiles. El profesor Pardo es Scrum Master por la SCRUM ALLIANCE en Madrid, España. Asimismo, se ha desempeñado como consultor e investigador con más de 11 años de experiencia en temas relacionados a: la calidad de procesos, calidad de producto, mejora de procesos, armonización de múltiples modelos y metodologías ágiles para la gestión de equipos de trabajo y el desarrollo de productos y servicios. Autor de más de 50 publicaciones entre artículos, capítulos de libros y ponencias a nivel nacional e internacional, lo que le ha permitido en el 2015 y 2016 estar en el listado de los 500 colombianos más citados en Colombia a través de una consulta realizada por webometrix. Por el desarrollo de este libro y sus líneas de investigación el profesor César Pardo agradece la contribución de la Universidad del Cauca.

PREFACIO

Una necesidad histórica de los estudiantes de carreras informáticas en nuestras universidades es brindar bases sólidas en las asignaturas de programación. En corto tiempo hemos pasado de un paradigma de programación estructurada a un paradigma orientado a objetos. Sin embargo, mucha de la literatura existente explica el uso de las estructuras de datos bajo un paradigma estructurado. Se hace evidente la necesidad de repensar las estructuras de datos orientadas a objetos que ayuden a resolver problemas de programación complejos de manera eficiente. La eficiencia de los programas es campo del análisis de algoritmos.

¿Para qué sirve programar? La respuesta es simple: para todo. En la actualidad los computadores intervienen en la casi totalidad de las actividades que realiza el ser humano, y la programación es lo que hace funcionar a los computadores. Efectivamente, los computadores intervienen ya en todas las facetas de la vida y actividad humanas, en procesos tan diversos como la educación, la salud, la producción industrial, el transporte o la recreación.

Por ello, crear programas eficientes y fáciles de mantener es un proceso importante y complejo. De ahí que surgen áreas nuevas de la computación como la Ingeniería de Software o la Interacción Humano Computador, que nos brindan novedosas técnicas para crear software de calidad.

Durante los primeros cursos de las carreras informáticas se brindan las primeras bases para la creación de programas de calidad. Las estructuras de datos hacen parte de estas bases. Elegir las estructuras de datos adecuadas que van a manejar los datos de nuestros programas es el primer paso para tener un programa eficiente y fácil de mantener en el tiempo. Las estructuras de datos son importantes, ya que determinan los tipos de operaciones que podemos realizar en los datos y la eficiencia con que pueden llevarse a cabo. Podemos determinar qué estructuras de datos se van a utilizar para almacenar nuestros datos solo después de haber analizado cuidadosamente el problema y saber por lo menos qué es lo que esperamos hacer con los datos. Por ejemplo, si vamos a requerir de acceso aleatorio, o acceso secuencial, o la capacidad de moverse hacia adelante y hacia atrás a través de los datos.

Las estructuras de datos son aquellas que nos permiten almacenar, manipular y ordenar la información. En la actualidad las estructuras de datos son importantes en el modelamiento y solución de problemas en un dominio determinado caracterizándose por sus procesos eficaces para la manipulación y tratamiento de la información. Toda aplicación simple o compleja debe tener internamente estructuras de datos.

Organización del libro

En este libro se presenta el estudio de las estructuras de datos dinámicas lineales y no lineales, en concreto: pilas, colas, listas, árboles y grafos. El libro está pensado para estudiantes de programas relacionados con informática que ya tengan un conocimiento básico en programación orientada a objetos. Se ofrece un buen nivel de profundidad en los temas, acorde a la formación de profesionales competentes en programación, así como una buena gama de ejemplos y ejercicios.

En esta obra se persiguen los siguiente objetivos:

- Presentar de manera clara cada una de las estructuras de datos dinámicas lineales: pilas, colas, listas, árboles y grafos.
- Servir de guía a los docentes que orientan asignaturas de estructuras de datos en programas relacionados con informática.
- Servir de guía a los estudiantes que están cursando asignaturas de estructuras de datos y programación.
- Determinar la eficiencia de los algoritmos y operaciones de las estructuras de datos.

A lo largo de esta obra se ha combinado la experiencia de los autores como docentes que han orientado la asignatura de estructuras de datos durante su vida profesional así como asignaturas relacionadas como programación orientada a objetos, análisis de algoritmos, ingeniería de software o calidad de software. Se plasma un estilo particular en cada capítulo pensado en una estructura comprensible, didáctica y actualizada.

Contenido

La obra consta de 7 capítulos, de los cuales los primeros son introductorios y ofrecen las bases teóricas de las estructuras de datos y el análisis de algoritmos. Los siguientes capítulos estudian en detalles cada una de las estructuras de datos dinámicas en el siguiente orden: pilas, colas, listas, árboles y grafos.

En el primer capítulo se presenta una introducción o perspectiva general de las estructuras de datos, su definición, importancia y clasificación. A continuación, el capítulo 2 expone el tema de análisis de algoritmos, que tiene por objetivo estudiar la eficiencia de los algoritmos desde una perspectiva matemática. El capítulo 3 estudia los tipos abstractos de datos (TADs) y las formas de especificarlos; se pretende que más adelante, al estudiar cada estructura de datos se parta del TAD respectivo. Enseguida, en el capítulo 4 se estudia la primera estructura de datos, pilas, su definición, filosofía, implementación en java y ejemplos de problemas que se resuelven con pilas. El estudio, implementación y uso de las colas es el objetivo del capítulo 5. Igualmente, en el capítulo 6 se estudian las colas. En el capítulo 7 se estudian, bajo el mismo esquema, las listas. A partir del capítulo 8 comienzan a estudiarse las estructuras de datos no lineales, en este caso los árboles. Finalmente, el estudio de los grafos es el objetivo del capítulo 9.

Soporte WEB

En esta obra también se incluye un sitio web que alberga el código fuente de los ejemplos de cada capítulo incluidos en este libro. Puede acceder al sitio web leyendo el código de respuesta rápida (*Quick Response QR-code*) o digitando la siguiente dirección web directamente en su navegador: *https://goo.gl/q9KeID*

Orientación a los lectores

Este libro requiere que el lector tenga bases de programación orientada a objetos en cualquier lenguaje. Su objetivo es conocer las estructuras de datos dinámicas mediante un esquema que comprende la teoría, ejemplos y ejercicios propuestos. Este libro está dirigido a una audiencia que comprende: Docentes universitarios que orientan asignaturas de programación y estructuras de datos. Estudiantes de carreras informáticas que necesitan conocer el uso adecuado de las estructuras de datos antes de empezar cursos más avanzados en desarrollo de software. Profesionales en informática que quieran tener el libro como fuente de consulta y referencia. Hay que destacar que también son lectores potenciales, cualquier profesional o estudiante que le guste la programación de computadores.

Agradecimientos

Queremos expresar agradecimientos sinceros a nuestros amigos y colegas de la Universidad del Cauca que nos han compartido sus experiencias y de quienes hemos aprendido, en particular a los profesores: PhD. Julio Hurtado, PhD. Mauricio Maca, MSc. Ember Martínez y MSc. Carlos Ardila. También queremos agradecer a la Universidad del Cauca por brindarnos el espacio y los recursos para producir esta obra.

Por último, queremos agradecer a Ra-Ma Editorial, especialmente a don Jesús Ramírez, por depositar su confianza en nosotros, y a Julio Santoro por apoyarnos en todo el proceso de publicación de esta obra.

PRÓLOGO

En la actualidad el uso intensivo de la información dentro de la sociedad en general, demanda formas de organización propicias para su gestión. Una apropiada organización de los datos mejora: la eficiencia en el uso de los recursos, la calidad de los servicios y la toma de decisiones.

Dada esta situación, en el mundo académico es necesario proporcionar a los estudiantes apoyos didácticos, con aspectos teóricos y ejemplos prácticos, para que adopten las formas de organización de datos desde el punto de vista de la programación.

Por ello, la finalidad de este libro es atinada al presentar de forma clara y completa, la naturaleza y principales características de las estructuras de datos; herramienta esencial en la organización y la gestión de la información, razón por la que los planes de estudio de informática y sistemas computacionales incluyen uno o más cursos sobre esta materia.

Este libro está pensado como un texto general de estructuras de datos, el cual cubre tanto la teoría sobre tipos de datos abstractos, como otros aspectos relevantes de las estructuras de datos incluyendo dos fundamentales: su conceptualización y su implementación en Java.

Por otro lado, se abordan las estructuras de datos desde el paradigma de la programación orientada a objetos. Este paradigma ha ido ganando popularidad en las últimas décadas, muy probablemente por el manejo de encapsulamiento y el agrupamiento lógico que permite que los programadores puedan extender el código de manera más intuitiva. Un programa orientado a objetos permite además la construcción de conceptos relacionados con el dominio de interés, en este caso adaptado hacia las estructuras de datos.

Los autores facilitan al lector la comprensión sólida de las estructuras de datos, la selección y la decisión que conlleva su diseño e implementación, y el contexto en el que éstas operan, por ejemplo, tipo y cantidad de memoria.

Estamos convencidas que este libro contribuirá a fortalecer el conocimiento de los estudiantes de licenciatura y maestría en ciencias de la computación, ingeniería de Sistemas e ingeniería Informática. De igual forma, queremos reconocer el gran esfuerzo realizado por los autores que conlleva largas horas de trabajo, dando como resultado este texto que apoyará a la comunidad universitaria.

Dra. Graciela Lara López
Dra. Adriana Peña Pérez Negrón
Departamento de Ciencias Computacionales
Universidad de Guadalajara

1

INTRODUCCIÓN A LAS ESTRUCTURAS DE DATOS

1.1 DEFINICIÓN DE ESTRUCTURA DE DATOS

Los datos a procesar por un computador se clasifican en: simples y estructurados. Los datos simples ocupan solo una casilla de memoria, por lo tanto una variable simple hace referencia a un único valor a la vez. Como ejemplos de datos simples tenemos: enteros, reales, caracteres, booleanos.

Los datos estructurados se caracterizan tener un nombre (el identificador de la variable estructurada) con el cual se hace referencia a un grupo de casillas de memoria (Ver Figura 1.1). Es decir, un dato estructurado tiene varios componentes. Cada uno de los componentes puede ser a su vez un dato simple o estructurado.

DEFINICIÓN 1.1.1

Estructura de Datos

Una estructura de datos es un conjunto de elementos, que se relacionan entre sí y que se pueden operar como un todo.

1.2 OPERACIONES

Sobre una estructura de datos se puede efectuar diferentes tipos de operaciones, entre las más importantes están:

- Inserción: Es aquella mediante la cual se incluye un nuevo elemento en la estructura.
- Modificación: Permite variar parcial o totalmente el contenido de la información de los elementos de la estructura.
- Eliminación: Como su nombre lo indica, es la que permite suprimir elementos de la estructura.

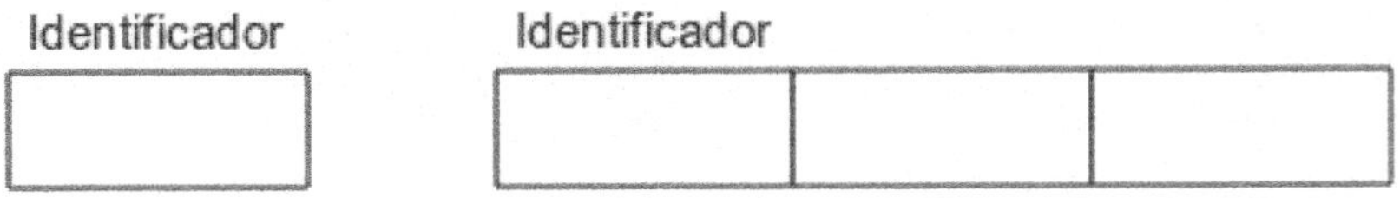

Figura 1.1. A la izquierda una representación de un dato simple, a la derecha un dato estructurado

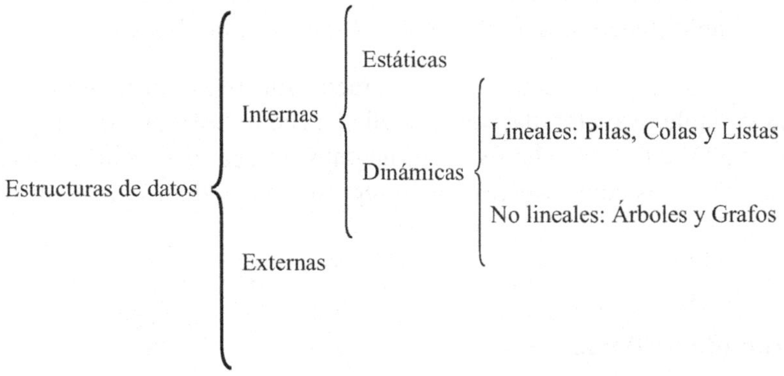

Figura 1.2. Clasificación de las estructuras de datos

- Navegar por la estructura: Esta es una operación básica que garantiza que se puede recuperar información almacenada.
- Búsqueda: Permite determinar si un elemento se encuentra o no en la estructura.

- Consulta de la información: Permite obtener información de uno o más elementos de la estructura.
- Copia parcial o total: Mediante esta operación se puede obtener total o parcialmente una estructura con características similares a la original.
- Prueba: Permite determinar si uno o varios elementos cumplen determinadas condiciones.
- Verificar si es vacía: Permite determinar si existen o no elementos sobre la estructura.

1.3 CLASIFICACIÓN

La Figura 1.2 muestra una clasificación completa de las estructuras de datos. Cada una de esas estructuras serán estudiadas en los capítulos posteriores. En primer lugar, las estructuras de datos se pueden clasificar en internas y externas.

1.3.1 Estructuras de Datos Internas y Externas

Si una estructura de datos reside en la memoria central del computador se denomina estructura de datos interna. Recíprocamente, si reside en un soporte externo, se denomina estructura de datos externa.

Las estructuras de datos internas pueden ser de dos tipos: Estructuras de Datos Estáticas y Estructuras de Datos Dinámicas.

1.3.2 Estructuras de Datos Estáticas

Tienen un número fijo de elementos que queda determinado desde la declaración de la estructura en el comienzo del programa. Ejemplo los arreglos. Las estructuras de datos estáticas, presentan dos inconvenientes:

- La reorganización de sus elementos, si ésta implica mucho movimiento puede ser muy costosa. Ejemplo: insertar un dato en un arreglo ordenado.
- Son estructuras de datos estáticas, es decir, el tamaño ocupado en memoria es fijo, el arreglo podría llenarse y si se crea un arreglo de tamaño grande se estaría desperdiciando memoria.

1.3.3 Estructuras de Datos Dinámicas

Las estructuras de datos dinámicas nos permiten lograr un importante objetivo de la programación orientada a objetos, la *reutilización de objetos*. Al contrario de un arreglo, que contiene espacio para almacenar un número fijo de elementos, una estructura dinámica de datos se amplía y contrae durante la ejecución del programa. A su vez, este tipo de estructuras se pueden dividir en dos grandes grupos según la forma en la cual se ordenan sus elementos: Lineales y no lineales

1.3.4 Estructuras de Datos Lineales

En este tipo de estructuras los elementos se encuentran ubicados secuencialmente. Al ser dinámica, su composición varía a lo largo de la ejecución del programa que lo utiliza a través de operaciones de inserción y eliminación. Dependiendo del tipo de acceso a la secuencia, haremos la siguiente distinción:

1. Listas: podemos acceder (insertar y eliminar) por cualquier lado.
2. Pilas: solo tiene un único punto de acceso fijo a través del cual se añaden, se eliminan o se consultan elementos.
3. Colas: tiene dos puntos de acceso, uno para añadir y el otro para consultar o eliminar elementos.

1.3.5 Estructuras de Datos no Lineales

En este tipo de estructuras los elementos no se encuentran ubicados secuencialmente. En las estructuras de datos dinámicas no lineales están los árboles y grafos.

2

ANÁLISIS DE ALGORITMOS

2.1 ALGUNAS ACLARACIONES

En este capítulo se presentan algoritmos haciendo uso de una notación pseudoformal o pseudocódigo basada en Python, en este sentido, las estructuras selectivas o repetitivas utilizadas en los ejemplos no hacen uso de la palabra *fin*.

2.2 DEFINICIÓN DE ALGORITMO

Algoritmo es sinónimo de procedimiento computacional y es fundamental para las ciencias de la computación. Un algoritmo es una secuencia finita de instrucciones, cada cual con un significado concreto y cuya ejecución genera un tiempo finito. Un algoritmo debe terminar en un tiempo finito.

Algoritmo es toda receta, proceso, rutina, método, etc., que, además de ser un conjunto de instrucciones que resuelven un determinado problema, cumple las siguientes condiciones:

1. Ser finito. La ejecución de un algoritmo acaba en un tiempo finito; un procedimiento que falle en la propiedad de la finitud es simplemente un procedimiento de cálculo.

2. Ser preciso. Cada instrucción de un algoritmo debe ser precisa con un significado concreto; deberá tenerse en cuenta un rigor y no la ambigüedad.

3. Posee entradas. Las entradas se toman como un conjunto específico de valores que inicializan el algoritmo.

4. Posee salidas. Todo algoritmo posee una o más salidas; la salida es la transformación de la entrada.

5. Ser eficaz. Un algoritmo es eficaz cuando resuelve el problema.

6. Ser eficiente. Un algoritmo es eficiente cuando resuelve el problema de la mejor manera posible, o sea utilizando la mínima cantidad de recursos.

Una vez que tenemos un algoritmo que resuelve un problema y podemos decir que es de alguna manera correcto, un paso importante es tener idea de la cantidad de *recursos*, como tiempo de procesador o espacio en la memoria principal que requerirá. El objetivo del análisis de algoritmos es:

1. Conocer los factores que influyen en la eficiencia de un algoritmo.

2. Aprender a calcular el tiempo que emplea un algoritmo.

3. Aprender a reducir el tiempo de ejecución de un programa (por ejemplo, de días o años a fracciones de segundo).

DEFINICIÓN 2.2.1

Análisis de Algoritmos

El análisis de algoritmos es una parte de la Teoría de la Complejidad Computacional, que provee estimaciones teóricas para los recursos que necesita cualquier algoritmo que resuelva un problema computacional dado. Estas estimaciones resultan ser bastante útiles en la búsqueda de algoritmos eficientes.

2.3 FACTORES QUE INFLUYEN EN LA EFICIENCIA DE UN ALGORITMO

Podemos tomar en cuenta muchos factores que sean externos al algoritmo como la computadora donde se ejecuta (hardware y software) o factores internos como la longitud de entrada del algoritmo. Veamos algunos de estos factores:

- *El Hardware*. Por ejemplo: procesador, frecuencia de trabajo, memoria, discos, etc.

- *El Software*. Por ejemplo: sistema operativo, lenguaje de programación, compilador, etc.

- *La longitud de entrada*. El enfoque matemático considera el tiempo del algoritmo como una función del tamaño de entrada. Normalmente, se identifica la longitud de entrada (tamaño de entrada), con el número de elementos lógicos contenidos en un ejemplar de entrada, por ejemplo: en un algoritmo que calcula el factorial de un número, la longitud de entrada sería el mismo número, porque no es lo mismo calcular el factorial de 4 que calcular el factorial de 1000, las iteraciones que hace el algoritmo dependerá de la entrada. De igual manera se puede considerar como longitud de entrada: al tamaño de un arreglo, el número de nodos de una lista enlazada, el número de registros de un archivo o el número de elementos de una lista ordenada). A medida que crece el tamaño de un ejemplar del programa, generalmente, crece el tiempo de ejecución. Observando cómo varía el tiempo de ejecución con el tamaño de la entrada, se puede determinar la tasa de crecimiento del algoritmo, expresado normalmente en términos de n, donde n es **una medida del tamaño de la entrada**.

La tasa de crecimiento de un problema es una medida importante de la eficiencia ya que predice cuánto tiempo se requerirá para entradas muy grandes de un determinado problema.

Para que un algoritmo sea eficiente, se debe optimizar el tiempo de ejecución y el espacio en la memoria, aunque se producirá la optimización de uno a costa del otro.

2.4 COMPLEJIDAD COMPUTACIONAL

La complejidad computacional estudia los costos de cómputo necesarios para resolver un problema; entendiéndose por costos los recursos de espacio de almacenamiento y de, principalmente, *tiempo de cómputo*. Debido a que es necesario un estudio que no tenga alguna dependencia con arquitecturas de cómputo, el tiempo se mide en función al tamaño de la entrada de un algoritmo desarrollado para el problema a resolver. El análisis de complejidad se basa en la comparación del tipo de ejecución de los algoritmos desarrollados para resolver un problema.

En computación, al hablar de complejidad, no se está refiriendo a la dificultad que se tendría para diseñar un programa, o a lo rebuscado de un algoritmo. La teoría de complejidad tiene que ver con dos medidas de desempeño: tiempo y espacio. La complejidad computacional de un problema es una medida de los recursos computacionales (generalmente el tiempo) requeridos para resolver el problema.

El análisis de algoritmo que se hace involucra únicamente el punto de vista *temporal* (tiempo de ejecución de un algoritmo). Es difícil realizar un análisis simple de un algoritmo que determine la cantidad exacta de tiempo requerida para ejecutarlo. La primera complicación es que la cantidad exacta de tiempo dependerá de la implementación del algoritmo y de la máquina real en que se ejecuta. El análisis normalmente debe ser independiente del computador (hardware y software) y del lenguaje o máquina que se utilice para implementar el algoritmo. La tarea de calcular el tiempo exacto requerido suele ser bastante pesado.

Un algoritmo es un conjunto de instrucciones ordenados de manera lógica que resuelven un problema. Éstas instrucciones a su vez pueden ser: enunciados simples (sentencias) o enunciados compuestos (estructuras de control). El tiempo de ejecución dependerá de como esté organizado ese conjunto de instrucciones, pero nunca será constante.

Es conveniente utilizar una función $T(n)$ para representar *el número de unidades de tiempo (o tiempo de ejecución del algoritmo) tomadas por un algoritmo de cualquier entrada de tamaño n*. La evaluación se podrá hacer desde diferentes puntos de vista: peor caso, mejor caso y caso medio. A continuación se describe cada uno.

- *Peor caso*. Se puede hablar de $T(n)$ como el tiempo para el peor caso. Se trata de aquellos ejemplares del problema en los que el algoritmo es menos eficiente (no siempre existe el caso peor). Ejemplos: insertar al final de una lista, ordenar un vector que está ordenado en orden inverso, etc. Nos interesa mucho.

- *Mejor caso*. Se habla de $T(n)$ como el tiempo para el mejor caso. Se trata de aquellos ejemplares del problema en los que el algoritmo es más eficiente; por ejemplo: insertar en una lista vacía, ordenar un vector que ya está ordenado, etc. Generalmente no nos interesa.

- *Caso medio*. Se puede computar $T(n)$ como el tiempo medio de ejecución del programa sobre todas las posibles ejecuciones de entradas de tamaño n. El tiempo de ejecución medio es aveces una medida más realista del rendimiento en la práctica, pero es, normalmente, mucho más difícil de calcular que el tiempo de ejecución en el pero caso, ya que requiere definir una distribución de probabilidades de todo el conjunto de datos de entrada, el cuál típicamente es una tarea difícil.

En la práctica se observa que un algoritmo ocupa diferente tiempo de ejecución para entradas del mismo tamaño, pero con diferentes datos. Por ejemplo, un método de ordenación de valores puede tardar menos tiempo si su entrada está ordenada, o tardar mucho mayor tiempo incluso con los mismos valores, pero presentados en desorden (es decir, con el mismo tamaño de entrada tiene diferente comportamiento). Por lo anterior, se adopta el criterio de tomar siempre, como base de análisis para la complejidad de un algoritmo, el caso que consuma el mayor tiempo de ejecución, es decir, el *peor caso*.

2.5 FUNCIÓN DE COMPLEJIDAD

DEFINICIÓN 2.5.1

Función de Complejidad

Sea *A* un algoritmo, la función de complejidad del algoritmo *A*, *T* (*n*) se define como el número máximo de operaciones elementales que utiliza el algoritmo para resolver un problema de tamaño *n*.

Matemáticamente lo podemos expresar así:

$T(n) = Max\{n_x : n_x$ es el número de operaciones que utiliza A para resolver una instancia x de tamaño n.$\}$

Una *operación elemental* es cualquier operación cuyo tiempo de ejecución es acotado por una constante (que tenga tiempo constante). Por ejemplo: una operación lógica, una operación aritmética, una asignación o la invocación a un método. Una operación elemental puede ser:

- Una operación lógica, por ejemplo, $a > b$, $a \leq b$, etc.
- Una operación aritmética, por ejemplo, $a + b$, a/b, etc.
- La asignación, por ejemplo: $a = b$.
- La invocación a un método.

EJEMPLO 2.1

Calcular la función que define el tiempo de ejecución del siguiente algoritmo:

```
suma = 0;
for(i=1; i<=n; i++)
    suma = suma  +  i;
```

Para calcular $T(n)$ de este algoritmo, se deben analizar cada una de sus instrucciones:

- La instrucción 1 es una asignación y ocupa una unidad de tiempo.
- La instrucción 2 tiene involucrada una asignación que utiliza una unidad de tiempo, $n + 1$ comparaciones y n incrementos, por lo que ocupa $1 + n + 1 + n = 2n + 2$ unidades de tiempo.
- La instrucción 3 ocupa dos unidades de tiempo, una para la suma y otra para la asignación, y es ejecutada n veces, por lo que ocupa $2n$ unidades de tiempo.

El tiempo total del algoritmo es $T(n) = 1 + 2n + 2 + 2n$, esto es: $T(n) = 4n + 3$

Esta función permite conocer el número máximo (peor caso) de operaciones elementales que utiliza el algoritmo para resolver un problema para cualquier tamaño n. Por ejemplo, si $n = 30$, con la función de complejidad podemos saber el total de operaciones:

- $T(n) = 4n + 3$
- $T(30) = 4(30) + 3$
- $T(30) = 120 + 3$
- $T(30) = 123$ operaciones elementales

2.6 PRELIMINARES MATEMÁTICOS

Antes de aprender a calcular la función de complejidad de un algoritmo, se van a requerir ciertas bases matemáticas, las cuales se resumen a continuación.

2.6.1 Propiedades de sumatorias

1. $\sum_{i=1}^{n} 1 = 1 + 1 + 1 ... = n$
2. $\sum_{i=1}^{n} i = 1 + 2 + 3 + ... + n = \frac{n(n+1)}{2}$
3. $\sum_{i=1}^{n} i^2 = 1^2 + 2^2 + 3^2 + ...n^2 = \frac{n(n+1)(2n+1)}{6}$

2.6.2 Funciones piso y techo

Piso (*floor*) y techo (*ceiling*) de un número real x, son, respectivamente, el mayor entero menor o igual que x, y el menor entero mayor o igual a x.

Para cualquier número real *x*, denotamos al mayor entero, menor que o igual a *x* como *lxJ*, y al menor entero, mayor que o igual a *x* como *rx1*. A continuación algunos ejemplos.

Ejemplos de funciones piso y techo		
Valor x	**Piso** *lxJ*	**Techo** *rx1*
12/5 = 2.4	2	3
2.7	2	3
-2.7	-3	-2
-2	-2	-2

2.7 CÁLCULO DE LA FUNCIÓN DE COMPLEJIDAD

Para hallar la función de complejidad $T(n)$ de un algoritmo se puede evaluar el algoritmos desde tres puntos de vista: peor caso, caso medio y mejor caso. Lo ideal sería poder evaluar el algoritmo en el caso promedio, pero por el nivel de operaciones y dificultad que conlleva éste, el estudio de la complejidad de los algoritmos se evalúa en el *peor de los casos*.

Para calcular la función de complejidad, $T(n)$, se deben calcular el número de operaciones elementales de un algoritmo, para lo cual se deben analizar las sentencias consecutivas, condicionales y ciclos.

2.7.1 Calcular T (n) para sentencias consecutivas

Las sentencias consecutivas como su nombre lo dicen son aquellas que tienen una secuencia, que van una detrás de otra. En este caso, el total de operaciones es la *sumatoria de las operaciones elementales que haya en cada sentencia.* Matemáticamente lo podemos expresar así:

Sentencia 1: ejecuta n_1 operaciones elementales
Sentencia 2: ejecuta n_2 operaciones elementales
Sentencia 3: ejecuta n_3 operaciones elementales
...
Sentencia k: ejecuta n_k operaciones elementales

Total de operaciones elementales: $T(n) = \sum_{i=1}^{k} n_i = n_1 + n_2 + ... + n_k$

EJEMPLO 2.2

Calcular el total de operaciones elementales del siguiente algoritmo:

```
1    a=10
2    b=a+12
3    imprimir(b)
```

La sentencia 1 tiene una operación (la asignación). La sentencia 2 tiene dos operaciones (asignación y suma). La sentencia 3 tiene una operación (la impresión). Por lo tanto el total de operaciones de este algoritmo es 1 + 2 + 1 = **3**.

En el caso que las sentencias consecutivas sean procedimientos o funciones, el total de operaciones elementales es la sumatoria de las funciones de complejidad de cada sentencia.

Procedimiento1: ejecuta $f_1(n)$ operaciones
Procedimiento2: ejecuta $f_2(n)$ operaciones
Procedimiento3: ejecuta $f_3(n)$ operaciones
...
Procedimiento k: ejecuta $f_k(n)$ operaciones

Total de operaciones elementales: $T(n) = \sum_{i=1}^{k} f(i)$

2.7.2 Calcular T (n) para condicionales

De manera genérica un condicional es de la siguiente forma:

```
1    si <condicion> entonces
2        Proceso A
3    sino
4        Proceso B
```

La condición de la línea 1 siempre se ejecuta y pueden tener una cantidad de operaciones elementales que lo llamaremos n_c (operaciones elementales del condicional). El proceso A de la línea 2 tiene una complejidad $f_A(n)$ y se ejecuta si la condición es verdadera. El proceso B de la línea 4 tiene una complejidad $f_B(n)$ y se ejecuta si la condición es falsa. Por lo tanto, como la complejidad se calcula en el peor de los casos se debe escoger la cantidad máxima de operaciones entre $f_A(n)$ y $f_B(n)$. Matemáticamente sería:

$n_c + Max\{f_A(n), f_B(n)\}$ Fórmula complejidad para los condicionales (2.1)

donde,

- n_c es la cantidad de operaciones elementales del condicional
- $f_A(n)$ es la función de complejidad del proceso A
- $f_B(n)$ es la función de complejidad del proceso B

EJEMPLO 2.3

Calcular la complejidad del siguiente algoritmo:

```
1   si (a>b y b>c) entonces
2       y=10
3       y=x+y
4   sino
5       y=1
```

Lo primero es calcular las operaciones elementales de cada línea:

Operaciones elementales de cada línea		
Línea	**Instrucción**	**Número de operaciones elementales**
1	si (a>b y b>c) entonces	nc=3 (dos operaciones relacionales y una lógica)
2	y=10	1
3	y=x+y	2 (la asignación y la suma)
4	sino	
5	y=1	1

Enseguida, se analiza la complejidad por líneas, de lo más interno a lo más externo:

Líneas 2-3: La complejidad de estas líneas es 1+2=3. Es decir que el proceso A del condicional tiene una complejidad de 3 operaciones elementales. En cambio la complejidad del proceso B (línea 5) es de 1.

Líneas 1-5: Aquí se analiza la complejidad de todo el condicional, por lo tanto se aplica la fórmula 2.1:

$$n_c + Max\{f_A(n), f_B(n)\} \qquad (2.2)$$

Reemplazando las variables tenemos:

1. $3 + Max\{3, 1\}$
2. $3 + 3$
3. 6

Finalmente $T(n) = 6$. Esto significa que en el peor de los casos, el algoritmo ejecuta 6 operaciones elementales.

2.7.3 Calcular T (n) para ciclos

Se va a tomar como ciclo base el mientras, los demás son derivados de este ciclo. Para hallar la complejidad computacional de un ciclo existen, los tres casos.

Ciclos caso A

El caso A es cuando el proceso dentro del ciclo es constante, es decir, siempre se ejecuta en un tiempo constante. Por ejemplo, en el siguiente código de base:

```
1  i = 1
2  mientras i <= n haga
3     <Proceso cualquiera>
```

El anterior programa se ve que la variable controladora del ciclo es *i*, la cual se inicializa en 1. El bucle itera mientras $i <= n$, suponiendo que dentro del proceso la variable *i* se incremente en uno, el total de iteraciones del ciclo es *n*. La instrucción 1 tiene una operación elemental (la asignación). La instrucción 2 tiene una condición que de manera genérica ejecuta n_c operaciones (en este caso n_c es 1). n_c se ejecutaría $n + 1$ veces. La instrucción 3 es un proceso constante que ejecuta n_p operaciones, el cual es ejecutado *n* veces. Por lo tanto, $T(n)$ de este ciclo mientras está dado por la fórmula:

$$1 + (n + 1) * n_c + n * n_p \quad \text{Fórmula complejidad para el ciclo mientras caso A} \quad (2.3)$$

donde,

- *n* es la cantidad de iteraciones del ciclo,
- n_c es la cantidad de operaciones elementales del *condicional*,
- n_p es la cantidad de operaciones elementales del *proceso*.

Complejidad del ciclo Para

Un ciclo para (for) en la mayoría de lenguajes tiene tres partes separadas por punto y coma. La primera es una inicialización (una operación elemental), la segunda en una condición lógica que hace que el ciclo itere cuando es verdadera (tendría n_c operaciones elementales), y la tercera es un incremento (una operación elemental):

```
para (i=1;i<=n;i++)
    <proceso>
```

En el caso de un ciclo *para*, la complejidad es bastante parecida a la fórmula (2.3), salvo que se debe considerar los n incrementos de la instrucción $i++$:

Por lo tanto, $T(n)$ de este ciclo *para* está dado por la fórmula: $1 + (n + 1) * n_c + n * n_p + n$

Factorizando n en los dos últimos términos nos queda:

$1 + (n + 1) * n_c + n * (n_p + 1)$ Fórmula complejidad del ciclo para caso A (2.4)

donde,

- n es la cantidad de iteraciones del ciclo,
- n_c es la cantidad de operaciones elementales del *condicional*,
- n_p es la cantidad de operaciones elementales del *proceso*.

EJEMPLO 2.4

Calcular la complejidad computacional del siguiente algoritmo:

```
suma = 0
i=1
mientras(i<=n)
    suma=suma+i
    i=i+1
imprimir(suma)
```

Para hallar la función de complejidad se deben analizar cada una de las líneas:

Operaciones elementales de cada línea		
Línea	Instrucción	Número de operaciones elementales
1	suma = 0	1
2	i=1	1
3	mientras(i<=n)	$nc = 1$
4	suma=suma+i	2
5	i=i+1	2
6	imprimir(suma)	1

Enseguida, se analiza la complejidad por líneas, de lo más interno a lo más externo:

Líneas 4-5: Estas líneas representan el proceso que se repite dentro del ciclo mientras, al sumar su complejidad es 2+2 = 4. Por lo tanto $n_p = 4$ (un proceso constante, caso A).

Líneas 2-5: Corresponde al ciclo mientras del Caso A. Es un bucle que su variable controladora i comienza en 1, se repite mientras $i <= n$, con incrementos de 1, por lo tanto aplicamos la fórmula (2.3):

$1 + (n + 1) * n_c + n * n_p$

Reemplazando las variables tenemos:

1. $1 + (n + 1) * 1 + n * 4$
2. $5n + 2$

Líneas 1-6: A la complejidad anterior, le sumamos la complejidad de las líneas 1 y 6, es decir 2:

1. $5n + 2 + 2$
2. $5n + 4$

Finalmente, $T(n) = 5n + 4$

EJEMPLO 2.5

Calcular la complejidad computacional del siguiente algoritmo:

```
1    f = 0
2    para (i=1;i=n;++)
3        f=f*i
4    imprima f
```

Para hallar la función de complejidad se deben analizar cada una de las líneas:

Operaciones elementales de cada línea		
Línea	**Instrucción**	**Número de operaciones elementales**
1	f=0	1
2	para (i=1;i<=n;i++)	$nc = 1$
3	f=f*i	$np = 2$
4	imprima(f)	1

Enseguida, se analiza la complejidad por líneas, de lo más interno a lo más externo:

Líneas 2-3: Corresponde al ciclo para del Caso A, por lo tanto aplicamos la fórmula 2.4: $1 + (n + 1) *n_c + n* (n_p + 1)$

Reemplazando las variables tenemos:

$1 + (n + 1) * 1 + n* (2 + 1)$

Simplificando la expresión:
$4n + 2$

Líneas 1-4: A la complejidad anterior, le sumamos la complejidad de las líneas 1 y 4, es decir 2:

1. $4n + 2 + 2$
$4n + 4$

Finalmente, $T(n) = 4n + 4$

Ciclos caso B

El caso B es cuando el proceso dentro del ciclo NO es constante, es decir, es una función que depende de una variable. Por ejemplo, en el siguiente código de base:

```
1    i = 1
2    mientras i <= n haga
3       proceso(i)
```

El anterior programa se ve que la variable controladora del ciclo es *i*, la cual se inicializa en 1. El bucle itera mientras $i <= n$, suponiendo que dentro del proceso la variable *i* se incremente en uno, el total de iteraciones del ciclo es *n*. Sin embargo, el proceso de la línea 3 es una función que depende de la variable *i*. La instrucción 1 tiene una operación elemental (la asignación). La instrucción 2 tiene una condición que de manera genérica ejecuta n_c operaciones (en este caso n_c es 1). n_c se ejecutaría $n + 1$ veces. La instrucción 3 es un proceso variable que depende de *i*. Por lo tanto, $T(n)$ de este ciclo está dado por la fórmula:

$$1 + (n + 1) * n_c + \sum_{i=1}^{n} f(i)$$ Fórmula complejidad para el ciclo mientras caso B (2.5)

donde,

- *n* es la cantidad de iteraciones del ciclo,
- n_c es la cantidad de operaciones elementales del *condicional*,
- $f(i)$ es la función de complejidad del proceso que depende de *i*.

Complejidad del ciclo Para

```
para (i=1;i<=n;i++)
    proceso
```

En el caso de un ciclo *para*, la complejidad es bastante parecida a la fórmula (2.5), salvo que se debe considerar los *n* incrementos de la instrucción $i++$:

Por lo tanto, $T(n)$ de este ciclo *para* está dado por la fórmula:

$$1 + (n+1) * n_c + n + \sum_{i=1}^{n} f(i)$$ Fórmula complejidad del ciclo para caso B (2.6)

donde,

- *n* es la cantidad de iteraciones del ciclo,
- n_c es la cantidad de operaciones elementales del *condicional*,
- $f(i)$ es la función de complejidad del proceso que depende de *i*.

EJEMPLO 2.6

Calcular la complejidad computacional del siguiente algoritmo:

```
1  s = 0
2  i=1
3  mientras (i <=n) haga
4      j=1
5      mientras(j<= i) haga
6          s = s + 1
7          j=j+1
8      i=i+1
9  imprima s
```

Se trata de dos ciclos anidados **Mientras**. Para hallar complejidad se deben analizar cada una de las líneas:

Operaciones elementales de cada línea		
Línea	**Instrucción**	**Número de operaciones elementales**
1	s = 0	1
2	i=1	1
3	mientras(i<=n)	$nc = 1$
4	j=1	1
5	mientras(j<=i)	$nc = 1$
6	s=s+1	2
7	j=j+1	2
8	i=i+1	2
9	imprimir(s)	1

Enseguida, se analiza la complejidad por líneas, de lo más interno a lo más externo:

Líneas 6-7: Estas líneas representan el proceso de ciclo interno mientras, al sumar su complejidad es 2+2 = 4. Por lo tanto $n_p = 4$ (un proceso constante, caso A).

Líneas 4-7: Corresponde al ciclo mientras del Caso A. Es un bucle que su variable controladora j comienza en 1, se repite mientras $j <= i$ (es decir se repite i veces), con incrementos de 1, por lo tanto aplicamos la fórmula (2.3):

$$1 + (n + 1) * n_c + n * n_p$$

Reemplazando las variables tenemos:

1. $1 + (i + 1) * 1 + i * 4$
2. $5i + 2$

Líneas 2-8: Ahora analizamos el ciclo externo. Es un bucle que su variable controladora i comienza en 1, se repite mientras $i <= n$ (es decir se repite n veces), con incrementos de 1. La complejidad de su proceso interno es $5i + 2$, es decir, es un proceso que depende de i, por lo tanto aplicamos la fórmula (2.5):

$$1 + (n + 1) *n_c + \sum_{i=1}^{n} f(i)$$

Reemplazando las variables tenemos:

$$1 + (n + 1) * 1 + \sum_{i=1}^{n} (5i + 2)$$

Aplicando la sumatoria a cada término:

$$1 + n + 1 + \sum_{i=1}^{n} (5i) + \sum_{i=1}^{n} (2)$$

Aplicando propiedades de sumatorias, la constante puede salir de la sumatoria:

$$2 + n + 5 \sum_{i=1}^{n} (i) + 2 \sum_{i=1}^{n} (1)$$

Resolviendo las sumatorias (Ver sección 2.6.1):

$$2 + n + 5 *n \frac{(n+1)}{2} + 2n$$

Haciendo operaciones algebraicas:

$$\frac{5}{2} n^2 + \frac{11}{2} n + 2$$

Líneas 1-9: A la complejidad anterior, le sumamos la complejidad de las líneas 1 y 9, es decir 2:

1. $\frac{5}{2} n^2 + \frac{11}{2} n + 2 + 2$
2. $\frac{5}{2} n^2 + \frac{11}{2} n + 4$

Finalmente, $T(n) = \frac{5}{2} n^2 + \frac{11}{2} n + 4$

EJEMPLO 2.7

Calcular la complejidad computacional del siguiente algoritmo:

```
1   s = 0
2   para (i=2;i<n;i++)
3       para (j=1;j<=i;j++)
4           s=s+1
5   imprima f
```

Se trata de dos ciclos anidados **Para**. Para hallar complejidad se deben analizar cada una de las líneas:

Operaciones elementales de cada línea		
Línea	**Instrucción**	**Número de operaciones elementales**
1	s = 0	1
2	para (i=2;i<n;i++)	$n_c = 1$
3	para (j=1;j<=i;j++)	$n_c = 1$
4	s=s+1	$n_p = 2$
5	imprimir(s)	1

Enseguida, se analiza la complejidad por líneas, de lo más interno a lo más externo:

Líneas 3-4: Corresponde al ciclo para del Caso A, la variable controladora es *j* que empieza en 1 y va hasta i, por lo tanto itera *i* veces. Aplicamos la fórmula (2.4):

$$1 + (n + 1) * n_c + n * (n_p + 1)$$

Reemplazando las variables tenemos:

1. $1 + (i + 1) * 1 + i * (2 + 1)$

$4i + 2$

Líneas 2-4: Ahora analizamos el ciclo externo para. Es un bucle que su variable controladora *i* comienza en 2, itera hasta $n - 1$ (es decir se repite $n - 2$ veces[1]. La complejidad de su proceso interno es $4i + 2$, es decir, es un proceso que depende de *i*, por lo tanto aplicamos la fórmula (2.6):

$$1 + (n + 1) * n_c + n + \sum_{i=1}^{n} f(i)$$

---

1 Para encontrar la cantidad de veces que se repite el ciclo se puede utilizar la fórmula: *LimiteSuperior* – *LimiteInferior* + 1, en este caso, $(n - 1) - (2) + 1 = n - 2$

Reemplazando las variables tenemos:

$$1 + (n-2+1) * 1 + (n-2) + \sum_{i=1}^{n-1} (4i+2)$$

Simplificando la expresión:

$$2n-2 + \sum_{i=2}^{n-1} (4i+2)$$

Aplicando la sumatoria a cada término:

$$2n-2 + \sum_{i=2}^{n-1} (4i) + \sum_{i=2}^{n-1} (2)$$

Aplicando propiedades de sumatorias, la constante puede salir de la sumatoria:

$$2n-2+4 \sum_{i=2}^{n-1} (i) + 2 \sum_{i=2}^{n-1} (1)$$

Operando las sumatorias[2]:

$$2n-2+4 * (\sum_{i=1}^{n-1} (i) - \sum_{i=1}^{n-1} (i)) + 2 * (\sum_{i=1}^{n-1} (1) - \sum_{i=1}^{n-1} (1))$$

Resolviendo las sumatorias (ver sección 2.6.1):

$$2n-2+4(\frac{(n-1)(n-1+1)}{2} -1) + 2((n-1)-1)$$

Simplificando un poco la expresión:

$$2n-2+4(\frac{(n-1)(n)}{2} -1) + 2(n-2)$$

Haciendo operaciones algebraicas:

$$2n^2 + 2n - 10$$

Líneas 1-5: A la complejidad anterior, le sumamos la complejidad de las líneas 1 y 5, es decir 2:

---

2 Para resolver $\sum_{i=2}^{n-1} (i)$ se establece esta igualdad:

$$\sum_{i=1}^{n-1}(i) = \sum_{i=1}^{1}(i) + \sum_{i=2}^{n-1}(i)$$

Despejando tenemos:

$$\sum_{i=2}^{n-1}(i) = \sum_{i=1}^{n-1}(i) - \sum_{i=1}^{1}(i)$$

De igual manera podemos deducir que:

$$\sum_{i=2}^{n-1}(1) = \sum_{i=1}^{n-1}(1) - \sum_{i=1}^{1}(1)$$

- $2n^2 + 2n - 10 + 2$
- $2n^2 + 2n - 8$

Finalmente, $T(n) = 2n^2 + 2n - 8$

EJEMPLO 2.8

Calcular la complejidad computacional del siguiente algoritmo:

```
1 para(i=1; i<n; i++)
2     para (j=i; j>0 && A[j-1] > A[j]; j--)
3         aux = A[j]
4         A[j]  = A[j-1]
5         A[j-1] = aux
```

Se trata de dos ciclos anidados **Para**. Para hallar complejidad se deben analizar cada una de las líneas:

Operaciones elementales de cada línea		
Línea	**Instrucción**	**Número de operaciones elementales**
1	para(i=1; i<n; i++)	$nc = 1$
2	para (j=i; j>0 Y A[j-1] > A[j]; j- -)	$nc = 4$: dos comparaciones, una lógica y una resta
3	aux = A[j]	1
4	A[j] = A[j - 1]	2: la asignación y la resta
5	A[j - 1] = aux	2: la asignación y la resta

Enseguida, se analiza la complejidad por líneas, de lo más interno a lo más externo:

Líneas 3-5: Corresponde al proceso del ciclo interno, se suma 1+2+2 = 5 operaciones. Es decir, $n_p = 5$.

Líneas 2-5: Corresponde al ciclo para del Caso A, la variable controladora es j que toma un límite superior de i y se decrementa hasta 1 (tomamos el peor caso y asumimos que no encuentra valores donde $A[j-1] > A[j]$), por lo tanto el ciclo itera: $LimiteSuperior - LimiteInferior + 1 = i - 1 + 1 = i$ veces. Aplicamos la fórmula (2.4):

$$1 + (n+1) * n_c + n * (n_p + 1)$$

Reemplazando las variables tenemos:
$1 + (i + 1) * 4 + i * (5 + 1)$

Simplificando expresiones:
$10i + 5$

Líneas 1-5: Ahora analizamos el ciclo externo para. Es un bucle que su variable controladora i comienza en 1, itera hasta $n-1$, por lo tanto el ciclo itera: $LimiteSuperior - LimiteInferior + 1$, en este caso, $(n-1) - (1) + 1 = n-1$. La complejidad de su proceso interno es $10i + 5$, es decir, es un proceso que depende de i, por lo tanto aplicamos la fórmula (2.6):

$$1 + (n + 1) * n_c + n + \sum_{i=2}^{n} f(i)$$

Reemplazando las variables tenemos:

$$1 + (n - 1 + 1) * 1 + (n - 1) + \sum_{i=1}^{n-1} (10i + 5)$$

Simplificando la expresión:

$$2n + \sum_{i=1}^{n-1} (10i + 5)$$

Aplicando la sumatoria a cada término y sacando las constantes:

$$2n + 10 \sum_{i=1}^{n-1} (i) + 5 \sum_{i=1}^{n-1} (1)$$

Resolviendo las sumatorias (Ver sección 2.6.1):

$$2n + 10 \left(\frac{(n-1)(n-1+1)}{2}\right) + 5 ((n - 1))$$

Simplificando la expresión:
$5n^2 + 2n - 5$

Finalmente, $T(n) = 5n^2 + 2n - 5$

Ciclos caso C

El caso C es cuando no se conoce la cantidad de veces que itera un ciclo. Por ejemplo, en el siguiente código de base:

```
mientras<condicion> haga
    proceso
```

En el anterior programa existe un proceso pero se desconoce la cantidad de veces que se repite este proceso. En este caso, se debe hacer una análisis y determinar con exactitud la cantidad de veces que se repite el ciclo, es decir, n_r. Por lo tanto, $T(n)$ de este ciclo está dado por la fórmula:

$$(n_r + 1) * n_c + (n_r * n_p) \text{ Fórmula complejidad para el ciclo mientras caso C} \quad (2.7)$$

donde,

- n_r es la cantidad de veces que itera el ciclo, o la cantidad de veces que se ejecuta el proceso
- n_c es la cantidad de operaciones elementales del *condicional* del ciclo,
- n_p es la cantidad de operaciones elementales del *proceso*

EJEMPLO 2.9

Calcular la complejidad computacional del siguiente algoritmo:

```
t = 0
i = 1
mientras (i <= n) haga
     t = t + 1
     i = i + 2
imprima t
```

En el anterior algoritmo la variable controladora del ciclo es *i* y se repite mientras sea menor o igual que *n*. Sin embargo, dentro del ciclo *i* tiene incrementos de dos, por lo tanto la cantidad de veces que se repite el ciclo no es *n*. Lo primordial es analizar el algoritmo y determinar la cantidad de veces que se itera el ciclo, es decir, n_r. Una primera aproximación sería hacer pruebas de escritorio con diferentes valores de *n* y determinar cuántas veces se repite el ciclo. A continuación se muestran los resultados de este análisis:

Operaciones elementales de cada línea	
n	Número de veces que se repite el ciclo
1	1
2	1
3	2
4	2
5	3
6	3
7	4
8	4

Si el algoritmo tuviera incrementos de 1, n_r sería igual a n, pero como tiene incrementos de 2, n_r hace la mitad de iteraciones, por lo tanto, podría tener una valor cercano a $\frac{n}{2}$. Sin embargo, si comparamos los resultados de este valor con la tabla de las pruebas de escritorio, hay valores de n que no coinciden. Observando los datos, podemos deducir que n_r es igual a $\lceil \frac{n}{2} \rceil$ (Ver Sección 2.6.2 Funciones piso y techo).

Enseguida, se analiza la complejidad por líneas, de lo más interno a lo más externo:

Líneas 4-5: Estas líneas representan el proceso de ciclo interno mientras, al sumar su complejidad es 2+2 = 4. Por lo tanto $n_p = 4$.

Líneas 3-5: Corresponde al ciclo mientras del Caso C. Es un bucle que se repite a $\lceil \frac{n}{2} \rceil$, por lo tanto aplicamos la fórmula 2.7:

$(n_r + 1) * n_c + (n_r * n_p)$

Reemplazando las variables tenemos:

$(\lceil \frac{n}{2} \rceil + 1) * 1 + (\lceil \frac{n}{2} \rceil * 4)$

Simplificando la expresión:

$5\lceil \frac{n}{2} \rceil 1 + 1$

Líneas 1-6: A la complejidad anterior le sumamos 3:

1. $5\lceil \frac{n}{2} \rceil + 1 + 3$
2. $5\lceil \frac{n}{2} \rceil + 4$

Finalmente, $T(n) = 5\lceil \frac{n}{2} \rceil + 4$

EJEMPLO 2.10

Calcular la complejidad computacional del siguiente algoritmo:

```
t = 0
i = 1
mientras (i <= n) haga
     t = t + 1
     i = i * 2
imprima t
```

En el anterior algoritmo la variable controladora del ciclo es i y se repite mientras sea menor o igual que n. Sin embargo, dentro del ciclo i tiene incrementos de potencias de base dos (seguramente involucra un logaritmo base dos), por lo tanto la cantidad de veces que se repite el ciclo no es *n*. Lo primordial es analizar el algoritmo y determinar la cantidad de veces que se itera el ciclo, es decir, n_r. Nuevamente, una primera aproximación sería hacer pruebas de escritorio con diferentes valores de *n* y determinar cuántas veces se repite el ciclo:

Operaciones elementales de cada línea	
n	Número de veces que se repite el ciclo
1	1
2	2
4	3
5	3
6	3
7	3
8	4
9	4

Se podrá comprobar que $nr = \lfloor \log_2(n) \rfloor + 1$ (Ver Sección 2.6.2).

Enseguida, se analiza la complejidad por líneas, de lo más interno a lo más externo:

Líneas 4-5: Estas líneas representan el proceso de ciclo interno mientras, al sumar su complejidad es 2+2 = 4. Por lo tanto $n_p = 4$.

Líneas 3-5: Corresponde al ciclo mientras del Caso C. Es un bucle que se repite a $nr = \lfloor \log_2(n) \rfloor + 1$, por lo tanto aplicamos la fórmula (2.7):

$(n_r + 1) * n_c + (n_r * n_p)$

Reemplazando las variables tenemos:

$(\lfloor \log_2(n) \rfloor + 1 + 1) * 1 + (\lfloor \log_2(n) \rfloor + 1) * 4$

Simplificando la expresión:

$5\lfloor \log_2(n) \rfloor + 6$

Líneas 1-6: A la complejidad anterior le sumamos 3:

1. $5\lfloor \log_2(n) \rfloor + 6 + 3$
2. $5\lfloor \log_2(n) \rfloor + 9$

Finalmente, $T(n) = 5\lfloor \log_2(n) \rfloor + 9$

2.8 ORDEN DE MAGNITUD (NOTACIÓN O GRANDE)

Cuando se trata de algoritmos, el cálculo detallado del tiempo de ejecución de todas las operaciones primitivas llevaría mucho tiempo. Además, ¿qué importancia tendría el número de instrucciones primitivas ejecutadas por un algoritmo? Es más útil en el análisis de algoritmos, ver la velocidad de crecimiento del tiempo de ejecución como una función del tamaño de la entrada *n*, en lugar de realizar cálculos detallados. Es más significativo saber que un algoritmo crece, por ejemplo, proporcionalmente a *n*, a razón de un factor constante pequeño que depende del hardware o software y puede variar en un cierto rango, dependiendo de una entrada *n* específica. Esto lo que se conoce como orden de magnitud $O(g(n))$ o notación asintótica o notación "O grande". El orden de magnitud se utiliza para comparar la eficiencia de los algoritmos.

La notación O grande es una técnica utilizada para el análisis de la complejidad computacional de un algoritmo. Este análisis se centra en el término dominante de la función de complejidad (el término que más aumenta), permitiendo así ignorar constantes y términos de orden menor. Por ejemplo,

- Si $T(n) = 1$, se dice que es de orden constante, y se denota como $O(1)$
- Si $T(n) = \log_2(n)$, se dice que es de orden logarítmico, y se denota como $O(\log n)$
- Si $T(n) = an + b$, siendo a y b constantes numéricas, se dice que es de orden lineal, y se denota como $O(n)$
- Si $T(n) = n \log_2(n)$, se dice que es de orden $n \log_2(n)$, y se denota como $O(n \log_2 n)$
- Si $T(n) = an^2 + bn + c$, siendo a,b y c constantes numéricas, se dice que es de orden cuadrático, y se denota como $O(n^2)$
- Si $T(n) = an^3 + bn^2 + cn + d$, siendo a,b,c y d constantes numéricas, se dice que es de orden cúbico, y se denota como $O(n^3)$
- Si $T(n) = m^n$, donde m=1,2,3..., se dice que es de orden polinomial
- Si $T(n) = c^n$, donde c>1, se dice que es de orden exponencial. Por ejemplo, $T(n) = 3^n$ es $O(3^n)$
- Si $T(n) = n!$, se dice que es de orden factorial, y se denota como $O(n!)$

2.8.1 Definición matemática del Orden de Magnitud

Ya estudiado el concepto de Orden de Magnitud, el cual se centra en el término dominante de la función de complejidad, a continuación se da su concepto matemático.

Sean $f(n)$ y $g(n)$ funciones definidas sobre enteros no negativos. Diremos que $f(n)$ es $O(g(n))$ si existe un número real constante $c > 0$ y un entero constante $n_0 >= 1$, tal que $f(n) \leq c * g(n)$ para todo entero $n \geq n_0$. Por consiguiente, $g(n)$ es un límite superior para $f(n)$, como se ilustra en la Figura (2.1).

El orden de magnitud es ampliamente utilizado para caracterizar los tiempos de ejecución en términos de la longitud de entrada *n*, el cual varía de problema en problema, pero es usualmente una noción intuitiva del "tamaño" del problema.

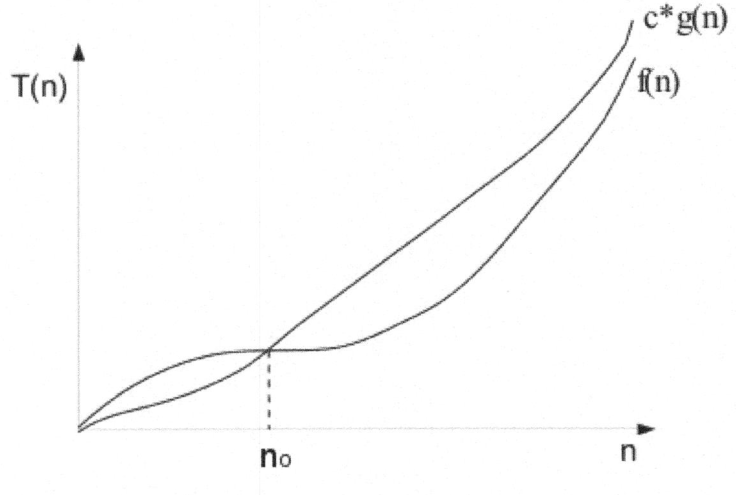

Figura 2.1. Concepto del Orden de Magnitud como funciones acotadas

Asimismo, el orden de magnitud nos permite ignorar factores constantes y términos de orden menor y apuntar a los componentes principales de una función que influyen en su crecimiento.

Cuando se dice que $f(n)$ es de $O(g(n))$, se está garantizando que la función $f(n)$ crece a una velocidad no mayor que $g(n)$; así $g(n)$ es una cota superior de $f(n)$.

3

TIPOS ABSTRACTOS DE DATOS

3.1 INTRODUCCIÓN

Para hablar de la abstracción es necesario tener clara la diferencia que existe entre los datos, los tipos de datos y los tipos abstractos de datos. Los datos son los valores que manejamos en la resolución de un problema, tanto los valores de entrada, como los de proceso y los de salida. Es decir, los datos son información y por lo tanto, para manejarlos se requieren varios tipos de datos. Un tipo de dato se puede definir como un conjunto de valores y un conjunto de operaciones definidas por esos valores. Clasificar los datos en distintos tipos aporta muchas ventajas, como por ejemplo indicarle al compilador la cantidad de memoria que debe reservar para cada instancia dependiendo del tipo de dato al que pertenezca. Ejemplos de tipos de datos tenemos: enteros, flotantes, dobles, cadenas de caracteres, etc.

Los tipos abstractos de datos (TAD) van todavía más allá; extienden la función de un tipo de dato ocultando la implementación de las operaciones definidas por el usuario. Esta capacidad de ocultamiento permite desarrollar software reutilizable y extensible.

3.2 DEFINICIÓN DE TAD

DEFINICIÓN 3.2.1

TAD

Un TAD es un tipo de dato definido por el programador. Los tipos abstractos de datos están formados por los *datos* (estructuras de datos) y las *operaciones* (procedimientos o funciones) que se realizan sobre esos datos. El término "tipo abstracto de datos" se refiere al concepto matemático básico que define el tipo de datos. Un TAD es una guía útil para los programadores que quieran usar los tipos de datos en forma correcta.

Un TAD es independiente del lenguaje de programación aunque facilita métodos para su desarrollo, ya que a la hora de pasar el TAD a un lenguaje de programación éste da una idea al programador de qué tan sencillo o complejo puede ser el programa. La persona que desarrolla el TAD es libre de elegir o buscar otras alternativas posibles, pero lo importante es que el resultado obtenido por el desarrollador esté acorde al TAD.

Cuando vamos a crear un TAD es necesario tener una representación abstracta del objeto sobre el cual se va a trabajar, sin tener que recurrir a un lenguaje de programación. Esto nos va permitir crear las condiciones, expresiones, relaciones y operaciones de los objetos sobre los cuales se va a trabajar. Por ejemplo, si se va a desarrollar software para la administración de notas de una escuela, los TAD Curso, Estudiante, Nota, Lista, etc., van a permitir expresar la solución de cualquier problema planteado, en términos más sencillos.

3.3 MÉTODOS PARA ESPECIFICAR UN TAD

El objetivo es describir el comportamiento del TAD. Existen tres formas de especificar un TAD: métodos formales, métodos semiformales y métodos no formales.

3.3.1 Métodos formales

Los métodos formales para especificar un TAD, se basan en la teoría de conjuntos, el cálculo lambda y la lógica de primer orden. Un ejemplo de éstos métodos es el lenguaje Z. En Z se definen construcciones denominadas esquemas para describir el espacio de estados del sistema y las operaciones que sobre el mismo se efectúan. En los esquemas se declaran variables y predicados que afectan los valores de las variables declaradas. El problema de utilizar Z radica en su complejidad de aprendizaje, por ello no es muy común usar métodos formales para especificar TADs.

3.3.2 Métodos no formales

Los métodos no formales utilizan el lenguaje natural para especificar un TAD.

3.3.3 Métodos semiformales

Los métodos semiformales están en un punto intermedio entre los formales y los no formales. Utilizan una sintaxis un tanto similar a lenguaje C. Son los más utilizados para especificar un TAD.

Existen diferentes formas de especificar TADs con métodos semiformales. A continuación se muestran diferentes ejemplos.

EJEMPLO 3.1

Crear el TAD RATIONAL, que corresponde al concepto matemático de un número racional $\frac{a}{b}$. Un número racional es aquel que puede expresarse como el cociente de dos números enteros. Se definen las operaciones son la creación de un número racional a partir de dos enteros, la adición, la multiplicación y una prueba de igualdad. A continuación el TAD RATIONAL expresado en un método semiformal:

```
abstract typedef <integer, integer> RATIONAL;
condition RATIONAL[1]!=0;

/* definicion del operador */
abstract RATIONAL makerational(a,b)
int a,b;
precondition b!=0;
postcondition makerational[0]==a;
makerational[1]==b;

/* written a+b */
abstract RATIONAL add(a,b)
RATIONAL a,b;
postcondition add[1]==a[1]*b[1];
add[0]==a[0]*b[1]+b[0]*a[1];

 /* written a*b */
 abstract RATIONAL mult(a,b)
 RATIONAL a,b;
```

```
20 postcondition mult[0]==a[0]*b[0];
21 mult[1]==a[1]*b[1];
22
23 /* written a==b */
24 abstract equal(a,b)
25 RATIONAL a,b;
26 postcondition equal==(a[0]*b[1]==b[0]*a[1]);
```

El TAD RATIONAL tiene dos partes fundamentales: la definición del valor y la definición de los operadores. A continuación de explica cada una.

- *Definición del valor*. La definición del valor del TAD se hace en las líneas 1 y 2. La línea 1 (abstract typedef <integer, integer> RATIONAL;) especifica la cláusula de definición. Incluyen la definición de los valores para el TAD. En este caso un RATIONAL tiene dos enteros, los cuales se establecen entre paréntesis cuadrados <>. Las palabras reservadas **abstract typedef** introducen la definición del tipo de datos. La línea 2 (condition RATIONAL[1]!=0;) corresponde a la cláusula de la condición. La palabra reservada **condition** especifica las condiciones del tipo recientemente definido. También se le llama **invariante**. El invariante de un TAD establece una *noción de validez* para cada uno de sus objetos abstractos, en términos de condiciones sobre su estructura interna y sus componentes. Esto es, indica en cuáles casos un objeto abstracto modela un elemento posible del mundo del problema. En este caso el invariante nos está indicando que no puede existir un denominador cero. El invariante es opcional.

- *Definición del operador*. El TAD RATIONAL define 4 operadores: makerational, add, mult y equal. Cada operador está definido como una función abstracta con tres partes: un encabezado, las condiciones previas y las condiciones posteriores. Por ejemplo, el operador makerational (líneas 4-9), la línea 4 *written* especifica una manera alternativa de escribir la función. La línea 5 (abstract RATIONAL makerational(a,b)) corresponde al **encabezado**. La palabra **abstract** indica que no es una función de C, sino la definición del operador TAD. Las **condiciones previas** (línea 7) son limitaciones previas que deben cumplirse antes de poder aplicar la operación. Las **condiciones posteriores** (línea 8) especifican lo que hace la función, es decir, el resultado de la función.

El operador *makerational*(*a, b*), recibe dos enteros y con ellos crea un dato racional, donde makerational[0] corresponde al numerador y makerational[1] corresponde al denominador.

El operador *mult*(*a*, *b*) efectúa la multiplicación de dos datos racionales. Su postcondición indica que el racional resultante se calcula multiplicando numeradores con numeradores y denominadores con denominadores:

$$a * b = \frac{a[0]}{a[1]} * \frac{a[0]}{b[1]} = \frac{a[0] * b[0]}{b[0] * b[1]}$$

El operador *add*(*a*, *b*) efectúa la suma de dos datos racionales. Su postcondición indica que el rational resultante es la operación:

$$a + b = \frac{a[0]}{a[1]} + \frac{b[0]}{b[1]} = \frac{a[0] * b[1] + b[0] * a[1]}{a[1] * b[1]}$$

El operador *equals*(*a*, *b*) indica si dos números racionales son iguales. Sus componentes son iguales cuando se reducen a sus términos mínimos. Una forma de probar la igualdad racional es verificar si los productos cruzados (esto es numerador del uno por el denominador del otro) son iguales. Así los números 1/2, 2/4, 3/6, 18/36 son iguales.

$$\frac{1}{2} = \frac{3}{6} = 1 * 6 = 3 * 2$$

Esto se expresa en la postcondición:

$$a = b = \frac{a[0]}{a[1]} = \frac{b[0]}{b[1]} = a[0] * b[1] = b[0] * a[1]$$

EJEMPLO 3.2

Definir el TAD Matriz de valores enteros de *N* filas por *M* columnas (Ver Figura 3.1):

$X_{0,0}$	$X_{0,1}$	$X_{0,2}$	...	$X_{0,k}$	...	$X_{0,M-1}$
$X_{1,0}$						
$X_{2,0}$						
...						
$X_{i,0}$				$X_{i,k}$		
...						
$X_{N-1,0}$						$X_{N-1,M-1}$

Figura 3.1. Representación gráfica de una matriz

En este caso se utilizará una especificación semiformal más sencilla, mediante el esquema:

```
TAD <nombre>
<Objeto abstracto>
<Invariante del TAD>
<Operaciones>
```

El TAD matriz con una especificación semiformal se muestra a continuación.

```
%------------------------
%TAD MATRIZ
%------------------------
{ inv: N > 0, M > 0 }
crearMat: int,  int
asignarMat: Matriz, int, int, int
infoMat: Matriz,  int, int
filasMat: Matriz
columnasMat: Matriz

Matriz crearMat( int fil, int col )
/* Construye y retorna una matriz de dimension [ 0...fil-1, 0...col
    -1 ], inicializada en 0 */
{ pre: fil > 0, col > 0 }
{ post: crearMat es una matriz de dimension [ 0...fil-1, 0...col-1
    ]}

void asignarMat( Matriz mat, int fil, int col, int val )
/* Asigna a la casilla de coordenadas [ fil, col ] el valor val */
{ pre: 0 <=fil < N, 0=<col < M }
{ post: mat[fil, col] = val }

int infoMat( Matriz mat, int fil, int col )
/* Retorna el contenido de la casilla de coordenadas [ fil, col ]
    */
{ pre: 0<=fil < N, 0<=col < M }
{ post: infoMat = mat[fil, col] }

int filasMat( Matriz mat )
/* Retorna el numero de filas de la matriz */
{ post: filasMat = N }

int columnasMat( Matriz mat )
/* Retorna el numero de columnas de la matriz */
{ post: columnasMat = M }
```

EJEMPLO 3.3

Finalmente, se muestra a continuación cómo se puede especificar un TAD de manera no formal (lenguaje natural). Para ello, se utiliza el mismo ejemplo del TAD Matriz.

Tipo de Datos: MATRIZ

Operaciones:

- crearMat(int N, int M): Construye y retorna una matriz de dimensión NxM
- asignarMat(Matriz mat, int fil, int col, int val): Asigna a la casilla de coordenadas [fil, col] el valor val
- infoMat(Matriz mat, int fil, int col): Retorna el contenido de la casilla de coordenadas [fil, col]
- filasMat(Matriz mat): retorna el número de filas de la matriz.
- columnasMat(Matriz mat): Retorna el número de columnas de la matriz.

Se puede apreciar en los ejemplos anteriores diferentes formas de especificar un TAD. El último ejemplo, muestra una especificación no formal, es fácil de escribir y entender, pero tiene como desventaja la pérdida de formalidad.

3.4 CLASIFICACIÓN DE LAS OPERACIONES DE UN TAD

Las operaciones se pueden clasificar en tres: constructoras,modificadoras y analizadoras.

1. **Constructora**: es la operación encargada de crear elementos del TAD. En el caso típico, es la encargada de crear el objeto abstracto más simple.
2. **Modificadora**: es la operación que puede alterar el estado de un elemento del TAD. Su misión es simular una reacción del objeto.
3. **Analizadora**: es una operación que no altera el estado del objeto, sino que tiene como misión consultar su estado y retornar algún tipo de información.

En los capítulos siguientes se estudiaran las estructuras de datos dinámicas, cada una de ellas tendrá su TAD respectivo.

3.5 EJERCICIOS PROPUESTOS

A continuación se plantean los siguientes ejercicios donde se plantea crear el TAD respectivo utilizando una especificación semiformal.

Ejercicio 3.1

Crear el TAD Circulo que en geometría representa una región del plano delimitada

por una circunferencia y que posee un área definida.

Ejercicio 3.2

Crear el TAD Exponente que corresponde al concepto matemático de una base elevado a un exponente.

Ejercicio 3.3

Crear el TAD Logaritmo que corresponde al exponente al cual hay que elevar la base para obtener dicho número.

Ejercicio 3.4

Crear el TAD Gato que representa la abstracción de un animal gato.

Ejercicio 3.5

La Figura 3.2 muestra la representación gráfica de una pila. En una pila los elementos están uno encima del otro. Solo se puede agregar o apilar un elemento por la cima o tope de la pila. De igual forma solo se puede retirar o desapilar un elemento por la cima (Si se retira un elemento del centro se derrumba la pila). Proponga el TAD pila con sus operaciones de apilar y desapilar.

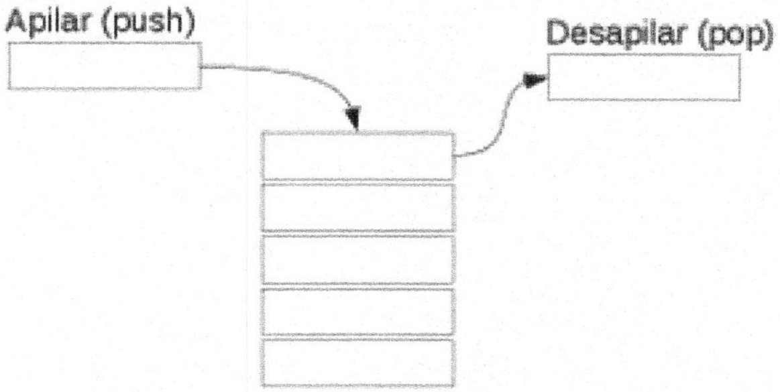

Figura 3.2. Representación de una Pila

4

PILAS

4.1 INTRODUCCIÓN

En este capítulo se estudiará la primera estructura de datos dinámica lineal: la *pila*. Se seguirá el siguiente orden. Primero se definirá el tipo de datos abstracto. Luego se hará una implementación del TAD en lenguaje java. Luego, se utilizará la estructura de datos pila en distintos ejemplos de aplicación.

En este capítulo y en los que siguen, se utilizará este orden para construir nuevas estructuras de datos. Estas estructuras ya están incorporadas en la mayoría de lenguajes de programación, pero en nuestro caso las vamos a crear para que el programador sepa cómo funcionan internamente. De este forma habrá mejor aprendizaje, en lugar de enseñar a usar estructuras ya creadas.

4.2 DEFINICIÓN DE PILA

Una pila (o stack en inglés) es una lista ordinal o estructura de datos que permite almacenar, recuperar datos y el modo de acceso a sus elementos es de tipo LIFO (del inglés *Last In First Out*, último en entrar, primero en salir). Se aplica en multitud de ocasiones en informática debido a su simplicidad y ordenación implícita en la propia estructura.

La Figura 4.1 muestra la representación gráfica de una pila con sus operaciones fundamentales de apilar (*push* en inglés) y desapilar o retirar (pop en inglés). A nivel lógico, una pila es un grupo ordenado de elementos. El quitar elementos existentes y añadir nuevos elementos puede realizarse solo por al *cabeza* de la pila [1]. Por ejemplo, si su camisa gris favorita está colocada debajo de una verde en un pila de de camisas, primero debe quitar la camisa verde (el elemento cabeza) de la pila. Solo entonces puede quitar al camisa gris deseada, la cual es ahora el elemento de tope de la pila. La camisa verde puede luego colocarse de nuevo en la cabeza o cima de la pila.

DEFINICIÓN 4.2.1

Pila.

Una pila (stack en inglés) es una lista ordinal o estructura de datos en la que el modo de acceso a sus elementos es de tipo LIFO (del inglés *Last In First Out*, último en entrar, primero en salir) que permite almacenar y recuperar datos.

La pila se considera un grupo ordenado de elementos porque los elementos se encuentran

3ordenados de acuerdo a cuánto tiempo llevan en la pila. Debido a que los elementos se añaden y se quitan solo por la cabeza de la pila, el último elemento en ser añadido es el primero en ser quitado (LIFO).

La pila es muy útil en situaciones cuando los datos deben almacenarse y luego recuperarse en orden inverso.

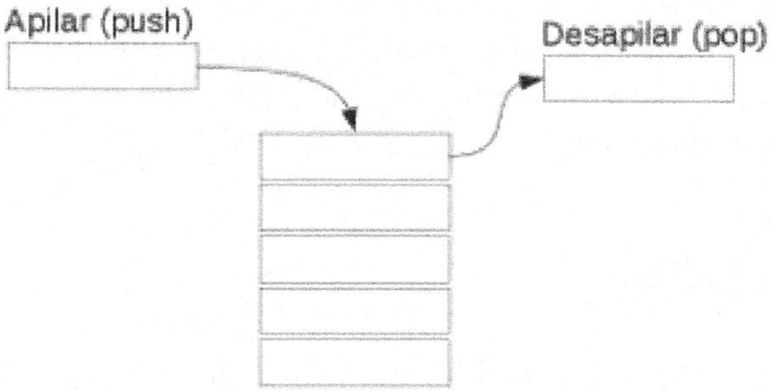

Figura 4.1. Representación de una Pila

4.3 EL TAD PILA

A continuación se especifica el TAD de la Pila con sus operaciones fundamentales. Las operaciones apilar y desapilar son las más importantes. Enseguida la especificación de cada operación del TAD al estilo C.

```
TAD Pila [ T ]
{ invariante: TRUE }
Constructoras:
   crearPila:
Modificadoras:
    apilar: Pila T
    desapilar: Pila
Analizadoras:
    cima: Pila
    esVacia: Pila
Destructora:
    destruirPila: Pila

Pila crearPila( void )
/* Crea una pila vacia */
{ post: crearPila = ϕ }

void apilar(Pila pil, T elem)
/* Coloca sobre el tope de la pila el elemento elem */\
{ post: pil = e1,e2, .. elem}

void desapilar(Pila pil)\\
/* Elimina el elemento que se encuentra en el tope de la pila */\\
{ pre: pil = e1,e2,..en , n > 0 }
{ post: pil = e1,e2,..,en-1 }

T cima(Pila pil )
/* Retorna el elemento que se encuentra en el tope de la pila */
{ pre: n > 0 }
{ post: cima = en }

int esVacia( Pila pil )
/* Informa si la pila esta vacia */
{ post: esVacia = ( pil = ϕ) }

void destruirPila( Pila pil )
/* Destruye la pila retornando toda la memoria ocupada */
{post: pil ha sido destruida }
```

4.4 IMPLEMENTACIÓN DEL TAD PILA EN JAVA

A continuación se muestra una implementación en Java del TAD Pila. Se ha implementado una pila dinámica utilizando nodos enlazados. Cada nodo almacena un valor y contiene una referencia al siguiente nodo. Supongamos una pila que almacene datos enteros, a la cual se le han aplicado las siguientes operaciones: apilar(10), apilar(35), apilar(12), apilar(7). La Figura 4.2 representa cómo quedaría la pila después de apilar en orden los datos 10, 35, 12 y 7. Se puede apreciar que cada nodo almacena un dato y a la vez existe una referencia que almacena la dirección del siguiente nodo. Además, existe una referencia llamada cabeza que apunta al último elemento que entró (en este caso al dato 7).

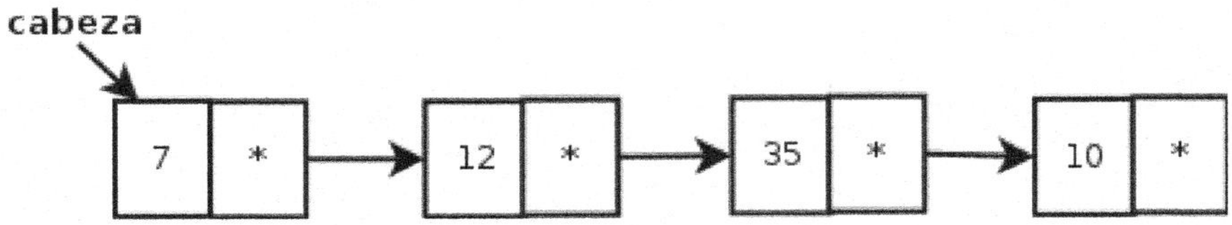

Figura 4.2. Representación de la Pila con Nodos Enlazados

La Figura 4.3 muestra el diagrama de clases. Se puede apreciar básicamente dos clases: *Nodo* y *Pila*. La clase *Nodo* representa cada uno de los nodos enlazados que almacenan los objetos que se apilan. Tiene dos atributos, *valor* que representa el valor que guarda el nodo, en este caso es una referencia a un objetivo de tipo T (siendo T un tipo genérico). El atributo *siguiente*, representa la referencia al siguiente nodo. Los demás métodos son únicamente constructor, getters y setters de cada atributo. A continuación el código fuente de la clase Nodo.

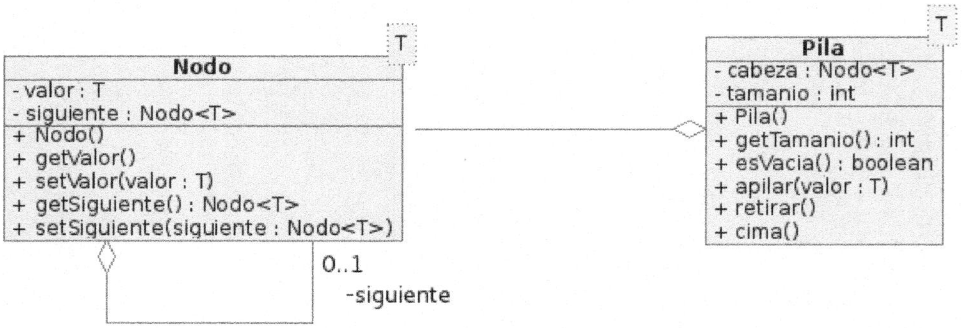

Figura 4.3. Diagrama de clase de la implementación del TAD Pila

```
package co.unicauca.pilas;
public class Nodo<T> {
    //Atributo valor de tipo T. Almacena la referencia al objeto
        que se guarda en el nodo
    private T valor;
    //Referencia al siguiente nodo enlazado
    Nodo<T> siguiente;
    //Constructor por defecto
    public Nodo() {
        valor = null;
        siguiente = null;
    }
    //Devuelve el valor
```

```
    public T getValor() {
        return valor;
    }
    //Modifica el valor
    public void setValor(T valor) {
        this.valor = valor;
    }
    //Devuelve el atributo siguiente
    public Nodo<T> getSiguiente() {
        return siguiente;
    }
     //Modifica el atributo siguiente
    public void setSiguiente(Nodo<T> siguiente) {
        this.siguiente = siguiente;
    }
}
```

La clase *Pila* representa la pila como tal con sus operaciones principales de *apilar* y *retirar*. A continuación el código fuente de la clase Pila.

```
package co.unicauca.pilas;
public class Pila<T> {
    //Atributo cabeza, que apunta al tope la pila
    private Nodo<T> cabeza;
    //Almacena el total de elemento de la pila
    private int tamanio;
    //Constructor por defecto
    public Pila() {
        cabeza = null;
        tamanio = 0;
    }
    //Devuelve el total de elementos de la pila
    public int getTamanio() {
        return tamanio;
    }
    //Verifica si la pila esta vacia
    public boolean esVacia() {
        return (cabeza == null);
    }
    //Apila un elemento nuevo
    public void apilar(T valor) {
        //Crear un nuevo Nodo
        Nodo<T> nuevo = new Nodo<T>();
        //Fijar el valor dentro del nodo
        nuevo.setValor(valor);
        if (esVacia()) {
            //Cabeza apunta al nodo nuevo
            cabeza = nuevo;
        } else {
            //Se enlaza el campo siguiente de nuevo con la cabeza
            nuevo.setSiguiente(cabeza);
            //La nueva cabeza de la pila pasa a ser nuevo
            cabeza = nuevo;
        }
```

```
35          //Incrementa el tamanio porque hay un nuevo elemento en la pila
36          tamanio++;
37      }
38      //Elimina un elemento de la pila
39      public void retirar() {
40          if (!esVacia()) {
41              cabeza = cabeza.getSiguiente();
42              tamanio--;
43          }
44      }
45      //Devuelve el elemento almacenado en el tope de la pila
46      public T cima() {
47          if (!esVacia())
48              return cabeza.getValor();
49          else
50              return null;
51      }
52  }
```

En la línea 21 se puede apreciar el método **apilar**. Este método recibe como parámetro el **valor** que quiere apilar. Lo primero que se hace es crear un *nuevo* nodo y fijar su valor (líneas 23 y 24). Una vez creado el nodo, se pregunta si la pila es vacía (línea 26). En caso verdadero la referencia *cabeza* apunta al nodo nuevo (línea 28). De lo contrario se enlaza el campo *siguiente* de nuevo con la *cabeza* (línea 31), y finalmente la *cabeza* apunta a *nuevo* (línea 33) para indicar cual fue el último nodo que entró a la pila. Finalmente, la variable *tamanio* se incrementa (indicando que la pila tiene una elemento más). Por ejemplo, si a la pila de la Figura 4.2 le aplicáramos la operación apilar(23), nos daría como resultado la pila de la Figura 4.4.

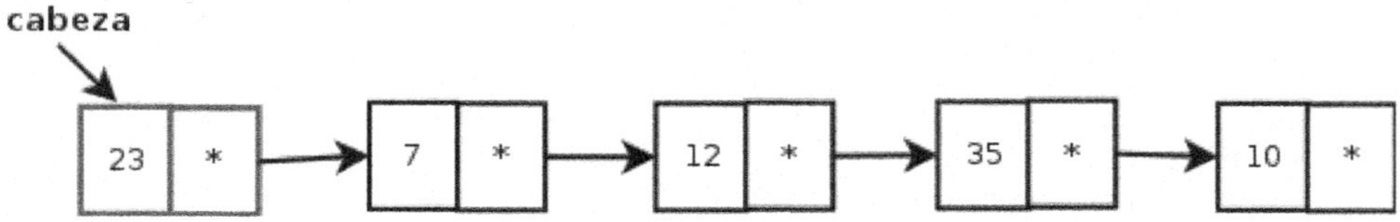

Figura 4.4. Representación de la Pila después de apilar el elemento 23

En la línea 39 se aprecia el método **retirar** (o desapilar). Lo primero que hace es preguntar si la pila no esta vacía (línea 40), en caso afirmativo, la *cabeza* se desplaza al siguiente nodo (línea 41). Finalmente se decrementa la variable *tamanio* (indicando que hay un elemento menos en la pila).

A continuación el código de un Cliente que instancia la Pila que hemos creado. En este caso se almacenan objetos de tipo entero, se apilan algunos números, se imprimen los valores del tope de pila y se desapilan sus elementos.

```java
package co.unicauca.pilas;
public class ClienteMain {
    public static void main(String[] args) {
        //Crear una nueva pila de enteros
        Pila<Integer> pila2 = new Pila<Integer>();
        //Se apilan algunos datos enteros
        pila2.apilar(2);
        pila2.apilar(5);
        pila2.apilar(7);
        System.out.println("El tope de la pila es: " + pila2.cima()
            );
        //Se desapila
        pila2.retirar();
        System.out.println("El tope de la pila es: " + pila2.cima()
            );
        //Se desapila
        pila2.retirar();
        System.out.println("El tope de la pila es: " + pila2.cima()
            );
        //Se desapila, como la pila esta vacia devuelve null
        pila2.retirar();
        System.out.println("El tope de la pila es: " + pila2.cima()
            );
        //Probar con otra pila, donde se almacenen objetos
    }
}
```

La salida por consola de este programa sería la siguiente.

```
El tope de la pila es: 7
El tope de la pila es: 5
El tope de la pila es: 2
El tope de la pila es: null
```

4.5 LA CLASE STACK DE JAVA

La API de java ya trae implementada la pila mediante la clase *java.util. StackStack*. Esta clase es muy sencilla y al crear un objeto de tipo Stack con el constructor básico crea una pila con ningún elemento.

Las operaciones básicas de la clase Stack son *push* que introduce un elemento en la pila, *pop* que saca un elemento de la pila, *peek* que consulta el primer elemento de la cima de la pila *empty* que comprueba si la pila está vacía y *search* que busca un determinado elemento dentro de la pila y devuelve su posición dentro de ella.

Entonces la pregunta que nos podemos hacer es, ¿si java ya trae una pila por qué implementar una propia mediante nodos enlazados? La respuesta es simple, porque implementando nuestra propia pila sabremos cómo funciona internamente una pila y habrá más aprendizaje. A continuación se muestra el mismo ejemplo de la sección Implementación del TAD en Java pero utilizando la clase Stack de java.

```
/* Ejemplo del uso de la clase Stack*/
import java.util.Stack;
public class EjemploStack {
    public static void main(String arg[]) {
        //Crea una nueva pila de enteros
        Stack<Integer> pila = new Stack<Integer>();
        //Se apilan algunos datos enteros
        pila.push(2);
        pila.push(5);
        pila.push(7);
        System.out.println("El tope de la pila es: " + pila.peek())
            ;
        //Se desapila un elemento
        pila.pop();
        System.out.println("El tope de la pila es: " + pila.peek())
            ;
        //Se desapila un elemento
        pila.pop();
        System.out.println("El tope de la pila es: " + pila.peek())
            ;
        //Se desapila
        pila.pop();
        //Como la pila esta vacia dispara la excepcion java.util.
            EmptyStackException
        System.out.println("El tope de la pila es: " + pila.peek())
            ;
    }
}
```

4.6 PROBLEMAS QUE SE RESUELVEN CON PILAS

Las pilas son muy útiles en situaciones cuando los datos deben almacenarse y luego recuperarse en orden inverso. A continuación se ilustran algunos ejemplos.

4.6.1 Evaluación de la correspondencia de delimitadores

Un problema que se puede solucionar utilizando una pila, es la correspondencia de delimitadores en un programa. Esto es un ejemplo importante debido a que la correspondencia de delimitadores es parte de cualquier compilador: ningún programa se considera correcto si los delimitadores no tienen su pareja. Por ejemplo, la instrucción:

```
while (m<(n[8]+o))
{
      p = 7;
      /* comentarios */
      6=6;
}
```

Se puede apreciar que está bien construida pues todos los paréntesis izquierdos corresponden con sus paréntesis derechos, así como las llaves y comentarios.

El algoritmo que resuelve la correspondencia adecuada de delimitadores evalúa la expresión de izquierda a derecha y sigue los siguientes pasos:

1. Obtener el carácter de la expresión y repetir pasos 2 al 3 para cada carácter.
2. Si es un operador de apertura: (, , [, /* se lo apila.
3. Si es un operador de cierre:), ,], */:
   - Comparar que corresponda con el operador del tope de la pila.
   - Si no corresponde, termina el programa y la expresión es incorrecta.
   - Si hay correspondencia, se elimina elemento del tope de la pila y volver al paso 1.
4. Si al terminar de evaluar la expresión quedan elementos en la pila, la expresión es incorrecta.
5. Si al terminar de evaluar la expresión la pila queda vacía, la expresión es correcta.
6. Fin de algoritmo.

4.6.2 Evaluación de expresiones aritméticas

Las pilas se utilizan para evaluar expresiones aritméticas. Por ejemplo:

$$\frac{(100+23)*231}{(31-14)^2}-(34-12)$$

Para evaluar este tipo de expresiones se deben pasar a expresiones en *notación postfija* y luego aplicar un algoritmo para evaluar la expresión en notación postfija. Para entender este tipo de notaciones se sugiere ver el siguiente cuadro de definiciones.

DEFINICIÓN 4.6.1

Notaciones

La expresión **A+B** se dice que esta en *notación infija*, y su nombre se debe a que el operador + está entre los operandos A y B.

Dada la expresión **AB+** se dice que esta en *notación postfija* y su nombre se debe a que el operador + esta después de los operandos A y B.

Dada la expresión **AB** se dice que esta en *notación prefija*, y su nombre se debe a que el operador + está antes que los operandos A y B.

La ventaja de usar expresiones en notación postfija es que no son necesarios los paréntesis para indicar orden de operación, ya que éste queda establecido por la ubicación de los operadores con respecto a los operandos, Por ejemplo,

- Expresión infija: (X + Z) * W / T ^Y – V
- Expresión postfija: X Z + W * T Y ^/ V –

Para convertir una expresión dada en notación infija a una notación postfija, deberá establecerse previamente ciertas condiciones:

- Solamente se manejarán los siguientes operadores (están dados ordenadamente de mayor a menor según su prioridad de ejecución):

Prioridad de Operadores		
Operador	**Prioridad dentro de la pila**	**Prioridad fuera de la pila**
^ : potencia	3	3
* / : Multiplicación y división	2	2
+ - : Suma y resta	1	1
(: Paréntesis izquierdo	0	4

- Los operadores de más alta prioridad se ejecutan primero. Si hubiera en una expresión dos o más operadores de igual prioridad, entonces se procesan de izquierda a derecha. Las subexpresiones parentizadas tendrán más prioridad que cualquier operador.

- Obsérvese que no se trata el paréntesis derecho ya que éste provoca sacar operadores de la pila hasta el paréntesis izquierdo.

Algoritmo para convertir una expresión infija a postfija

El algoritmo para convertir una expresión aritmética de notación infija a notación postfija debe tener en cuenta las siguientes consideraciones:

- Se parte de una expresión en notación infija que tiene operandos, operadores y puede tener paréntesis. Los operandos vienen representados por letras y los operadores son: ^, *, /, +, -
- La transformación se realiza utilizando una pila en la cual se almacenan los operadores y los paréntesis izquierdos.
- La expresión aritmética se va leyendo desde el teclado de izquierda a derecha, carácter a carácter, los operandos pasan directamente a formar parte de la expresión en postfija la cual se guarda en un arreglo.
- Los operadores se meten en la pila siempre que ésta esté vacía, o bien siempre que tengan mayor prioridad que el operador de la cima de la pila (o bien si es la máxima prioridad).
- Si la prioridad es menor o igual se saca el elemento cima de la pila y se vuelve a hacer comparación con el nuevo elemento cima.
- Los paréntesis izquierdos siempre se meten en la pila; dentro de la pila se les considera de mínima prioridad para que todo operador que se encuentra dentro del paréntesis entre en la pila.
- Cuando se lee un paréntesis derecho hay que sacar todos los operadores de la pila pasando a formar parte de la expresión postfija, hasta llegar a un paréntesis izquierdo, el cual se elimina ya que los paréntesis no forman parte de la expresión postfija.
- El proceso termina cuando no hay más elementos de la expresión y la pila esté vacía.

Con las anteriores consideraciones el algoritmo de conversión de expresiones infijas a postfijas es el siguiente:

1. Obtener caracteres de la expresión y repetir pasos 2 al 5 para cada carácter.
2. Si es un operando pasarlo a la expresión postfija.
3. Si es un operador:
   - Si la pila está vacía, meterlo en la pila. Repetir a partir del paso 1.

- Si la pila no está vacía:
  - Si la prioridad del operador leído es mayor que la prioridad del operador cima de la pila, meterlo en la pila y repetir a partir del paso 1.
  - Si la prioridad del operador es menor o igual que la prioridad del operador de la cima, sacar operador cima de la pila y pasarlo a la expresión postfija. Volver al paso 3.

4. Si es paréntesis derecho:
   - Sacar operador cima de la pila y pasarlo a la expresión postfija.
   - Si nueva cima es paréntesis izquierdo, suprimir elemento cima.
   - Si cima no es paréntesis izquierdo volver a paso 4.1
   - Volver a partir del paso 1.

5. Si es paréntesis izquierdo pasarlo a la pila.

6. Si quedan elementos en la pila, pasarlos a la expresión postfija

7. Fin de algoritmo

Como se puede apreciar el algoritmo anterior utiliza como mecanismo central el uso de pilas.

EJEMPLO 4.1

Dada la siguiente expresión infija: $(X + Z) * W / T \wedge Y - V$, pasarla a notación postfija. Otra forma de ver la expresión infija es la siguiente:

$$\frac{(X+Z)*W}{T^Y} - V$$

En este caso se aplicará paso a paso el algoritmo para convertir una expresión infija a postfija. El siguiente cuadro ilustra la conversión. Se debe llegar a la expresión postfija: $X\, Z + W * T\, Y \wedge / V$ como se muestra en la siguiente tabla.

Evaluación de la expresión en notación postfija

Una vez convertida la expresión infija a notación postfija se puede aplicar un algoritmo (el cual también maneja una pila) para evaluar dicha expresión y calcular su valor. Para ello, se almacena la expresión aritmética transformada a notación postfija en un vector, en la que los operandos están representados por variables de una sola letra. Antes de evaluar la expresión requiere dar valores numéricos a los operandos. Una vez que se tiene los valores de los operandos, la expresión es

Conversión de expresión Infija a Postfija			
Paso	**Carácter leído**	**Pila**	**Postfija**
1	(	(	
2	X	(	X
3	+	(+	X
4	Z	(+	XZ
5	)		XZ+
6	*	*	XZ+
7	W	*	XZ+W
8	/	/	XZ+W*
9	T	/	XZ+W*T
10	^	/^	XZ+W*T
11	Y	/^	XZ+W*TY
12	-	-	XZ+W*TY^/
13	V	-	XZ+W*TY^/V
14			XZ+W*TY^/V-

evaluada. El algoritmo de evaluación utiliza una pila de operandos de números reales. El algoritmo se describe a continuación.

1. Examinar el vector desde el elemento 1 hasta el N, repetir los pasos 2 y 3 para cada elemento del vector.
2. Si el elemento es un operando meterlo en la pila.
3. Si el elemento es un operador, lo designamos por ejemplo con +:
   - Sacar los dos elementos superiores de la pila, los denominamos con los identificadores x,y respectivamente.
   - Evaluar x+y; el resultado es z = x + y.
   - El resultado z, meterlo en la pila.
   - Repetir a partir del paso 1.
4. El resultado de la evaluación de la expresión está en el elemento cima de la pila.
5. Fin de algoritmo.

EJEMPLO 4.2

Utilizando el algoritmo anterior, evaluar la expresión postfija $X\ Z + W * T\ Y\ \hat{}\ / V -$. Lo primero que hacemos es asignar números a las variables de la expresión postfija. En este caso X=3, Z=1, W=6, T=2, Y=3, V=1. De tal manera que tendremos la expresión: 3 1 + 6 * 2 3 ^/1 -

A continuación, en la siguiente tabla se muestra paso a paso el proceso.

Según la última fila, el valor de la expresión es **2**, lo cual lo podemos comprobar si resolvemos la expresión infija:

$$\frac{(3+1)*6}{2^3} - 1$$

4.7 EJERCICIOS PROPUESTOS

A continuación se plantean los siguientes ejercicios los cuales utilizan pilas.

Evaluando la expresión Postfija		
Paso	**Elemento leído**	**Pila**
1	3	3
2	1	3 1
3	+	4
4	6	4 6
5	*	24
6	2	24 2
7	3	24 2 3
8	^	24 8
9	/	3
10	1	3 1
11	-	2

Ejercicio 4.1

Mostrar lo que se escribe en pantalla al ejecutarse el siguiente segmento de código en java:

```
Pila<Integer> pila = new Pila<Integer>();
pila.apilar(23);
pila.apilar(53);
pila.apilar(73);
System.out.println("El tope de la pila es: " + pila.cima());
pila.retirar();
System.out.println("El tope de la pila es: " + pila.cima());
pila.retirar();
System.out.println("El tope de la pila es: " + pila.cima());
pila2.retirar();
System.out.println("El tope de la pila es: " + pila.cima());
```

Ejercicio 4.2

Mostrar lo que se escribe en pantalla al ejecutarse el siguiente segmento de código en java:

```
Pila<Integer> pila = new Pila<Integer>();
pila.apilar(123);
pila.apilar(2);
pila.apilar(12);
pila.apilar(19);
pila.apilar(100);
pila.retirar();
pila.retirar();
pila.retirar();
System.out.println("El tope de la pila es: " + pila.cima());
pila.retirar();
System.out.println("El tope de la pila es: " + pila.cima());
pila.retirar();
```

Ejercicio 4.3

Utilizando el algoritmo de conversión de infijas a postfijas (ver Sección 4.6.2), pasar a notación postfija las siguientes expresiones:

1. (X + Y * Q) / R^T *Respuesta*: X Y Q * + R T ^/
2. X ^Y + Z - A * D - R *Respuesta*: X Y ^Z + A D * - R -
3. A + (B - D) / Y – (A - C) / (Y - X) + Z *Respuesta*: A B D -Y / + A C - Y X - / - Z +

Ejercicio 4.4

De las anteriores expresiones postfijas, dar valores numéricas a las variables y aplicar el algoritmo que permite evaluar una expresión postfijas.

Ejercicio 4.5

Proponer un algoritmo que permita pasar expresiones de notación infija a notación prefija. Entender el algoritmo mediante ejemplos.

Ejercicio 4.6

Proponga una implementación en java (o cualquier lenguaje) del algoritmo que evalúa la correspondencia de limitadores (ver Sección 4.6.1).

Ejercicio 4.7

Proponga una implementación en java (o cualquier lenguaje) del algoritmo que pasa expresiones de notación infija a postfija (ver Sección 4.6.2).

Ejercicio 4.8

Proponga una implementación en java (o cualquier lenguaje) del algoritmo que evalúa expresiones en notación postfija (ver Sección 4.6.2).

Ejercicio 4.9

Los paréntesis se necesitan algunas veces en las expresiones prefijas y postfijas. (¿Verdadero o Falso?)

Ejercicio 4.10

El orden de los operadores en una expresión prefija es exactamente el inverso del orden de los operadores en la expresión postfija equivalente. (¿Verdadero o Falso?)

Ejercicio 4.11

Implementar en java un método *obtenerCabezaPila* con las siguientes especificaciones

```
void obtenerCabezaPila(Pila pil)
/* Devuelve el valor del elemento cabeza sin cambiar la pila
   */
{ pre: pil = e1,e2,..en, n > 0 }
{ post: valor elemento cabeza de pila, pila sin cambiar }
```

Ejercicio 4.12

Proponga una algoritmo que reciba una cadena de caracteres y determine, mediante una pila, si la cadena es palíndrome. Un palíndromo es una secuencia de caracteres que se lee igual hacia adelante que hacia atrás, por ejemplo:

- Ana lava lana
- Eva ya hay ave
- Atar a la rata
- Dábale arroz a la zorra el abad

Tener en cuenta que no se tienen en cuenta los espacios, y las vocales con tildes deben ser pasadas a su correspondiente sin tilde.

5

COLAS

5.1 INTRODUCCIÓN

En este capítulo se estudiará la segunda estructura de datos dinámica lineal: la *cola*. Esta estructura funciona de manera inversa a las pilas. En una cola los elementos se añaden por un lado y se quitan por el otro mediante la filosofía FIFO (acrónimo en inglés de *First In, First Out*). Las colas tienen muchos usos a nivel computacional y en problemas del mundo real.

Se seguirá el siguiente orden, primero se definirá el tipo de datos abstracto, luego se hará una implementación del TAD en lenguaje java, finalmente se utilizará la estructura de datos cola en distintos ejemplos de aplicación.

5.2 DEFINICIÓN DE COLA

La cola es una estructura de datos, caracterizada por ser una secuencia de elementos en la que la operación de inserción se realiza por un extremo (encolar)y la operación de extracción por el otro (desencolar). También se le llama estructura FIFO (del inglés *First In First Out*), debido a que el primer elemento en entrar será también el primero en salir.

La Figura 5.1 muestra la representación gráfica de una cola con sus operaciones fundamentales de encolar y desencolar.

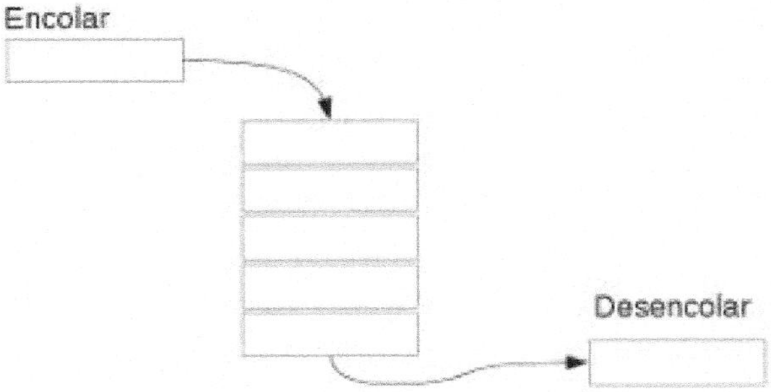

Figura 5.1. Representación de una Cola

DEFINICIÓN 5.2.1

Cola

Una cola es una estructura de datos, caracterizada por ser una secuencia de elementos en la que la operación de inserción se realiza por un extremo y la operación de extracción por el otro. También se le llama estructura FIFO (del inglés *First In First Out*), debido a que el primer elemento en entrar será también el primero en salir.

5.3 EL TAD COLA

A continuación se especifica el TAD de la Cola (al estilo C) con sus operaciones fundamentales. Las operaciones *encolar* y *desencolar* son las más importantes.

```
TAD Cola [ T ]
{ invariante: TRUE }
Constructoras:
  crearCola:
Modificadoras:
    encolar: Cola T
    desencolar: Cola
Analizadoras:
    frente: Cola
    esVacia: Cola
Destructora:
    destruirCola: Cola

Cola crearCola( void )
/* Crea una cola vacia */
{ post: crearCola = φ }
```

```

void encolar(Cola col, T elem)
/* Agrega elem al final de la cola*/
{ post: col = e1,e2, .., elem}

void desencolar(Cola col)\\
/* Elimina el primer elemento de la cola */
{ pre:  n > 0 }
{ post: col = e2,..,en }

T frente(Cola col )
/* Retorna el primer elemento de la cola */
{ pre: n > 0 }
{ post: frente = e1 }

int esVacia( Cola col )
/* Informa si la cola esta vacia */
{ post: esVacia = ( col = ϕ) }

void destruirCola( Cola col )
/* Destruye la cola retornando toda la memoria ocupada */
{post: col ha sido destruida }
```

5.4 IMPLEMENTACIÓN DEL TAD COLA EN JAVA

A continuación se muestra una implementación en Java del TAD Cola. Se ha implementado una cola dinámica utilizando nodos enlazados. Cada nodo almacena un valor y contiene una referencia al siguiente nodo. Supongamos una cola que almacene datos enteros, a la cual se le han aplicado las siguientes operaciones: encolar(10), encolar(35), encolar(12), encolar(7). La Figura 5.2 representa cómo quedaría la cola después de encolar en orden los datos 10, 35, 12 y 7. Se puede apreciar que cada nodo almacena un dato y a la vez existe una referencia que almacena la dirección del siguiente nodo. Además, existe una referencia llamada cabeza que apunta al primer elemento que entró (en este caso al dato 10) y una referencia cola que apunta al último dato que entró (el dato 7).

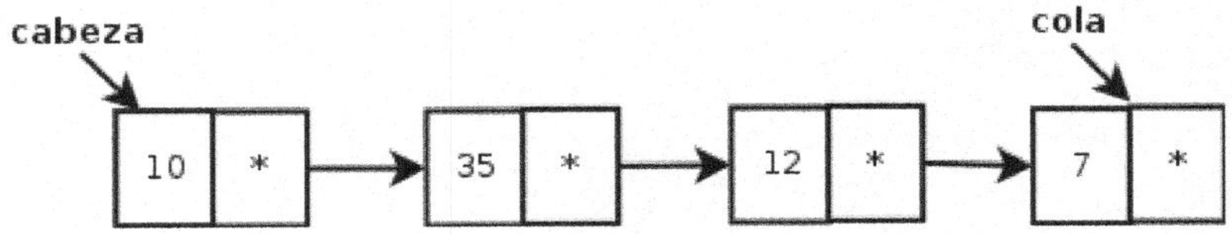

Figura 5.2. Representación de la Cola con Nodos Enlazados

La Figura 5.3 muestra el diagrama de clases que implementa el TAD Cola. Se puede apreciar básicamente dos clases: *Nodo* y *Cola*. La clase *Nodo* representa cada uno de los nodos enlazados que almacenan los objetos que se encolan. Tiene dos atributos, *valor* que representa el valor que guarda el nodo, en este caso es una referencia a un objetivo de tipo T (siendo T un tipo genérico). El atributo *siguiente*, representa la referencia al siguiente nodo. Los demás métodos son únicamente constructor, getters y setters de cada atributo. A continuación el código fuente de la clase Nodo.

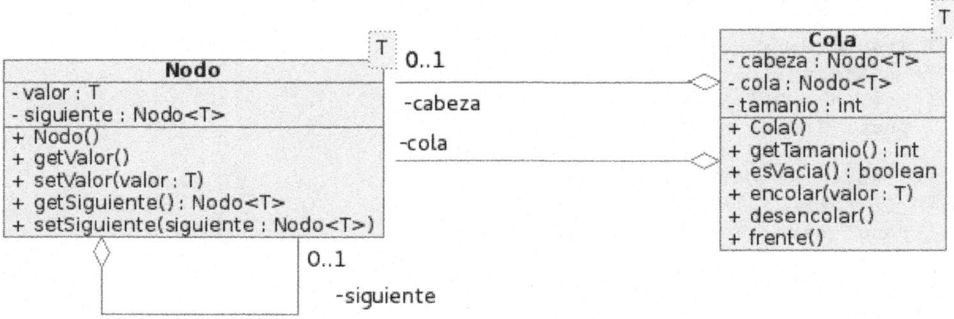

Figura 5.3. Diagrama de clase de la implementación del TAD Cola

```
package co.unicauca.colas;
public class Nodo<T> {
    //Atributo valor de tipo T. Almacena la referencia al objeto
        que se guarda en el nodo
    private T valor;
    //Referencia al siguiente nodo enlazado
    Nodo<T> siguiente;
    //Constructor por defecto
    public Nodo() {
        valor = null;
        siguiente = null;
    }
    //Devuelve el valor
    public T getValor() {
        return valor;
    }
    //Modifica el valor
    public void setValor(T valor) {
        this.valor = valor;
    }
    //Devuelve el atributo siguiente
    public Nodo<T> getSiguiente() {
        return siguiente;
    }
     //Modifica el atributo siguiente
    public void setSiguiente(Nodo<T> siguiente) {
        this.siguiente = siguiente;
    }
 }
```

La clase *Cola* representa la cola como tal con sus operaciones principales de *encolar* y *desencolar*. A continuación el código fuente de la clase Cola.

```
package co.unicauca.colas;
public class Cola<T> {
    //Atributo cabeza, que apunta al primer elemento de la cola
    private Nodo<T> cabeza;
    //Atributo cola, que apunta al ultimo elemento de la cola
    private Nodo<T> cola;
    //Almacena el total de elemento de la cola
    private int tamanio;
    //Constructor por defecto
    public cola() {
        cabeza = null;
        cola=null;
        tamanio = 0;
    }
    //Devuelve el total de elementos de la cola
    public int getTamanio() {
        return tamanio;
    }
    //Verifica si la cola esta vacia
    public boolean esVacia() {
        return (cabeza == null);
    }
    //Encolar un elemento nuevo
    public void encolar(T valor) {
        //Crear un nuevo Nodo
        Nodo<T> nuevo = new Nodo<T>();
        //Fijar el valor dentro del nodo
        nuevo.setValor(valor);
        if (esVacia()) {
            //cabeza y cola apuntan al nodo nuevo
            cabeza = nuevo;
            cola = nuevo;
        } else {
            //Se enlaza el campo siguiente de cola con el nuevo elemento
            cola.setSiguiente(nuevo);
            //La nueva cola pasa a ser nuevo
            cola = nuevo;
        }
        //Incrementa el tamanio porque hay un nuevo elemento en la cola
        tamanio++;
    }
    //Elimina el primer elemento de la cola
    public void desencolar() {
        //si no es vacia
        if (!esVacia()) {
            //verificar si hay un solo elemento en la cola
            if (cabeza == cola) {
                cabeza = null;
```

```
49                  cola = null;
50              } else {
51                  //se elimina el primer elemento de la cola,
                        desplazando la cabeza al siguiente nodo
52                  cabeza = cabeza.getSiguiente();
53              }
54              //Se disminuye el total de elementos
55              tamanio--;
56          }
57      }
58
59      //Devuelve el primer elemento de la cola
60      public T frente() {
61          if (!esVacia())
62              return cabeza.getValor();
63          else
64              return null;
65      }
66  }
```

En la línea 24 se puede apreciar el método **encolar**. Este método recibe como parámetro el **valor** que quiere encolar. Lo primero que se hace es crear un *nuevo* nodo y fijar su valor (líneas 26 y 28). Una vez creado el nodo, se pregunta si la cola es vacía (línea 29). En caso verdadero las referencias *cabeza* y *cola* apuntan al nodo nuevo (líneas 31 y 32). De lo contrario se enlaza el campo *siguiente* de *cola* con la referencia *nuevo* (línea 35), enseguida la *cola* apunta a *nuevo* (línea 37) para indicar cual fue el último nodo que entró a la cola. Finalmente, la variable *tamanio* se incrementa (indicando que la cola tiene una elemento más). Por ejemplo si a la cola de la Figura 5.2 le aplicáramos la operación encolar(23), nos daría como resultado la cola de la Figura 5.4.

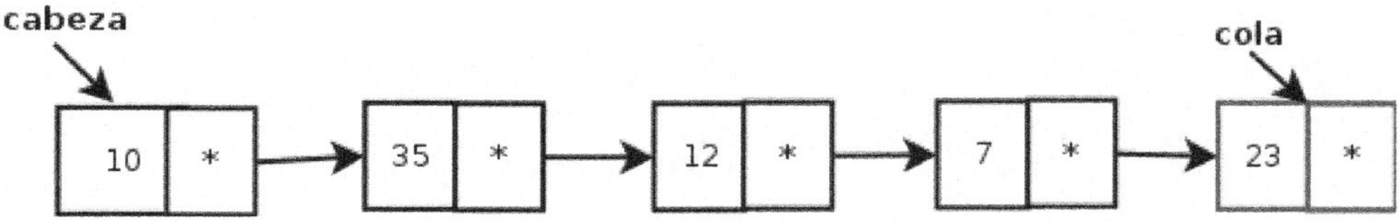

Figura 5.4. Representación de la cola después de encolar el elemento 23

En la línea 43 se aprecia el método **desencolar**. Lo primero que hace es preguntar si la cola no esta vacía (línea 45), en caso afirmativo, si cabeza es igual a cola significa que hay un solo elemento, por lo tanto, la *cabeza* y *cola* se les asigna null y de esta forma la cola quedaría vacía. Si *cabeza* no es igual a *cola*, significa que hay más de un elemento en la cola, por lo tanto, simplemente de desplaza la *cabeza* al siguiente nodo (line 52). Finalmente se decrementa la variable *tamanio* (indicando que hay un elemento menos en la cola).

A continuación el código de un Cliente que instancia la cola que hemos creado. En este caso se almacenan objetos de tipo entero, se encolan algunos números, se imprimen los valores del frente de la cola y se desencolan sus elementos.

```
package co.unicauca.colas;
public class ClienteMain {
    public static void main(String[] args) {
        //Crear una nueva cola de enteros
        Cola<Integer> cola = new Cola<Integer>();
        //Se encolan algunos elementos
        cola.encolar(12);
        cola.encolar(13);
        cola.encolar(14);
        cola.encolar(15);
        //Se imprime el primer elemento de la cola
        System.out.println("El primer elemento de la cola es:" +
            cola.frente());

        cola.desencolar();
        System.out.println("El primer elemento de la cola es:" +
            cola.frente().toString());

        cola.desencolar();
        System.out.println("El primer elemento de la cola es:" +
            cola.frente());

        cola.desencolar();
        System.out.println("El primer elemento de la cola es:" +
            cola.frente());

        cola.desencolar();
        System.out.println("El primer elemento de la cola es:" +
            cola.frente());
    }
}
```

La salida por consola de este programa sería la siguiente.

```
El primer elemento de la cola es: 12
El primer elemento de la cola es: 13
El primer elemento de la cola es: 14
El primer elemento de la cola es: 15
El primer elemento de la cola es: null
```

5.5 LA INTEFACE QUEUE DE JAVA

La API de java ya trae implementada la cola mediante la interface *java.util. Queu*.

Debido a que Queue es una inteface, se requiere instanciar un objeto concreto. Para ello, se debe elegir una de las implementaciones de la API Collections de java:

- java.util.LinkedList
- java.util.PriorityQueue

LinkedList es una aplicación de cola bastante estándar y PriorityQueue es una cola de prioridades que almacena sus elementos internos de acuerdo a un orden. Las operaciones básicas de Queue son:

- add() que inserta un elemento en la cola.
- remove() que devuelve y remueve el primer elemento de la cola
- peek() que devuelve el primer elemento de la cola y devuelve null cuando la cola está vacía.

La pregunta que surge es, ¿Si java ya trae una cola por qué implementar una propia mediante nodos enlazados? La respuesta es simple, porque implementando nuestra propia cola sabremos cómo funciona internamente una cola y habrá más aprendizaje. A continuación se muestra un ejemplo muy sencillo para ver el uso de la interface Queue de java.

```
/* Ejemplo del uso de la interface Queue*/
import java.util.Queue;
import java.util.LinkedList;
public class Cola
{
     public static void main(String args[])
     {
          //Crea una cola generica
          Queue micola = new LinkedList();
          //Agrega tres elementos a la cola en ese orden
          micola.add("element 0");
          micola.add("element 1");
          micola.add("element 2");
          //Muestra el primer elemento de la cola
          System.out.println("El primer elemento de la cola es: " +
              micola.peek());
          //Elimina el primer elemento de la cola, o sea, "elemento
              0"
          micola.remove();
          //Imprime "elemento 1" porque ahora es el primer elemento
              de la cola
          System.out.println("El primer elemento de la cola es: " +
              micola.peek());
          //Imprime "elemento 2" porque ahora es el primer elemento
              de la cola
          micola.remove();
```

```
        System.out.println("El primer elemento de la cola es: " +
           micola.peek());
        //Elimina el ultimo elemento y la cola queda vacia
        micola.remove();
        //Imprime null porque esta vacia
        System.out.println("El primer elemento de la cola es: " +
           micola.peek());
    }
}
```

5.6 PROBLEMAS QUE SE RESUELVEN CON COLAS

Las colas se utilizan en sistemas informáticos, transportes y operaciones de investigación (entre otros), donde los objetos, personas o eventos son tomados como datos que se almacenan y se guardan mediante colas para su posterior procesamiento. A continuación se describen problemas del mundo real donde la estructura fundamental se resuelve gracias a una cola.

5.6.1 Simulador del despegue y aterrizaje de aviones

Se debe utilizar una cola para simular el despegue y aterrizaje de aviones de un aeropuerto (ver Figura 5.5), las políticas que rigen las operaciones aéreas son las siguientes:

Figura 5.5. Despegue y aterrizaje de aviones de un aeropuerto

- Se tiene estimado que del aeropuerto pueden salir vuelos cada cinco minutos, siempre y cuando no hayan solicitudes de aterrizaje.
- Un vuelo no puede salir del aeropuerto, antes de la hora programada.
- Un vuelo no puede despegar del aeropuerto si se encuentran vuelos pendientes por despegar (se debe respetar la cola de vuelos).
- El aeropuerto conoce con anterioridad la hora de salida de todos los vuelos programados para ese día. Las aerolíneas tienen programados vuelos con 10 minutos de diferencia.
- Los aterrizajes ocurren de manera aleatoria. El aterrizaje tarda diez minutos (es prioritario el aterrizaje de un avión).
- Se asume que la simulación inicia con mínimo 10 solicitudes de despegue.

A continuación un bosquejo de cómo podría ser la simulación.

```
public void simular(){
    //Crea la cola de vuelos
    Cola<Vuelo> cola = new Cola<Vuelo>();
    //Lee los vuelos desde el archivo y los carga en cola
    cola = leerVuelosDesdeArchivo();
    //Crea una instancia de tipo Proceso
    Proceso instancia = null;
    //Mientras haya procesos en la cola
    while (!cola.esVacia()){
        instancia=cola.desencolar();
        if(hayAterrizaje()){
            //Simula el aterrizaje
        }else{
            //Simula el despeje
        }
    }
}
```

6

LISTAS

6.1 INTRODUCCIÓN

En este capítulo se estudiará la tercera estructura de datos dinámica lineal: la *lista*. Con seguridad todos tenemos el concepto de lista pues es algo que utilizamos a diario: lista de compras, lista de materiales, lista de útiles escolares, lista de contactos, etc.

Desde el punto de vista de programación, una lista es una colección de elementos homogéneos, con una relación lineal entre sus elementos. Esto significa que cada elemento de la lista tiene un único predecesor (excepto el primero) y cada elemento tiene un único sucesor en la lista (excepto el último). Además, el orden de los elementos afecta su función de acceso; por ejemplo, en una búsqueda secuencial si el elemento a buscar está al final de la lista, se tiene que recorrer todos los elementos anteriores.

Se seguirá el siguiente orden. Primero se definirá el tipo de datos abstracto. Luego se hará una implementación del TAD en lenguaje java. Luego, se utilizará la estructura de datos lista en distintos ejemplos de aplicación.

6.2 DEFINICIÓN DE LISTA

Una lista enlazada consiste en una secuencia de nodos, en los que se guardan campos de datos arbitrarios y una o dos referencias al nodo anterior y/o posterior. Las listas enlazadas tienen la particularidad que las *inserciones* y *extracciones* se realizan en *cualquier parte* de la lista.

Las operaciones que normalmente se ejecutan con listas incluyen:

1. Recuperar información de un nodo específico.
2. Encontrar el nodo que contiene una información específica.
3. Insertar un nuevo nodo en un lugar específico.
4. Insertar un nuevo nodo en relación a una información particular.
5. Borrar un nodo existente.

DEFINICIÓN 6.2.1

Lista

Una lista enlazada consiste en una secuencia de nodos, en los que se guardan campos de datos arbitrarios y una o dos referencias al nodo anterior y/o posterior.

Las listas enlazadas tienen la particularidad que las *inserciones* y *extracciones* se realizan en *cualquier parte* de la lista.

6.3 TIPOS DE LISTAS

Existen varios tipos de listas, las más comunes son:

1. Listas enlazadas simples
2. Listas doblemente enlazadas
3. Listas circulares
4. Listas doblemente enlazadas circulares
5. Listas de listas

A continuación se explican cada una de ellas.

6.3.1 Listas enlazadas simples

Las listas enlazadas simples consisten en una secuencia de nodos, donde existe un *enlace por nodo*. Este enlace apunta al siguiente nodo en la lista, o al valor Nulo, si es el último nodo (Ver Figura 6.1).

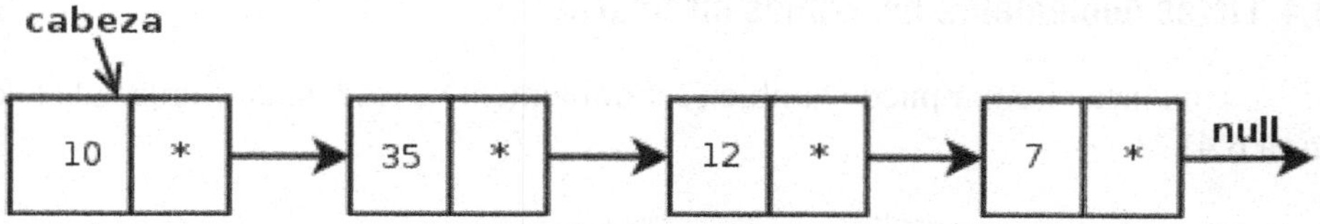

Figura 6.1. Lista enlazada simple

6.3.2 Listas doblemente enlazadas

En las listas doblemente enlazadas, *cada nodo tiene dos enlaces*: uno apunta al nodo anterior, o apunta al valor Nulo si es el primer nodo; y otro que apunta al siguiente nodo, o apunta al valor Nulo si es el último nodo (Ver Figura 6.2).

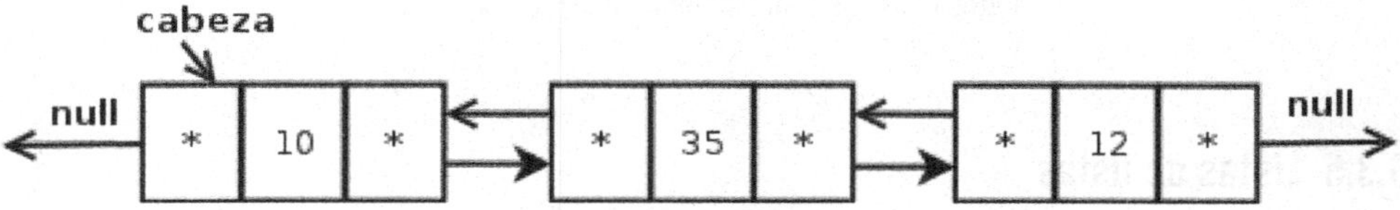

Figura 6.2. Lista doblemente enlazada

6.3.3 Listas Circulares

En una lista enlazada circular, el primer y el último nodo están unidos (Ver Figura 6.3).

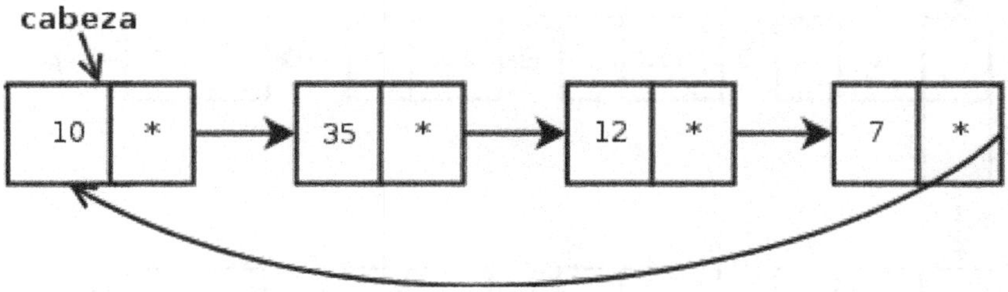

Figura 6.3. Lista circular

6.3.4 Listas doblemente enlazadas circulares

Una lista circular puede también ser doblemente encadenada o enlazada (Ver Figura 6.4).

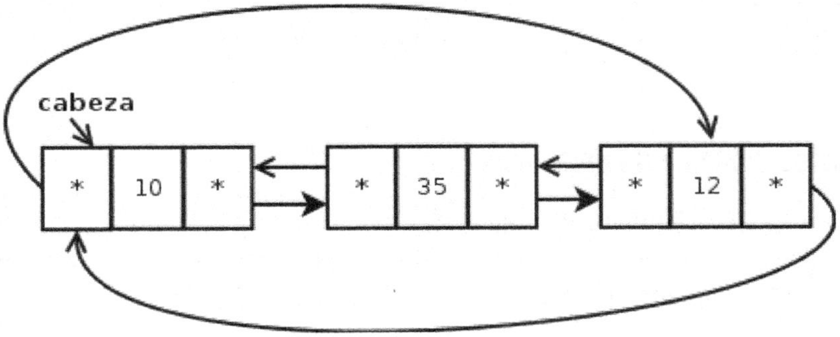

Figura 6.4. Lista doblemente enlazada circular

6.3.5 Listas de listas

En las listas de listas, el campo de datos de un nodo puede ser otra lista enlazada. (Ver Figura 6.5).

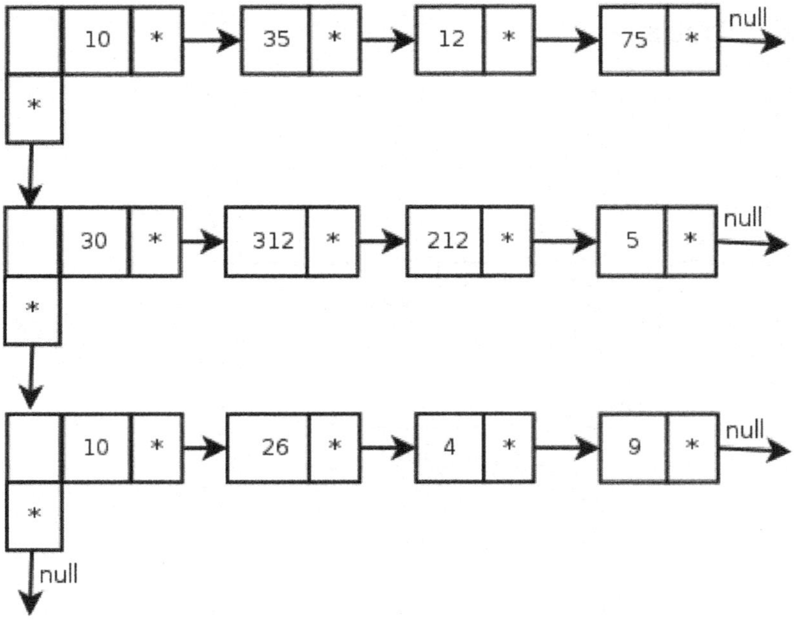

Figura 6.5. Listas de listas

6.4 EL TAD LISTA

A continuación se especifica el TAD de la Lista (al estilo C) con sus operaciones fundamentales. Estas operaciones son comunes a todos los tipos de listas.

```
TAD Lista [ T ]
{ invariante: TRUE }
Constructoras:
    crearLista:
Modificadoras:
    agregar: Lista T
    insertar: Lista T int
    remover: Lista int
Analizadoras:
    getValor: Lista int
    esVacia: Lista
Destructora
    DestruirLista: Lista

Lista crearLista( void )
/* Crea una lista vacia */
{ post: crearLista =  φ}

void agregar(Lista list, T elem)
/* Agrega elem al final de la lista*/
{ post: list = e1,e2, .. elem}

void insertar(Lista list, T elem, int i)
/* Agrega elem en la posicion i de la lista*/
{ pre: 1< i< n}
{ post: list = e1,...,ei-1,elem,ei+1,...,en }

void remover(Lista list, int i)
/* Elimina el elemento de la lista de la posicion i*/
{ pre:  1< i< n }
{ post: list = e1,...,ei-1,ei+1,...,en}

T getValor(Lista list, int i )
/* Retorna el valor almacenado en la posicion i */
{ pre: 1< i< n  }
{ post: getValor = ei }

bool esVacia( Lista list )
/* Informa si la lista esta vacia */
 { post: esVacia = ( list = φ ) }

void destruirLista( Lista list )
/* Destruye la lista retornando toda la memoria ocupada */
 {post: list ha sido destruida }
```

6.5 IMPLEMENTACIÓN DEL TAD LISTA EN JAVA

A continuación se muestra una implementación en Java del TAD Lista. Se ha implementado una lista dinámica simple utilizando nodos enlazados tal como lo muestra la Figura 6.1. Cada nodo almacena un valor y contiene una referencia al siguiente nodo.

La Figura 6.6 muestra el diagrama de clases que implementa el TAD Lista. Se puede apreciar básicamente dos clases: *Nodo* y *Lista*. La clase *Nodo* representa cada uno de los nodos enlazados que almacenan los objetos que se agregan a la lista. Tiene dos atributos, *valor* que representa el valor que guarda el nodo, en este caso es una referencia a un objetivo de tipo T (siendo T un tipo genérico). El atributo *siguiente*, representa la referencia al siguiente nodo. Los demás son únicamente, constructor, getters y setters de cada atributo. A continuación el código fuente de la clase Nodo.

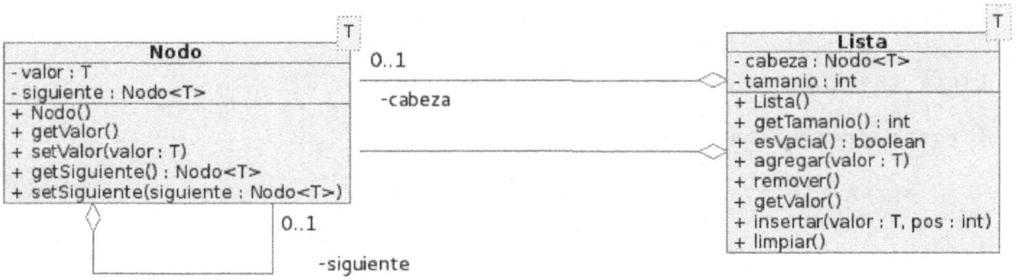

Figura 6.6. Diagrama de clases de la implementación del TAD Lista

```
package co.unicauca.listas;
public class Nodo<T> {
    //Atributo valor de tipo T. Almacena la referencia al objeto
        que se guarda en el nodo
    private T valor;
    //Referencia al siguiente nodo enlazado
    Nodo<T> siguiente;
    //Constructor por defecto
    public Nodo() {
        valor = null;
        siguiente = null;
    }
    //Devuelve el valor
    public T getValor() {
        return valor;
    }
    //Modifica el valor
    public void setValor(T valor) {
        this.valor = valor;
    }
```

```
    //Devuelve el atributo siguiente
    public Nodo<T> getSiguiente() {
        return siguiente;
    }
     //Modifica el atributo siguiente
    public void setSiguiente(Nodo<T> siguiente) {
        this.siguiente = siguiente;
    }
}
```

La clase *Lista* representa la lista como tal con sus operaciones principales de *agregar* y *eliminar*, etc. A continuación el código fuente de la clase Lista.

```
package co.unicauca.listas;
public class Lista<T> {
    //Primer elemento de la lista
    private Nodo<T> cabeza;
    //Total de elementos de la lista
    private int tamanio;
    //Constructor por defecto
    public Lista() {
        cabeza = null;
        tamanio = 0;
    }
    //Devuelve el tamanio de la lista
    public int getTamanio() {
        return tamanio;
    }
    /**
     * Consulta si la lista esta vacia
     * @return true cuando esta vacia, false cuando no
     */
    public boolean esVacia() {
        if (cabeza == null)
            return true;
        else
            return false;
    }
    /**
     * Agrega un nuevo nodo al final de la lista
     * @param valor valor a agregar
     */
    public void agregar(T valor) {
        Nodo<T> nuevo = new Nodo<T>();
        nuevo.setValor(valor);
        if (esVacia()) {
            cabeza = nuevo;
        } else {
            // agregar al final de la lista
            Nodo<T> aux = cabeza;
            while (aux.getSiguiente() != null) {
```

```
                aux = aux.getSiguiente();
            }
            aux.setSiguiente(nuevo);
        }
        tamanio++;
    }

    /**
     * inserta un nuevo nodo en la lista
     * @param valor valor a agregar
     * @param pos posicion donde se insertara el nodo
     * @throws PosicionIlegalException excepcion en caso que la
       posicion no exista
     */
    public void insertar(T valor, int pos) throws
        PosicionIlegalException {
        if (pos >= 0 && pos <= tamanio) {
            Nodo<T> nuevo = new Nodo<T>();
            nuevo.setValor(valor);
            // el nodo a insertar esta al comienzo de la lista
            if (pos == 0) {
                nuevo.setSiguiente(cabeza);
                cabeza = nuevo;
            } else {
                // El nodo a insertar va al final de la lista
                if (pos == tamanio) {
                    Nodo<T> aux = cabeza;
                    while (aux.getSiguiente() != null) {
                        aux = aux.getSiguiente();
                    }
                    aux.setSiguiente(nuevo);
                }
                // el nodo a insertar esta en medio
                else {
                    Nodo<T> aux = cabeza;
                    for (int i = 0; i <= pos - 2; i++) {
                        aux = aux.getSiguiente();
                    }
                    Nodo<T> siguiente = aux.getSiguiente();
                    aux.setSiguiente(nuevo);
                    nuevo.setSiguiente(siguiente);
                }
            }
            tamanio++;
        } else {
            throw new PosicionIlegalException();
        }

    }
    /**
     * Devuelve el valor de una determinada posicion
     * @param pos posicion
     * @return el valor de tipo T
```

```
     * @throws PosicionIlegalException
     */
    public T getValor(int pos) throws PosicionIlegalException {
        if (pos >= 0 && pos < tamanio)
        {
            T valor;
            if (pos == 0) {
                valor = cabeza.getValor();
                return valor;
            }
            else {
                Nodo<T> aux = cabeza;
                for (int i = 0; i <= pos - 1; i++) {
                    aux = aux.getSiguiente();
                }
                valor = aux.getValor();
            }
            return valor;
        }
        else
        {
            throw new PosicionIlegalException();
        }
    }
    /**
     * Elimina un nodo en una determinada posicion
     * @param pos posicion
     * @throws PosicionIlegalException
     */
    public void remover(int pos) throws PosicionIlegalException {
        if (pos >= 0 && pos < tamanio)
        {
            if (pos == 0) {
                //El nodo a eliminar esta en la primera posicion
                cabeza = cabeza.getSiguiente();
                tamanio--;
            }
            else {
                Nodo<T> aux = cabeza;
                for (int i = 0; i <= pos - 2; i++) {
                    aux = aux.getSiguiente();
                }
                Nodo<T> prox = aux.getSiguiente();
                aux.setSiguiente(prox.getSiguiente());
                tamanio--;
            }
        }
        else
        {
            throw new PosicionIlegalException();
        }
    }
    /**
```

```
143      * Clear, elimina todos los nodos de la lista
144      */
145     public void limpiar(){
146         cabeza = null;
147         tamanio=0;
148     }
149 }
```

```
package co.unicauca.listas;
public class PosicionIlegalException extends Exception {
    public PosicionIlegalException() {
        super("posicion ilegal en la lista");
    }

}
```

A continuación se explica los métodos más importantes de la clase Lista.

- **agregar**: Este método agrega un *nuevo* nodo al final de la lista. Lo que hace es crear un nuevo nodo y fijar su *valor* (líneas 31 y 32). Luego pregunta si la lista es vacía, en caso verdadero el nuevo nodo pasa a ser la cabeza de la lista (línea 34). En caso falso, significa que la lista ya tiene al menos un nodo, por lo tanto hace un recorrido para ubicar la referencia *aux* en el último nodo (líneas 37-40). Una vez ubicado *aux* en el último nodo, enlaza su atributo *siguiente* con *nuevo* (línea 41). Finalmente, incrementa en uno el atributo *tamanio*.

- **insertar**: Este método inserta un nuevo nodo en la lista, para ello, recibe un párametro *pos* que indica la posición donde se debe insertar. Lo primero que hace el método es validar que *pos* sea correcto (entre 0 y el tamaño de elementos de la lista). El método analiza tres alternativas posibles de inserción: al comienzo de la lista, al final de la lista y en medio. Las tres posibilidades exigen enlazar adecuadamente los nodos.

- **remover**: Este método elimina un nodo mediante una posición. El método analiza en primera instancia si la posición es correcta. Existen dos posibilidades, que se elimine el primer nodo (cuando *pos* es cero), o que se trate de un nodo después del primero, en cuyo caso se debe ubicar la referencia *aux* en el nodo anterior al nodo a eliminar, lo cual permite realizar el enlace adecuado de los nodos. Al final decrementa el atributo *tamanio*.

- **getValor**: Este método devuelve el valor contenido en un determinado nodo. Para ello utiliza como parámetro la posición del elemento. Si la posición es igual a cero (línea 96), simplemente devuelve el atributo valor del nodo cabeza. De lo contrario, ubica la referencia auxiliar en el nodo correspondiente a la posición solicitada y finalmente retorna el atributo *valor* (línea 105).

- **limpiar**: Este método elimina todos los nodos de la lista. Simplemente basta con inicializar cabeza en *null* y *tamanio* en cero (líneas 146 y 147), y el recolector de basura de Java se encarga de liberar la memoria de todos los nodos.

En todas las situaciones donde se solicite una posición incorrecta (ya sea para insertar, eliminar o devolver un valor), se lanza la excepción *PositionIlegalException*.

A continuación el código de un Cliente que instancia la lista que hemos creado. En este caso se almacenan objetos de tipo entero, se agregan, insertar, eliminan e imprimen algunos números.

```
package co.unicauca.listas;
public static void main(String[] args) {
    try {
        Lista<Integer> lista = new Lista<Integer>();
        //Agrega tres elementos en la lista
        lista.agregar(12);
        lista.agregar(15);
        lista.agregar(20);
        //Imprime los datos agregados
        System.out.println("Dato en la posicion 0: " + lista.
            getValor(0));
        System.out.println("Dato en la posicion 1: " + lista.
            getValor(1));
        System.out.println("Dato en la posicion 2: " + lista.
            getValor(2));
        //Inserta el 12 en la posicion 1
        lista.insertar(13, 1);
        //Inserta el 16 en la posicion 3
        lista.insertar(16, 3);
        //lista.insertar(16, 10);//Esta linea arroja excepcion
            porque la posicion 10 no existe
        System.out.println("Datos despues de la insercion");
        System.out.println("Dato en la posicion 0: " + lista.
            getValor(0));
        System.out.println("Dato en la posicion 1: " + lista.
            getValor(1));
        System.out.println("Dato en la posicion 2: " + lista.
            getValor(2));
        System.out.println("Dato en la posicion 3: " + lista.
            getValor(3));
        System.out.println("Dato en la posicion 4: " + lista.
            getValor(4));
        //Elimina el dato de la posicion 0
```

```
            lista.remover(0);
            //Elimina el dato de la posicion 3
            lista.remover(3);
            System.out.println("Datos despues de la eliminacion");
            System.out.println("Dato en la posicion 0: " + lista.
                getValor(0));
            System.out.println("Dato en la posicion 1: " + lista.
                getValor(1));
            System.out.println("Dato en la posicion 2: " + lista.
                getValor(2));

            } catch (PosicionIlegalException e) {
                e.printStackTrace();
            }
}
```

La salida por consola de este programa es el siguiente:

```
Dato en la posición 0: 12
Dato en la posición 1: 15
Dato en la posición 2: 20
Datos despues de la inserción
Dato en la posición 0: 12
Dato en la posición 1: 13
Dato en la posición 2: 15
Dato en la posición 3: 16
Dato en la posición 4: 20
Datos despues de la eliminación
Dato en la posición 0: 13
Dato en la posición 1: 15
Dato en la posición 2: 16
```

6.6 LAS CLASES ARRAYLIST Y LINKEDLIST DE JAVA

La API de java ya trae implementada las listas mediante las clases *ArrayList* y *LinkedList*. Ambas implementan una interfaz genérica: la interfaz *List*. Eso quiere decir que tendrán una serie de métodos comunes propios de esta interfaz.

LinkedList y ArrayList son dos implementaciones diferentes de la interfaz List. LinkedList usa internamente una lista doblemente enlazada, mientras que ArrayList usa un arreglo que cambia de tamaño dinámicamente. Estas diferencias se pueden visualizar en la Figura 6.7.

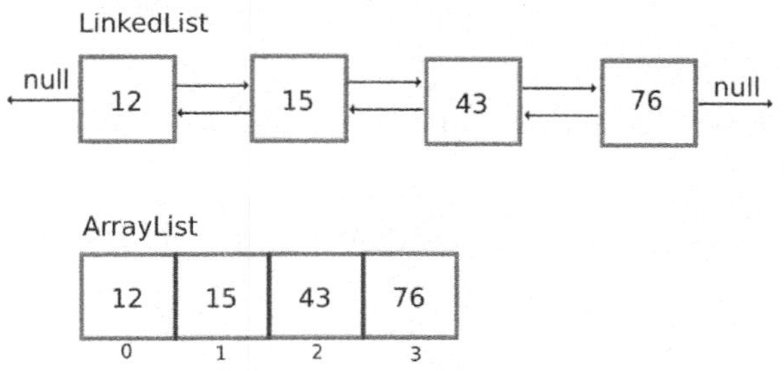

Figura 6.7. Deferencias entre LinkedList y ArrayList en Java

LinkedList permite eliminar e insertar elementos en tiempo constante usando iteradores, pero el acceso es secuencial por lo que encontrar un elemento toma un tiempo proporcional al tamaño de la lista. Normalmente la complejidad de esa operación promedio sería $O(n/2)$ sin embargo usar una lista doblemente ligada el recorrido puede ocurrir desde el principio o el final de la lista por lo tanto resulta en $O(n/4)$.

Por otro lado ArrayList ofrece acceso en tiempo constante $O(1)$, pero si se quiere añadir o remover un elemento en cualquier posición que no sea la última es necesario mover elementos. Además si el arreglo ya está lleno es necesario crear uno nuevo con mayor capacidad y copiar los elementos existentes.

En la práctica la mayoría de las ocasiones es mejor usar ArrayList porque el tiempo de las operaciones y uso de memoria es menor que en LinkedList. Esto no quiere decir que LinkedList nunca se utilice, existen algunos casos muy específicos donde es la mejor opción.

Las operaciones que manejan LinkedList y ArrayList son:

1. *add(Object)*: Agrega un elemento al final.
2. *add(int, Object)*: Agrega un elemento en la posición especificada en el primer argumento. Equivale al método insertar.
3. *clear()*: Elimina todos los elementos.
4. *get(int)*: Devuelve el elemento de la posición especificada.
5. *indexOf(Object)*: Devuelve el índice el elemento especificado, de no encontrarlo devuelve -1.
6. *remove(int)*: Elimina el elemento de la posición especificada.

7. *set(int, Object)*: Reemplaza el elemento de la posición especificada en el primer argumento.

8. *size()*: Devuelve la cantidad de elementos de la lista.

A continuación un sencillo ejemplo del uso de las clases LinkedList y ArrayList:

```
import java.util.ArrayList;
import java.util.List;
import java.util.LinkedList;
public class ClienteMain
{
    public static void main(String args[])
    {
        try {
            List<Integer> lista = new LinkedList<Integer>();
            List<Integer> lista2 = new ArrayList<Integer>();
            lista.add(12);
            lista.add(15);
            lista.add(20);

            System.out.println("Dato en la posicion 0: " + lista.get(0));
            System.out.println("Dato en la posicion 1: " + lista.get(1));
            System.out.println("Dato en la posicion 2: " + lista.get(2));
            lista.add(1,13);
            lista.add(3,16);
            System.out.println("Datos despues de la insercion");
            System.out.println("Dato en la posicion 0: " + lista.get(0));
            System.out.println("Dato en la posicion 1: " + lista.get(1));
            System.out.println("Dato en la posicion 2: " + lista.get(2));
            System.out.println("Dato en la posicion 3: " + lista.get(3));
            System.out.println("Dato en la posicion 4: " + lista.get(4));

            lista.remove(0);
            lista.remove(3);
            System.out.println("Datos despues de la eliminacion ");
            System.out.println("Dato en la posicion 0:" + lista.get(0));
            System.out.println("Dato en la posicion 1: " + lista.get(1));
```

```
                System.out.println("Dato en la posicion 2: " +
                    lista.get(2));

                lista2.add(10);
                lista2.add(15);
                lista2.add(24);
                //Itera lista2 para imprimir cada uno de sus
                    elementos
                System.out.println("Recorriendo el ArrayList");
                for(Integer aux:lista2){
                    System.out.println("Elemento: " + aux);
                }
            } catch (Exception e) {
            e.printStackTrace();
            }
    }
}
```

La salida por consola del programa anterior es:

```
Dato en la posición 0: 12
Dato en la posición 1: 15
Dato en la posición 2: 20
Datos despues de la inserción
Dato en la posición 0: 12
Dato en la posición 1: 13
Dato en la posición 2: 15
Dato en la posición 3: 16
Dato en la posición 4: 20
Datos despues de la eliminación
Dato en la posición 0: 13
Dato en la posición 1: 15
Dato en la posición 2: 16
Recorriendo el ArrayList
Elemento: 10
Elemento: 15
Elemento: 24
```

6.7 PROBLEMAS QUE SE RESUELVEN CON LISTAS

Las listas se utilizan en sistemas informáticos para almacenar un conjunto de objetos homogéneos. Por ello, existen muchísimos problemas en los que se aplican las listas: inventarios, contactos personales, bibliotecas, en fin, cualquier aplicación que requiera almacenar datos. A continuación se describen algunos ejemplos que utilizan listas.

6.7.1 Lista de contactos personales

Se quiere construir un programa que maneje una lista de contactos personales. Un contacto tiene nombres, apellidos, una dirección, un correo electrónico, teléfono y celular.

En el programa de contactos se debe poder:

- Agregar un nuevo contacto.
- Eliminar un contacto ya existente.
- Ver la información detallada de un contacto.
- Modificar datos de un contacto.

A continuación se resuelve por completo el problema planteado. Cada contacto será un objeto de tipo *Contacto*. Los diferentes contactos serán almacenados en un objeto *ListaDeContactos*. Esta clase contiene los métodos que permiten agregar, buscar, ver, modificar eliminar y listar contactos. En *ListaDeContactos* habrá un atributo de tipo *Lista* (que almacenará todos los contactos). La solución se puede apreciar en la Figura 6.8.

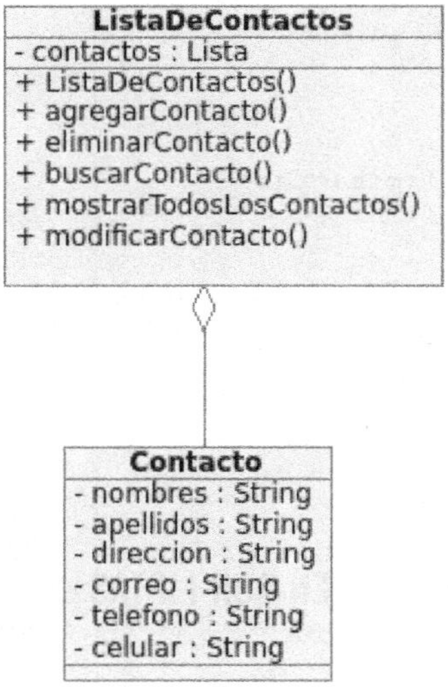

Figura 6.8. Diagrama de clases del problema lista de contactos personales

A continuación el código fuente de la clase Contacto.

```
package co.unicauca.listacontactos;
//Clase que representa un contacto
public class Contacto {
    //Atributos
    private String nombres;
    private String apellidos;
    private String direccion;
    private String correo;
    private String telefono;
    private String celular;
    //Metodos
    //Constructor parametrizado
    public Contacto(String nombre, String apellido, String
       direccion,
            String correo, String telefono, String celular) {
        super();
        this.nombres = nombre;
        this.apellidos = apellido;
        this.direccion = direccion;
        this.correo = correo;
        this.telefono = telefono;
        this.celular = celular;
    }
    //getters y setters
    public String getNombres() {
        return nombres;
    }
    public void setNombres(String nombres) {
        this.nombres = nombres;
    }
    public String getApellidos() {
        return apellidos;
    }
    public void setApellidos(String apellidos) {
        this.apellidos = apellidos;
    }
    public String getDireccion() {
        return direccion;
    }
    public void setDireccion(String direccion) {
        this.direccion = direccion;
    }
    public String getCorreo() {
        return correo;
    }
    public void setCorreo(String correo) {
        this.correo = correo;
    }
    public String getTelefono() {
        return telefono;
    }
```

```
    public void setTelefono(String telefono) {
        this.telefono = telefono;
    }
    public String getCelular() {
        return celular;
    }
    public void setCelular(String celular) {
        this.celular = celular;
    }
    public String toString(){
        return nombres + " " + apellidos + " " + direccion + " " +
            correo + " " + telefono + " " + celular;
    }
}
```

A continuación el código fuente de la clase ListaDeContactos.

```
package co.unicauca.listacontactos;
import contactos.utilidades.Lista;
import contactos.utilidades.PosicionIlegalException;

/**
 * Clase que representa una lista de contactos personales
 */
public class ListaDeContactos {
    //Atributo
    private Lista<Contacto> contactos;
    //Metodos
    //Constructor
    public ListaDeContactos() {
        contactos = new Lista<Contacto>();
    }


    /**
     * Retorna una lista de todos los contactos.
     *
     */
    public Lista<Contacto> mostrarTodosLosContactos() {
        return contactos;
    }


    /**
     * Agrega un nuevo contacto a la lista, si todavia no hay
        ningun contacto
     * con los nombres y los apellidos dados
     * @throws PosicionIlegalException
     */
    public boolean agregarContacto(String nombres, String apellidos
        ,
            String direccion, String correo, String telefono,
```

```
            String celular) throws PosicionIlegalException {
        Contacto con = buscarContacto(nombres, apellidos);
        if (con == null) // se puede agregar el contacto
        {
            Contacto nuevo = new Contacto(nombres, apellidos, direccion, correo,telefono,celular);
            contactos.agregar(nuevo);
            return true;
        } else {
            return false;
        }
    }

    /**
     * Elimina un contacto dados sus nombres y su apellidos <br>
     * <b>post: </b> si el usuario existe en la lista se elimina
     * @return true si se pudo eliminar el contacto, false de lo contrario
     * @throws PosicionIlegalException
     */
    public boolean eliminarContacto(String nombres, String apellidos) throws PosicionIlegalException {
        Contacto con = buscarContacto(nombres, apellidos);
        if (con != null) {
            for(int i=0;i< this.contactos.getTamanio();i++){
                Contacto contAux = contactos.getValor(i);
                if (contAux.getNombres().equals(nombres) && contAux.getApellidos().equals(apellidos))
                {
                    contactos.remover(i);
                }
            }
            return true;
        } else
            return false;

    }

    /**
     * Modifica los datos de un contacto dados sus nombres y apellidos <br>
     * <b>post: </b> Si el usuario existe se modifican sus datos
     * @return true si se pudo modificar el contacto, false de lo contrario
     * @throws PosicionIlegalException
     */
    public boolean modificarContacto(String nombres, String apellidos,
            String direccion, String correo, String telefono,
            String celular) throws PosicionIlegalException {
        // Verifica si el contacto existe
        Contacto con = buscarContacto(nombres, apellidos);
        if (con == null) {
```

```
            return false;
        }
        // Modifica el contacto con los nuevos datos
        con.setNombres(nombres);
        con.setApellidos(apellidos);
        con.setDireccion(direccion);
        con.setCorreo(correo);
        con.setTelefono(telefono);
        con.setCelular(celular);
        return true;
    }

    /**
     * busca un contacto dado sus nombres y apellidos
     * @return el contacto si se encuentra, null en caso contrario
     * @throws PosicionIlegalException
     */
    public Contacto buscarContacto(String nombres, String apellidos
        ) throws PosicionIlegalException {
        for(int i=0; i<contactos.getTamanio();i++){
            Contacto con= contactos.getValor(i);
            if (nombres.equals(con.getNombres()) && apellidos.
                equals(con.getApellidos())) {
                return con;
            }
        }
        return null;//No lo encontro, devuelve nulo
    }
}
```

A continuación un sencillo programa cliente que prueba las funcionalidades de la aplicación (posteriormente se debería programar las interfaces gráficas de usuario, pero este libro no tiene ese alcance).

```
import contactos.mundo.Contacto;
import contactos.mundo.ListaDeContactos;
import contactos.utilidades.Lista;
import contactos.utilidades.PosicionIlegalException;

public class ClienteMain {

    public static void main(String[] args) {
        ListaDeContactos ldc = new ListaDeContactos();
        try {
            //agregamos algunos contactos
            ldc.agregarContacto("Fernando","Castro","Cll 12 No.
                12-12 Popayan","fercastro@gmail.com","8207858","
                314878245");
            ldc.agregarContacto("Maria Andrea","Vargas","Cll 11 No.
                10-45 Popayan","mariv@gmail.com","8237252","
                3113231231");
```

```
            ldc.agregarContacto("Carolina","Sanchez","","carolsa@gmail.com","8211121","3001235845");
            ldc.agregarContacto("Federica","Cardenas","","fede@gmail.com","8232322","3001257845");
            if(ldc.eliminarContacto("Federica","Cardenas")){
        System.out.println("Contacto eliminado!");
            }
            ldc.modificarContacto("Fernando", "Castro","Cra 16 No. 11-12 Cali","fercastro@gmail.com","8252323","314878245");
            Contacto con = ldc.buscarContacto("Carolina", "Sanchez");
            System.out.println("--------Contacto buscado---------:");
            System.out.println(con);
            Lista<Contacto> listado = ldc.mostrarTodosLosContactos();
            System.out.println("------Listado de todos los contactos------:");
            for (int i=0; i<listado.getTamanio();i++){
                System.out.println(listado.getValor(i));
            }
        } catch (PosicionIlegalException e) {
            e.printStackTrace();
        }
    }
}
```

La salida de este programa se puede apreciar a continuación:

```
Contacto eliminado!
--------Contacto buscado---------:
Carolina Sanchez  carolsa@gmail.com 8211121 3001235845
------Listado de todos los contactos------:
Fernando Castro Cra 16 No. 11-12 Cali fercastro@gmail.com 8252323 314878245
Maria Andrea Vargas Cll 11 No. 10-45 Popayan mariv@gmail.com 8237252 3113231231
Carolina Sanchez  carolsa@gmail.com 8211121 3001235845
```

6.7.2 Préstamo de recursos

Se requiere construir una aplicación para la central de préstamos de una Universidad, la cual se encarga de manejar el préstamo de todos los recursos que la universidad ofrece a sus estudiantes. Los recursos pueden ser de cualquier naturaleza como instrumentos musicales, artículos deportivos, etc. Cada recurso se identifica con un código y tiene un nombre. Un ejemplo de recurso puede ser una guitarra, cuyo nombre es "Guitarra Honner" y su código el numero 10. Los códigos son únicos, pero los nombres pueden repetirse (puede haber varias "Guitarra Honner" con códigos distintos). Cada recurso que se quiera prestar a los estudiantes debe ser registrado en la aplicación. Un recurso se puede prestar solo si está disponible, es decir, que no se ha prestado a otro estudiante.

Un estudiante se identifica por código, que también es único, y tiene un nombre, email, fecha de nacimiento, sexo y programa académico. Para que un estudiante pueda prestar algún recurso, debe estar registrado en el sistema. Si el estudiante no está registrado, no se le prestará ningún recurso.

El sistema debe permitir hacer las siguientes operaciones:

1. Agregar, eliminar un recurso a la central de préstamos.
2. Agregar, eliminar un estudiante a la central de préstamos.
3. Prestar un recurso disponible a un estudiante.
4. Registrar la devolución de un recurso prestado por parte del estudiante.
5. Consultar el estudiante que tiene prestado un recurso.
6. Consultar los recursos que tiene prestado un estudiante.

A continuación se resuelve el problema planteado mediante el uso de listas. Se trata de un problema un poco más complejo comparándolo con el problema de lista de contactos, pues intervienen más clases. La Figura 6.9 muestra la solución en un diagrama de clases. La clase *Recurso* representa cada recurso a prestar (guitarras, flautas, balones). La clase *Estudiante* representa un estudiante que solicita préstamos. La clase *Prestamo* representa un préstamo, que contiene el *Recurso* que se presta, el *Estudiante* que solicita el recurso, y las fechas de préstamos y devolución. Finalmente la clase *Universidad* representa un contenedor general que contiene una lista de estudiantes, recursos y préstamos. Es importante apreciar que los atributos de la clase *Universidad* son de tipo *Lista*. La clase Universidad posee los métodos que solucionan los requisitos de la aplicación (prestar recurso, devolver recurso, consultar los recursos que tiene un estudiante, etc.)

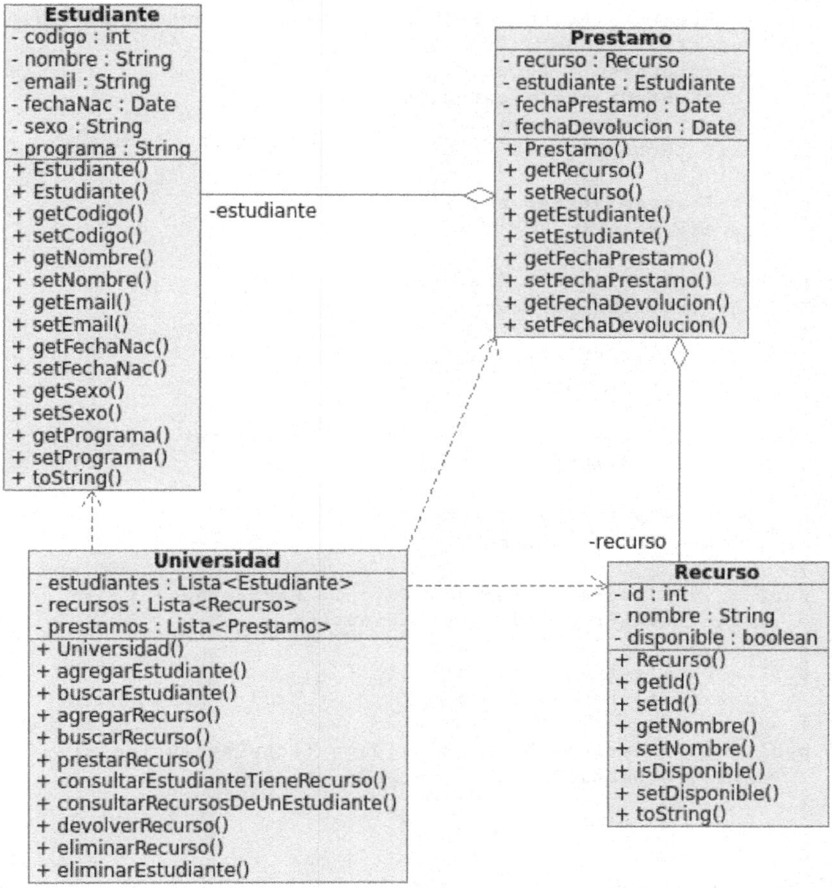

Figura 6.9. Diagrama de clases del problema de préstamos de recursos

A continuación se ilustra el código fuente de las clases más importantes. Primero la clase *Prestamo*.

```
package co.unicauca.prestamorecursos;
import java.util.Date;

public class Prestamo {
    private Recurso recurso;
    private Estudiante estudiante;
    private Date fechaPrestamo;
    private Date fechaDevolucion;

```

```
    public Prestamo(Recurso recurso, Estudiante estudiante) {
        super();
        this.recurso = recurso;
        this.estudiante = estudiante;
        this.fechaDevolucion = null;
        this.fechaPrestamo = null;
    }
    public Recurso getRecurso() {
        return recurso;
    }
    public void setRecurso(Recurso recurso) {
        this.recurso = recurso;
    }
    public Estudiante getEstudiante() {
        return estudiante;
    }
    public void setEstudiante(Estudiante estudiante) {
        this.estudiante = estudiante;
    }
    public Date getFechaPrestamo() {
        return fechaPrestamo;
    }
    public void setFechaPrestamo(Date fechaPrestamo) {
        this.fechaPrestamo = fechaPrestamo;
    }
    public Date getFechaDevolucion() {
        return fechaDevolucion;
    }
    public void setFechaDevolucion(Date fechaDevolucion) {
        this.fechaDevolucion = fechaDevolucion;
    }
}
```

Ahora el código fuente de la clase *Universidad*.

```
package co.unicauca.prestamorecursos;
import java.util.Date;

import utiliades.Lista;
import utilidades.PosicionIlegalException;

public class Universidad {
    private Lista<Estudiante> estudiantes;
    private Lista<Recurso> recursos;
    private Lista<Prestamo> prestamos;

    public Universidad() {
        estudiantes = new Lista<Estudiante>();
        recursos = new Lista<Recurso>();
        prestamos = new Lista<Prestamo>();
```

```
    }

    public boolean agregarEstudiante(int codigo, String nombre,
        String email,
            Date fechaNac, String sexo, String programa)
            throws PosicionIlegalException {
        Estudiante est = buscarEstudiante(codigo);
        if (est == null) {
            estudiantes.agregar(new Estudiante(codigo, nombre,
                email, fechaNac,
                    sexo, programa));
            return true;
        }
        return false;

    }

    public Estudiante buscarEstudiante(int codigo)
            throws PosicionIlegalException {
        for (int i = 0; i < estudiantes.getTamanio(); i++) {
            Estudiante est = estudiantes.getValor(i);
            if (est.getCodigo() == codigo) {
                return est;
            }
        }
        return null;
    }

    public boolean agregarRecurso(int id, String nombre)
            throws PosicionIlegalException {
        Recurso rec = buscarRecurso(id);
        if (rec == null) {
            recursos.agregar(new Recurso(id, nombre, true));
            return true;
        }
        return false;

    }

    public Recurso buscarRecurso(int id) throws
        PosicionIlegalException {
        for (int i = 0; i < recursos.getTamanio(); i++) {
            Recurso rec = recursos.getValor(i);
            if (rec.getId() == id) {
                return rec;
            }
        }
        return null;
    }

```

```
    public boolean prestarRecurso(int codigo, int id)
            throws PosicionIlegalException {
        Estudiante est = buscarEstudiante(codigo);
        Recurso rec = buscarRecurso(id);
        if (est == null || rec == null) {
            System.out.println("Estudiante o recurso no existen");
            return false;
        }

        if (!rec.isDisponible()) {
            System.out.println("El recurso " + rec
                    + " ya esta prestado a otro estudiante");
            return false;
        }

        Prestamo pres = new Prestamo(rec, est);
        pres.setFechaPrestamo(new Date());
        rec.setDisponible(false);
        prestamos.agregar(pres);
        System.out.println("El recurso " + rec + " fue prestamo al
            estudiante "
                + est);
        return true;
    }

    public Estudiante consultarEstudianteTieneRecurso(int id)
            throws PosicionIlegalException {
        Recurso rec = buscarRecurso(id);
        if (rec == null) {
            System.out.println("Recurso no existen");
            return null;
        }

        if (rec.isDisponible()) {
            System.out.println("El recurso " + rec + " esta
                disponible");
            return null;
        }

        for (int i = 0; i < prestamos.getTamanio(); i++) {
            Prestamo pres = prestamos.getValor(i);

            if (rec.getId() == id && !rec.isDisponible()) {
                System.out.println("El recurso " + rec
                        + " esta prestado al estudiante "
                        + pres.getEstudiante());
                return pres.getEstudiante();
            }

        }
        return null;
    }
```

```
    public Lista<Recurso> consultarRecursosDeUnEstudiante(int codigo)
            throws PosicionIlegalException {
        Estudiante est = buscarEstudiante(codigo);
        if (est == null) {
            System.out.println("Estudiante no existen");
            return null;
        }

        Lista<Recurso> recursosprestados = new Lista<Recurso>();

        for (int i = 0; i < prestamos.getTamanio(); i++) {
            Prestamo pres = prestamos.getValor(i);

            if (pres.getEstudiante().getCodigo() == codigo
                    && !pres.getRecurso().isDisponible()) {
                recursosprestados.agregar(pres.getRecurso());
            }

        }
        return recursosprestados;
    }

    public boolean devolverRecurso(int id) throws PosicionIlegalException {
        Recurso rec = buscarRecurso(id);
        if (rec == null) {
            System.out.println("Recurso no existen");
            return false;
        }

        if (rec.isDisponible()) {
            System.out.println("El recurso " + rec
                    + " no se puede devolver porque esta disponible");
            return false;
        }
        for (int i = 0; i < prestamos.getTamanio(); i++) {
            Prestamo pres = prestamos.getValor(i);

            if (pres.getRecurso().getId() == id
                    && pres.getFechaDevolucion() == null) {
                pres.setFechaDevolucion(new Date());
                rec.setDisponible(true);
                System.out.println("Se ha devuelvo el recurso " + rec
                        + " por parte del estudiante " + pres.getEstudiante()
                        + " satisfactoriamente!");
                return true;
            }

        }
```

```
        return false;

    }

    public boolean eliminarRecurso(int id) throws
        PosicionIlegalException {
        Recurso rec = buscarRecurso(id);
        if (rec == null) {
            System.out.println("Recurso no existen");
            return false;
        }
        // Borrar el recurso de los prestamos
        for (int i = 0; i < prestamos.getTamanio(); i++) {
            Prestamo pres = prestamos.getValor(i);

            if (pres.getRecurso().getId() == id) {
                prestamos.remover(i);
            }

        }

        //Borrar el recurso de recursos
        for (int i = 0; i < recursos.getTamanio(); i++) {

            if (recursos.getValor(i).getId() == id) {
                recursos.remover(i);
            }

        }
        System.out.println("El recurso " + rec + "fue eliminado
            satisfactoriamente");
        return true;
    }

    public boolean eliminarEstudiante(int codigo) throws
        PosicionIlegalException {
        Estudiante est = buscarEstudiante(codigo);
        if (est == null) {
            System.out.println("Estudiante no existe");
            return false;
        }
        // Borrar el estudiante de los prestamos
        for (int i = 0; i < prestamos.getTamanio(); i++) {
            Prestamo pres = prestamos.getValor(i);

            if (pres.getEstudiante().getCodigo() == codigo) {
                prestamos.remover(i);
            }

        }

        //Borrar el estudiante de estudiantes
```

```
        for (int i = 0; i < estudiantes.getTamanio(); i++) {

            if (estudiantes.getValor(i).getCodigo() == codigo) {
                estudiantes.remover(i);
            }

        }
        System.out.println("El estudiante " + est + " fue eliminado
            satisfactoriamente");
        return true;
    }
}
```

A continuación un sencillo programa cliente que prueba las funcionalidades de la aplicación:

```
import java.util.Date;

import utilidades.Lista;
import utilidades.PosicionIlegalException;

public class ClienteMain {

    public static void main(String[] args) {
        Universidad univ = new Universidad();

        try {
            univ.agregarEstudiante(123, "Juan Perez", "juan@gmail.
                com",
                    new Date(1990 - 1900, 0, 1), "M", "Sistemas");
            univ.agregarEstudiante(456, "Maria Ordonez", "
                maria@gmail.com",
                    new Date(1989 - 1900, 1, 15), "F", "Electronica
                        ");
            univ.agregarRecurso(12, "Gitarra");
            univ.agregarRecurso(13, "Balon futbol");
            univ.agregarRecurso(14, "Balon baloncesto");

            univ.prestarRecurso(123, 12);
            univ.prestarRecurso(123, 13);
            univ.consultarEstudianteTieneRecurso(12);

            Lista<Recurso> recursos = univ.
                consultarRecursosDeUnEstudiante(123);

            if (recursos != null) {
              System.out
                      .println("Los recursos prestados al
                          estudiante 12 son:");
              for (int i = 0; i < recursos.getTamanio(); i++) {
                  System.out.println(recursos.getValor(i));
```

```
                }
            }

            univ.devolverRecurso(12);
            univ.prestarRecurso(456, 12);
            univ.eliminarRecurso(12);
            univ.devolverRecurso(12);
            univ.eliminarEstudiante(123);

        } catch (PosicionIlegalException e) {
            e.printStackTrace();
        }
    }
}
```

La salida de este programa se puede apreciar a continuación:

```
El recurso id: 12 nombre: Gitarra fue préstado al estudiante con có
   digo: 123 nombre: Juan Pérez
El recurso id: 13 nombre: Balón de futbol fue prestado al
   estudiante con codigo: 123 nombre: Juan Pérez
El recurso id: 12 nombre: Gitarra esta prestado al estudiante con
   código: 123 nombre: Juan Pérez
Los recursos prestados al estudiante 12 son:
id: 12 nombre: Gitarra
id: 13 nombre: Balón futbol
Se ha devuelvo el recurso id: 12 nombre: Gitarra por parte del
   estudiante con código: 123 nombre: Juan Pérez satisfactoriamente
   !
El recurso id: 12 nombre: Gitarra fue prestado al estudiante con có
   digo: 456 nombre: Maria Ordoñez
El recurso id: 12 nombre: Gitarrafue eliminado satisfactoriamente
Recurso no existente
El estudiante codigo: 123 nombre: Juan Pérez fue eliminado
   satisfactoriamente
```

6.8 LISTA DOBLEMENTE ENLAZADA

En las secciones anteriores se explicó el TAD Lista simple, su implementación en Java y los problemas que se pueden resolver con la lista simple. A continuación se muestran otros tipos de listas que guardar muchas similitudes con la lista simple, y se diferencian en pequeños detalles de su estructura. Comenzamos con la lista doblemente enlazada.

Una lista doblemente enlazada es una lista lineal en la que *cada nodo tiene dos enlaces*, uno al nodo siguiente, y otro al anterior (Ver Figura 6.2). Las listas doblemente pueden recorrerse en ambos sentidos a partir de cualquier nodo, esto es porque a partir de cualquier nodo, siempre es posible alcanzar cualquier nodo de la lista, hasta que se llega a uno de los extremos.

El nodo típico es el mismo que para construir las listas simples, salvo que tienen otra referencia al nodo anterior:

```
package co.unicauca.listas;
public class Nodo<T> {
    //Atributo valor de tipo T. Almacena la referencia al objeto
       que se guarda en el nodo
    private T valor;
    //Referencia al siguiente nodo enlazado
    Nodo<T> siguiente;
    //Referencia al anterior nodo enlazado
    Nodo<T> anterior;

    //Constructor por defecto
    public Nodo() {
        valor = null;
        siguiente = null;
        anterior = null;
    }
    //Getters and Setters
    ...
}
```

6.8.1 Implementación de la Lista Doblemente Enlazada

Las operaciones de agregar, insertar y eliminar son similares a la lista enlazada simple, salvo que se debe contemplar enlazar el nuevo nodo tanto su atributo siguiente y anterior. A continuación el código fuente.

```
package co.unicauca.listasdoblementenelazadas;
package listasDoblementeEnlazadas.modelo;
public class ListaDoblementeEnlazada<T> {
    //Primer elemento de la lista
    private Nodo<T> cabeza;
    //Total de elementos de la lista
    private int tamanio;
    //Constructor por defecto
    public ListaDoblementeEnlazada() {
        cabeza = null;
        tamanio = 0;
    }
    /**
     * Devuelve el tamanio de la lista
     * @return tamanio de la lista
     */
```

```
    public int getTamanio() {
        return tamanio;
    }
    /**
     * Consulta si la lista esta vacia o o
     * @return true cuando esta vacia, false cuando no
     */
    public boolean esVacia() {
        return (cabeza == null);
    }
    /**
     * Agrega un nuevo nodo al final de la lista
     * @param valor valor a agregar
     */
    public void agregar(T valor) {
        Nodo<T> nuevo = new Nodo<T>();
        nuevo.setValor(valor);
        if (esVacia()) {
            cabeza = nuevo;
        } else {
            //se agrega el nuevo nodo al final de la lista
            //aux se debe ubicar en el ultimo nodo de lista
            Nodo<T> aux = cabeza;
            while (aux.getSiguiente() != null) {
                aux = aux.getSiguiente();
            }
            aux.setSiguiente(nuevo);
            nuevo.setAnterior(aux);
        }
        tamanio++;
    }

    /**
     * inserta un nuevo nodo en la lista
     * @param valor valor a agregar
     * @param pos posicion donde se insertara el nodo
     * @throws PosicionIlegalException excepcion en caso que la posicion no exista
     */
    public void insertar(T valor, int pos) throws PosicionIlegalException {
        if (pos >= 0 && pos <= tamanio) {

            Nodo<T> nuevo = new Nodo<T>();
            nuevo.setValor(valor);
            // el nodo a insertar esta al comienzo de la lista
            if (pos == 0) {
                nuevo.setSiguiente(cabeza);
                cabeza = nuevo;
            } else {
                // El nodo a insertar va al final de la lista
                if (pos == tamanio) {
                    Nodo<T> aux = cabeza;
```

```
                    while (aux.getSiguiente() != null) {
                        aux = aux.getSiguiente();
                    }
                    aux.setSiguiente(nuevo);
                    nuevo.setAnterior(aux);
                }
                // el nodo a insertar esta en medio
                else {
                    Nodo<T> aux = cabeza;
                    for (int i = 0; i < pos - 1; i++) {
                        aux = aux.getSiguiente();
                    }
                    Nodo<T> siguiente = aux.getSiguiente();
                    aux.setSiguiente(nuevo);
                    nuevo.setSiguiente(siguiente);
                    nuevo.setAnterior(aux);
                    siguiente.setAnterior(nuevo);
                }
            }
            tamanio++;
        } else {
            throw new PosicionIlegalException();
        }

    }
    /**
     * Devuelve el valor de una determinada posicion
     * @param pos posicion
     * @return el valor de tipo T
     * @throws PosicionIlegalException
     */
    public T getValor(int pos) throws PosicionIlegalException {
        if (pos >= 0 && pos < tamanio)
        {
            T valor;
            if (pos == 0) {
                valor = cabeza.getValor();
                return valor;
            }
            else {
                Nodo<T> aux = cabeza;
                for (int i = 0; i <= pos - 1; i++) {
                    aux = aux.getSiguiente();
                }
                valor = aux.getValor();
            }
            return valor;
        }
        else
        {
            throw new PosicionIlegalException();
        }
    }
```

```
121     /**
122      * Elimina un nodo en una determinada posicion
123      * @param pos posicionSystem.out.println("");
124      * @throws PosicionIlegalException
125      */
126     public void remover(int pos) throws PosicionIlegalException {
127         if (pos >= 0 && pos < tamanio)
128         {
129             if (pos == 0) {
130                 //El nodo a eliminar esta en la primera posicion
131                 cabeza = cabeza.getSiguiente();
132                 cabeza.setAnterior(null);
133                 tamanio--;
134             }
135             else {
136                 //El nodo a eliminar esta en medio
137                 Nodo<T> aux = cabeza;
138                 for (int i = 0; i < pos - 1; i++) {
139                     aux = aux.getSiguiente();
140                 }
141                 Nodo<T> prox = aux.getSiguiente();
142                 prox.getSiguiente().setAnterior(aux);
143                 aux.setSiguiente(prox.getSiguiente());
144                 tamanio--;
145             }
146         }
147         else
148         {
149             throw new PosicionIlegalException();
150         }
151     }
152     /**
153      * Elimina todos los nodos de la lista
154      */
155     public void limpiar(){
156         cabeza = null;
157         tamanio=0;
158     }
159 }
```

A continuación algunas consideraciones de esta implementación:

- **agregar**: el funcionamiento de esta operación es casi idéntica a la lista enlazada simple. La única diferencia está en la línea 44, ya el nuevo nodo tiene el nuevo atributo anterior que debe apuntar al nodo anterior. Por ejemplo, la Figura 6.10 muestra cómo se agregaría el elemento 18 al final de la lista.

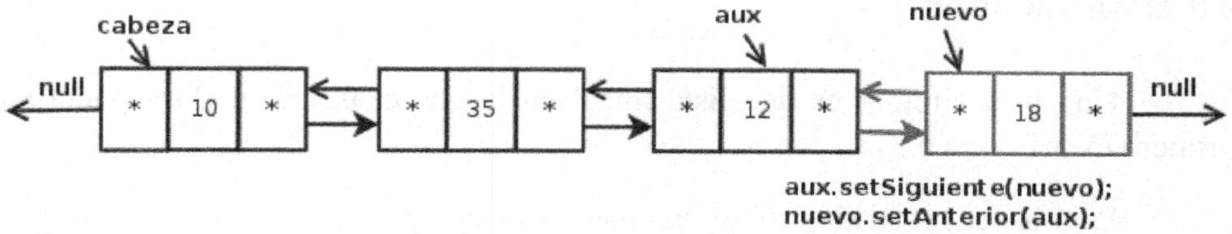

Figura 6.10. Agregar un elemento en una lista doblemente enlazada

- **insertar**: Al igual que la operación agregar, el insertar es casi idéntico a la lista enlazada simple, excepto por las líneas 72, 83 y 84. La Figura 6.11 ilustra el caso donde se inserta el nodo 12 en la posición 2.

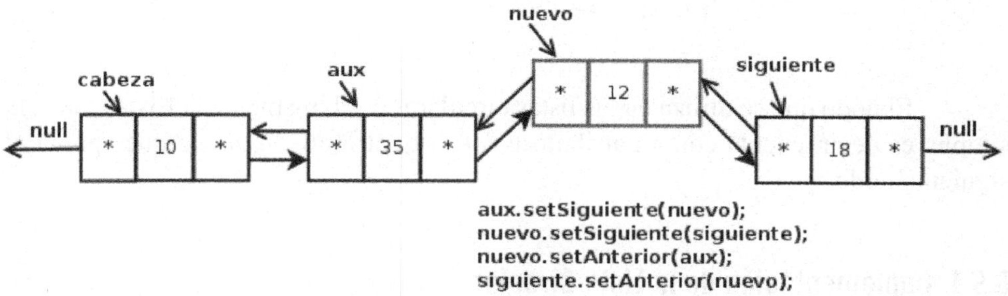

Figura 6.11. Insertar el elemento 12 en una lista doblemente enlazada

- **eliminar**: La operación remover es casi idéntico a la lista enlazada simple, excepto por la línea 142, pues se debe tener en cuenta el atributo anterior de los nodos. La Figura 6.12 ilustra el caso donde se elimina el nodo 12 de la posición 2.

- Las demás operaciones son idénticas a la lista enlazada simple.

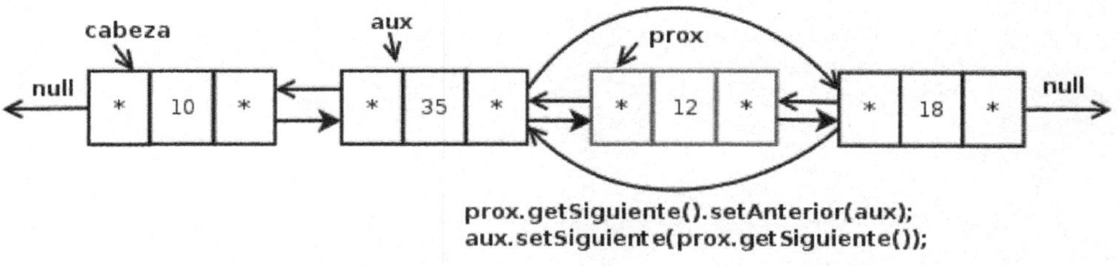

Figura 6.12. Remover el elemento 12 (posición 2) en una lista doblemente enlazada

6.9 LISTA CIRCULAR

Una lista circular es una lista lineal en la que el último nodo a punta al primero (Ver Figura 6.3).

Para hacer recorridos sobre una lista circular, se crea un nodo especial que hace la función de nodo cabecera y debido a que el atributo siguiente del último nodo no apunta a null, se utiliza el siguiente recorrido:

```
        //aux empieza en cabeza y recorre todos los nodos de la
          lista
        Nodo<T> aux = cabeza;
        //la condicion evita un bucle infinito
        while (aux.getSiguiente() != cabeza) {
            aux = aux.getSiguiente();
        }
```

El nodo que se utiliza en las listas circulares es el mismo de la Lista enlazada simple, es decir, cuenta con un atributo *valor* y un atributo *siguiente* que apunta al siguiente nodo.

6.9.1 Implementación de la Lista Circular

Las operaciones de agregar, insertar y eliminar son similares a la lista enlazada simple, salvo que se debe contemplar enlazar el último nodo con el primero. A continuación el código fuente, quien habla por si solo.

```
package co.unicauca.listacircular;
public class ListaCircular<T> {
    //Primer elemento de la lista
    private Nodo<T> cabeza;
    //Total de elementos de la lista
    private int tamanio;
    //Constructor por defecto
    public ListaCircular() {
        cabeza = null;
        tamanio = 0;
    }
    /**
    * Devuelve el tamanio de la lista
    * @return tamanio de la lista
    */
    public int getTamanio() {
        return tamanio;
    }
    /**
    * Consulta si la lista esta vacia
```

```
     * @return true cuando esta vacia, false cuando no
     */
    public boolean esVacia() {
        return (cabeza == null);
    }
    /**
     * Agrega un nuevo nodo al final de la lista
     * @param valor valor a agregar
     */
    public void agregar(T valor) {
        Nodo<T> nuevo = new Nodo<T>();
        nuevo.setValor(valor);
        if (esVacia()) {
            //Como hay un solo nodo, el siguiente apunta al mismo
               nodo
            nuevo.setSiguiente(nuevo);
            cabeza = nuevo;
        } else {
            // agregar al final de la lista
            Nodo<T> aux = cabeza;
            while (aux.getSiguiente() != cabeza) {
                aux = aux.getSiguiente();
            }
            aux.setSiguiente(nuevo);
            //Enlaza el ultimo nodo con el primero
            nuevo.setSiguiente(cabeza);
        }
        tamanio++;
    }

    /**
     * inserta un nuevo nodo en la lista
     * @param valor valor a agregar
     * @param pos posicion donde se insertara el nodo
     * @throws PosicionIlegalException excepcion en caso que la
        posicion no exista
     */
    public void insertar(T valor, int pos) throws
        PosicionIlegalException {
        //Para insertar la posicion debe estar entre 0 y el tamanio
            ,
        //y ademas, debe haber al menos un dato en la lista
        if (pos >= 0 && pos <= tamanio && tamanio > 0) {
            Nodo<T> nuevo = new Nodo<T>();
            nuevo.setValor(valor);
            // el nodo a insertar esta al comienzo de la lista
            if (pos == 0) {
                //Buscar el ultimo nodo
                Nodo<T> ultimo = cabeza;
                while (ultimo.getSiguiente() != cabeza) {
                    ultimo = ultimo.getSiguiente();
                }
                nuevo.setSiguiente(cabeza);
```

```
                cabeza = nuevo;
                //Enlazar el ultimo con el primero
                ultimo.setSiguiente(cabeza);
            } else {
                // El nodo a insertar va al final de la lista
                if (pos == tamanio) {
                    Nodo<T> aux = cabeza;
                    while (aux.getSiguiente() != cabeza) {
                        aux = aux.getSiguiente();
                    }
                    aux.setSiguiente(nuevo);
                    //enlazar el ultimo con el primero
                    nuevo.setSiguiente(cabeza);
                }
                // el nodo a insertar esta en medio
                else {
                    Nodo<T> aux = cabeza;
                    for (int i = 0; i <= pos - 2; i++) {
                        aux = aux.getSiguiente();
                    }
                    Nodo<T> siguiente = aux.getSiguiente();
                    aux.setSiguiente(nuevo);
                    nuevo.setSiguiente(siguiente);
                }
            }
            tamanio++;
            } else {
                throw new PosicionIlegalException();
        }
    }
    /**
    * Devuelve el valor de una determinada posicion
    * @param pos posicion
    * @return el valor de tipo T
    * @throws PosicionIlegalException
    */
    public T getValor(int pos) throws PosicionIlegalException {
        if (pos >= 0 && pos < tamanio)
        {
            T valor;
            if (pos == 0) {
                valor = cabeza.getValor();
                return valor;
            }
            else {
                Nodo<T> aux = cabeza;
                for (int i = 0; i <= pos - 1; i++) {
                    aux = aux.getSiguiente();
                }
                valor = aux.getValor();
            }
            return valor;
        }
```

```java
        else
        {
            throw new PosicionIlegalException();
        }
    }
    /**
    * Elimina un nodo en una determinada posicion
    * @param pos posicion
    * @throws PosicionIlegalException
    */
    public void remover(int pos) throws PosicionIlegalException {
        if (pos >= 0 && pos < tamanio)
        {
            //El nodo a eliminar esta en la primera posicion
            if (pos == 0) {
                //Buscar el ultimo nodo para enlazarlo con la nueva
                  cabeza
                Nodo<T> ultimo = cabeza;
                while (ultimo.getSiguiente() != cabeza) {
                    ultimo = ultimo.getSiguiente();
                }
                //Desplaza la cabeza al siguiente nodo
                cabeza = cabeza.getSiguiente();
                //Enlaza el ultimo con la nueva cabeza
                ultimo.setSiguiente(cabeza);
            }
            else {
                //aux apunta justo al nodo anterior al que se
                  elimina
                Nodo<T> aux = cabeza;
                for (int i = 0; i <= pos - 2; i++) {
                    aux = aux.getSiguiente();
                }
                //prox apunta justo al nodo que se elimina
                Nodo<T> prox = aux.getSiguiente();
                aux.setSiguiente(prox.getSiguiente());
            }
            tamanio--;
        }
        else
        {
            throw new PosicionIlegalException();
        }
    }
    /**
    *Elimina todos los nodos de la lista
    */
    public void limpiar(){
        cabeza = null;
        tamanio=0;
    }
}
```

6.10 LISTA DOBLEMENTE ENLAZADA CIRCULAR

Son listas doblemente enlazadas, pero además son circulares, es decir, el último nodo apunta al primero, y el primero apunta al último (Ver Figura 6.4)

El nodo que se utiliza en las listas doblemente enlazadas circulares es el mismo de la lista doblemente enlazada, es decir, cuenta con un atributo *valor*, un atributo *siguiente* que apunta al siguiente nodo y un atributo *anterior* que apunta al siguiente anterior.

6.10.1 Implementación de la Lista Doblemente Enlazada Circular

Las operaciones de agregar, insertar y eliminar son similares a la lista doblemente enlazada, salvo que ahora también es circular, lo cual implica enlazar el último nodo con el primero, y el primero con el último.

En este tipo de listas en varios partes se elimina la necesidad de utilizar un bucle para hallar el último nodo. Para ello, simplemente basta con la siguiente instrucción:

```
    Nodo<T> ultimo = cabeza.getAnterior();
```

A continuación el código fuente, quien habla por si solo y evita demasiadas explicaciones.

```
package co.unicauca.listadoblementeenlazadacircular;
public class ListaDoblementeEnlazadaCircular<T> {
    //primer elemento de la lista
    private Nodo<T> cabeza;
    //total de elementos de la lista
    private int tamanio;
    //Constructor por defecto
    public ListaDoblementeEnlazadaCircular() {
        cabeza = null;
        tamanio = 0;
    }
    /**
    * Devuelve el tamanio de la lista
    * @return tamanio de la lista
    */
    public int getTamanio() {
        return tamanio;
    }
    /**
    * Consulta si la lista esta
    * @return true cuando esta vacia, false cuando no
```

```
    */
    public boolean esVacia() {
        return (cabeza == null);
    }
    /**
    * Agrega un nuevo nodo al final de la lista
    * @param valor valor a agregar
    */
    public void agregar(T valor) {
        Nodo<T> nuevo = new Nodo<T>();
        nuevo.setValor(valor);
        if (esVacia()) {
            cabeza = nuevo;
            //enlazar anterior y siguiente consigo mismo
            cabeza.setSiguiente(cabeza);
            cabeza.setAnterior(cabeza);
        } else {
            //agregar al final de la lista
            Nodo<T> ultimo = cabeza.getAnterior();
            ultimo.setSiguiente(nuevo);
            nuevo.setAnterior(ultimo);
            //Enlazar ultimo con primero y primero con ultimo
            nuevo.setSiguiente(cabeza);
            cabeza.setAnterior(nuevo);
        }
        tamanio++;
    }

    /**
    * inserta un nuevo nodo en la lista
    * @param valor valor a agregar
    * @param pos posicion donde se insertara el nodo
    * @throws PosicionIlegalException excepcion en caso que la posicion no exista
    */
    public void insertar(T valor, int pos) throws PosicionIlegalException {
        //para agregar al menos debe haber un dato en la lista
        if (pos >= 0 && pos <= tamanio && tamanio>0) {
            Nodo<T> nuevo = new Nodo<T>();
            nuevo.setValor(valor);
            //el nodo a insertar esta al comienzo de la lista
            if (pos == 0) {
                Nodo<T> ultimo = cabeza.getAnterior();
                nuevo.setSiguiente(cabeza);
                cabeza.setAnterior(nuevo);
                cabeza = nuevo;
                //enlazar primero con ultimo y ultimo con primero
                nuevo.setAnterior(ultimo);
                ultimo.setSiguiente(cabeza);
            } else {
                //el nodo a insertar va al final de la lista
```

```
                if (pos == tamanio) {
                    Nodo<T> ultimo = cabeza.getAnterior();
                    ultimo.setSiguiente(nuevo);
                    nuevo.setAnterior(ultimo);
                    //enlazar primero con ultimo y ultimo con
                        primero
                    nuevo.setSiguiente(cabeza);
                    cabeza.setAnterior(nuevo);
                }
                //el nodo a insertar esta en medio
                else {
                    Nodo<T> aux = cabeza;
                    for (int i = 0; i <= pos - 2; i++) {
                        aux = aux.getSiguiente();
                    }
                    Nodo<T> siguiente = aux.getSiguiente();
                    aux.setSiguiente(nuevo);
                    nuevo.setSiguiente(siguiente);
                    nuevo.setAnterior(aux);
                    siguiente.setAnterior(nuevo);
                }
            }
            tamanio++;
        } else {
            throw new PosicionIlegalException();
        }

    }
    /**
    * Devuelve el valor de una determinada posicion
    * @param pos posicion
    * @return el valor de tipo T
    * @throws PosicionIlegalException
    */
    public T getValor(int pos) throws PosicionIlegalException {
        if (pos >= 0 && pos < tamanio)
        {
            T valor;
            if (pos == 0) {
                valor = cabeza.getValor();
                return valor;
            }
            else {
                Nodo<T> aux = cabeza;
                for (int i = 0; i <= pos - 1; i++) {
                    aux = aux.getSiguiente();
                }
                valor = aux.getValor();
            }
            return valor;
        }
        else
        {
```

```
            throw new PosicionIlegalException();
        }
    }
    /**
    * Elimina un nodo en una determinada posicion
    * @param pos posicionSystem.out.println("");
    * @throws PosicionIlegalException
    */
    public void remover(int pos) throws PosicionIlegalException {
        if (pos >= 0 && pos < tamanio)
        {
            if (pos == 0) {
                //el nodo a eliminar esta en la primera posicion
                Nodo <T> ultimo = cabeza.getAnterior();
                cabeza = cabeza.getSiguiente();
                //enlazar primero con ultimo y ultimo con primero
                cabeza.setAnterior(ultimo);
                ultimo.setSiguiente(cabeza);
            }
            else {
                Nodo<T> aux = cabeza;
                for (int i = 0; i <= pos - 2; i++) {
                    aux = aux.getSiguiente();
                }
                Nodo<T> prox = aux.getSiguiente();
                prox.getSiguiente().setAnterior(aux);
                aux.setSiguiente(prox.getSiguiente());
            }
            tamanio--;
        }
        else
        {
            throw new PosicionIlegalException();
        }
    }
    /**
    * Elimina todos los nodos de la lista
    */
    public void limpiar(){
        cabeza = null;
        tamanio=0;
    }
}
```

6.11 EJERCICIOS PROPUESTOS

A continuación se plantean los siguientes ejercicios los cuales utilizan la estructura de datos Lista estudiada en este capítulo.

Ejercicio 6.1

Mostrar lo que se escribe en pantalla al ejecutarse el siguiente segmento de código en java:

```
Lista<Integer> lista = new Lista<Integer>();
lista.agregar(56);
lista.agregar(152);
lista.agregar(202);

System.out.println("Dato: " + lista.getValor(0));
System.out.println("Dato: " + lista.getValor(1));
System.out.println("Dato: " + lista.getValor(2));
lista.insertar(132, 1);
lista.insertar(161, 3);
System.out.println("Dato: " + lista.getValor(0));
System.out.println("Dato: " + lista.getValor(1));
System.out.println("Dato: " + lista.getValor(2));
System.out.println("Dato: " + lista.getValor(3));
System.out.println("Dato: " + lista.getValor(4));
lista.remover(0);
lista.remover(3);
System.out.println("Dato: " + lista.getValor(0));
System.out.println("Dato: " + lista.getValor(1));
System.out.println("Dato: " + lista.getValor(2));
```

Ejercicio 6.2

Una lista enlazada es una estructura de acceso directo (¿Verdadero? ó ¿Falso?)

Ejercicio 6.3

Crear el método que deje en lst una sola ocurrencia de cada uno de los elementos presentes en una lista:

```
public void podarLista(Lista<Integer> lst)
```

Por ejemplo, después de podar la lista de valores enteros < 1, 1, 4, 2, 5, 2, 6, 2, 1, 6, 2, 6 >, se obtiene la lista < 1, 4, 2,5, 6 >. Utilizar las operaciones básicas de una lista.

Ejercicio 6.4

Concatenar dos listas lst1 y lst2, dejando el resultado en la primera de ellas.

Asumir *m* como la longitud de la segunda lista:

```
/* pre: lst1 = < $x_1,..., x_n$>, lst2 = LST2 = < $y_1, ...
    y_m$ > */
/* post: lst1 = < $x_1,..., x_n, y_1, ... y_m$ >, lst2 = LST2
    */
public void concatLista( Lista<T> lst1, Lista<T> lst2 )
```

Ejercicio 6.5

Crear un método que determine si dos listas son iguales:

```
/* post: igualesListas = ( st1 es igual a st2 ) */
public boolean igualesListas( Lista<T> lst1, Lista<T> lst2 );
```

Ejercicio 6.6

Crear un método llamado *mezclaLista* con las siguientes especificaciones:

```
/* post: lst1 y lst1 estan vacias; nuevaLista apunta a una
    lista enlazada ordenada que contiene todos los elementos
    de lst1 y lst2 */
public boolean mezclaLista( Lista<T> lst1, Lista<T> lst2,
    Lista<T> nuevaLista);
/* Mezcla los elementos de lst1 y lst2 en una lista,
    nuevaLista*/
```

Ejercicio 6.7

Crear un método llamado *dividirLista* con las siguientes especificaciones:

```
/* post: lista1 apunta a una lista enlazada ordenada que
    contiene todos los elementos de la listaPrincipal original
     menores que valorDivision; lista2 apunta a una lista
    enlazada ordenada que contiene todos los demás elementos
    de listaPrincipal; listaPrincipal esta vacia */
public boolean dividirLista( Lista<T> listaPrincipal, Entero
    valorDivision, Lista<T> lst1, Lista<T> lista2);
/* Divide los nodos de listaPrincipal en dos listas, lista1 y
     lista2. Todos los nodos con valores menores que
    valorDivision se pondran en lista1; todos los nodos con
    valores mayores o igual que valorDivision se pondran en
    lista2*/
```

Ejercicio 6.8

Crear un método que localice un elemento en la lista. Si hay varias ocurrencias del elemento, buscar la primera. Si el elemento no se encuentra en la lista, debe devolver null:

```
public T buscar(T elemento)
```

Ejercicio 6.9

Crear un método que permita copiar una lista:

```
/* post: copiarLista es una copia de lst */
public Lista copiarLista( Lista<T> lst )
```

Ejercicio 6.10

Invertir una lista, destruyendo la lista original:

```
/* pre: lst = < $x_1,...x_n$ > */
/* post: invLista = < $x_n, ..., x_1$ >, lst = < > */
public Lista<T> invLista( Lista<T> lst )
```

Ejercicio 6.11

Eliminar todas las ocurrencias de un elemento en una lista:

```
/* post: se han eliminado todas las ocurrencias de elem en
   lst */
public void elimTodosLista(T elem )
```

Ejercicio 6.12

Indicar si una lista de números enteros se encuentra ordenada ascendentemente:

```
/* pre: lst = < $x_1,... x_n$ > */
/* post: ordenadaLista = ( $x_i <= x_{i+1}$ ) */
```

Ejercicio 6.13

Terminar la implementación de las clases que faltan del problema de préstamo de recursos (Ver sección 6.7.2) de tal forma que se obtenga una aplicación funcional.

Ejercicio 6.14

Crear un nuevo método a la aplicación de préstamo de recursos que muestre los estudiantes que tienen más de tres recursos en su poder.

Ejercicio 6.15

Crear un nuevo método a la aplicación de lista de contactos (ver Sección 6.8) que permita consultar los contactos por nombres o apellidos (subcadenas). Por ejemplo, que liste todos los contactos que tienen en sus nombres la subcadena "andres".

Ejercicio 6.16

Crear un nuevo método a la aplicación de lista de contactos (ver Sección 6.8) que permita modificar los nombres y apellidos de un contacto. El método actual modificarContacto() permite modificar solo el correo, la dirección, el teléfono y el celular, pero no los nombres y apellidos.

7

ÁRBOLES

7.1 INTRODUCCIÓN

El árbol es una estructura de datos muy importante en informática y en ciencias de la computación. Los árboles son estructuras *no lineales*, al contrario de las listas y los arreglos que son estructuras lineales.

Los árboles se utilizan para representar fórmulas algebraicas, para organizar objetos en orden de tal forma que las búsquedas sean muy eficientes y en aplicaciones diversas tales como la inteligencia artificial o algoritmos de cifrado. Casi todos los sistemas operativos almacenan sus archivos en árboles o estructuras similares a árboles. También los árboles se utilizan en el diseño de compiladores, procesado de texto y algoritmos de búsqueda.

En la vida real, hay muchos ejemplo de árboles: árbol genealógico, la estructura de una empresa también es un árbol.

En este capítulo se trabajarán conceptos de árboles, luego los árboles binarios de búsqueda, enseguida, los árboles balanceados (o Avl). Finalmente los árboles n-arios y algunas aplicaciones de ellos: árboles 1-2-3, árboles 2-3, Tries y Cuadtrees.

7.2 CONCEPTOS Y TERMINOLOGÍA

DEFINICIÓN 7.2.1

Definición de árbol y sus elementos

Un árbol consta de un conjunto finito de elementos llamados nodos y un conjunto finito de líneas dirigidas, llamadas ramas, que conectan los nodos.

DEFINICIÓN 7.2.2

Características de los árboles

Un árbol es un conjunto de uno o más nodos tales que:

1. Hay un nodo diseñado especialmente llamado **raíz**.
2. Los nodos restantes se dividen en $n >= 0$ conjuntos disjuntos, $T_1 \ldots T_n$, tales que cada uno de esos conjuntos es un árbol. A $T_1 \ldots T_n$ se les denomina subárboles del raíz.

Si un árbol no está vacío, entonces el primer nodo se llama raíz. Obsérvese en la definición 7.2.2, que el árbol ha sido definido de modo recursivo, ya que los árboles se definen como árboles.

La figura 7.1 muestra un ejemplo gráfico de una estructura tipo árbol.

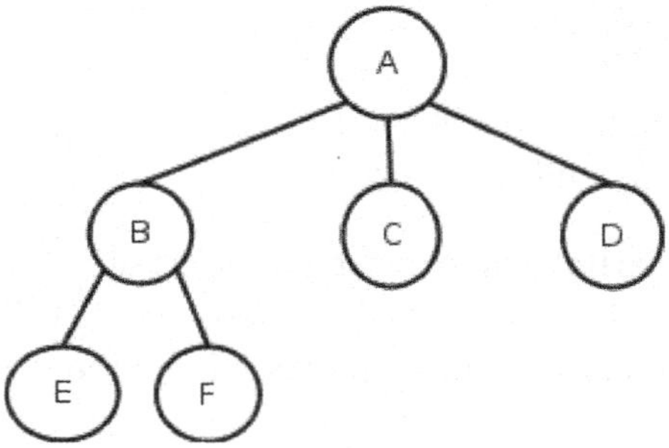

Figura 7.1. Ejemplo de una estructura tipo árbol

Además del nodo raíz, existen muchos términos utilizados en la descripción de los atributos de un árbol, los cuales se explican a continuación.

1. **Nodo padre:** Un nodo es padre si tiene sucesores.
2. **Nodo hijo**: Son los sucesores de un nodo padre.
3. **Nodos descendientes:** Los hijos de un nodo y los hijos de éste se llaman descendientes.
4. **Nodos ascendientes:** El padre y los y los abuelos de un nodos son los ascendientes.
5. **Nodos hermanos:** Dos o más nodos con el mismo padre se llaman hermanos
6. **Nodo hoja:** Es un nodo sin descendientes (Nodo terminal). En la Figura 7.1, son nodos hojas: E – F – C y D.
7. **Nodo interior:** Es un nodo que no es hoja. En la Figura 7.1 serían los nodos A y B.
8. **Nivel de un nodo:** Es la distancia al nodo raíz. La raíz tiene una distancia de cero de sí misma, por eso se dice que está en el nivel cero. Los hijos del nodo raíz están en el nivel 1, sus hijos están en el nivel 2, y así sucesivamente. Los hermanos están siempre en el mismo nivel, pero no todos los nodos de un mismo nivel son necesariamente hermanos.

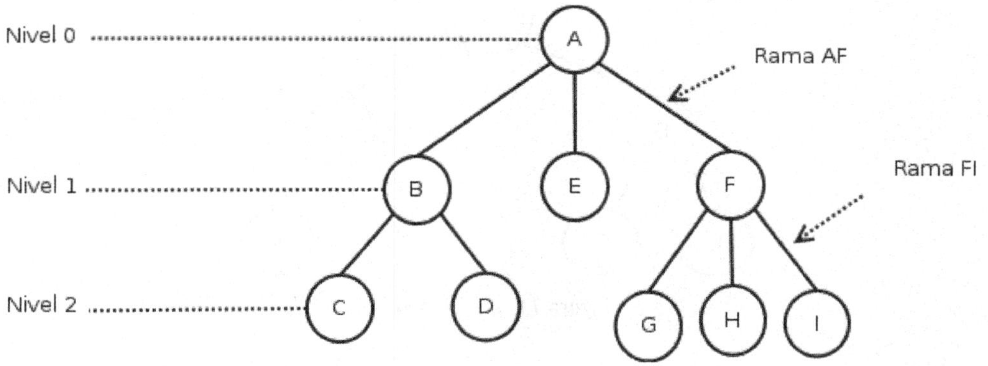

Padres: A, B, F
Hijos: B, E, F, C, D, G, H, I
Hermanos: B, E, F, C, D, G, H, I
Hojas: C, D, E, G, H, I

Figura 7.2. Terminología de árboles

9. **Camino:** es una secuencia de nodos en los que cada nodo es adyacente al siguiente. Cada nodo del árbol puede ser alcanzado (se llega a él) siguiendo un único camino que comienza en el nodo raíz. En la Figura 7.2, el camino desde la raíz a la hoja I, se representa por AFI, incluye dos ramas distintas AF y FI.

10. **Altura o profundidad:** La altura o profundidad de un árbol es el nivel de la hoja del camino más largo desde la raíz más uno. Por definición la altura de un árbol vacío es cero. La Figura 7.2, contiene nodos en tres niveles: 0, 1 y 2. su altura es 3.

11. **Subárbol:** un subárbol de un árbol es un conjunto de nodos del árbol, conectados por ramas del propio árbol, esto es a su vez un árbol.

12. **Árbol binario:** Un árbol es binario si cada nodo tiene como máximo 2 descendientes. (Ver figura 7.3). Para cada nodo está definido el subárbol izquierdo y el derecho. Para el nodo A el subárbol izquierdo está constituido por los nodos B, D y E. Y el subárbol derecho está formado por los nodos C y F. Lo mismo para el nodo B tiene el subárbol izquierdo con un nodo D y un nodo en el subárbol derecho E. El nodo D tiene ambos subárboles vacíos. El nodo C tiene el subárbol izquierdo vacío y el subárbol derecho con un nodo F.

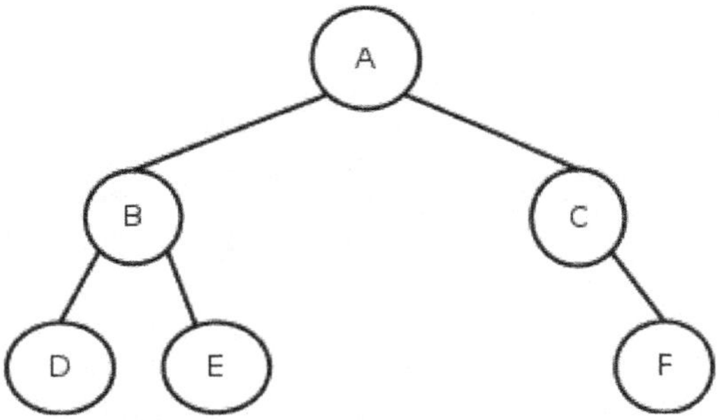

Figura 7.3. Árbol binario

DEFINICIÓN 7.2.3

Definición recursiva

Un árbol se divide en subárboles. Un subárbol es cualquier estructura conectada por debajo del nodo raíz. Cada nodo de un árbol es la raíz de un subárbol que se define por el nodo y todos sus descendientes. El primer nodo de un subárbol se conoce como el nodo raíz del subárbol y se utiliza para nombrar el subárbol. Además, los subárboles se pueden subdividir en subárboles. En la Figura 7.2, BCD es un subárbol al igual que E y FGHI. Un nodo simple también es un subárbol. Por consiguiente, el subárbol B, se pueden dividir en subárboles C y D, mientras que el subárbol F contiene los subárboles G, H e I. Se dice que G, H, I, C y D son subárboles sin descendientes.

El concepto de subárbol conduce a una definición recursiva de un árbol. Un subárbol es un conjunto de nodos que:

1. Es vacío.
2. O tiene un nodo determinado llamado raíz, del que jerárquicamente descienden cero o más subárboles, que son también árboles.

7.3 ARBOLES BINARIOS

7.3.1 Definición de árbol binario

DEFINICIÓN 7.3.1

Árbol binario

Un árbol binario es un árbol cuyos nodos no pueden tener más de dos subárboles. En un árbol binario, cada nodo puede tener, cero, uno o dos hijos (subárboles). Se conoce el nodo de la izquierda como hijo izquierdo y el nodo de la derecha como hijo derecho. La Figura 7.4 muestra un árbol binario. Un árbol binario es una estructura recursiva. Cada nodo es la raíz de su propio subárbol y tiene hijos, que son raíces de árboles, llamados subárbol derecho e izquierdo del nodo, respectivamente. En cualquier nivel *n*, un árbol binario puede contener de 1 a 2^n nodos. El número de nodos por nivel contribuye a la densidad del árbol.

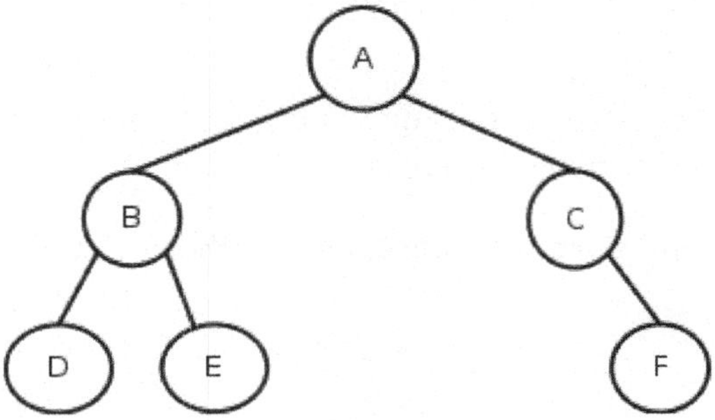

Figura 7.4. Árbol binario

7.3.2 Equilibrio

La distancia de un nodo a la raíz determina la eficiencia con la que puede ser localizado. Dado un nodo, se lo puede localizar mediante un solo camino de bifurcación de ramas. Esta característica conduce al concepto de *balance* o *equilibrio*. Para determinar si un árbol está equilibrado se calcula su factor de equilibrio.

El *factor de equilibrio* de un árbol binario es la diferencia en altura entre los subárboles derecho e izquierdo. Si la altura del subárbol izquierdo es h_I, y la altura del subárbol derecho es h_D, entonces el factor de equilibrio de un árbol se determina por la siguiente fórmula:

$$Factor\ equilibrio = h_D - h_I$$

Utilizando esta fórmula, el equilibrio del nodo raíz de la Figura 7.4 es 0.

Un árbol está perfectamente equilibrado si su equilibrio o balance es cero y sus subárboles son también perfectamente equilibrados. Dado que esta condición ocurre raramente se dice que un árbol está equilibrado si la altura de sus subárboles difiere en no más de uno y sus subárboles son también equilibrado; por lo tanto, el factor de equilibrio de cada nodo puede tomar los valores −1, 0, +1.

7.3.3 Arboles binarios completos

Un árbol binario completo de profundidad n es un árbol en el que cada nivel, del 0 al nivel $n-1$, tiene un conjunto lleno de nodos, y todos los nodos hoja a nivel n ocupan las posiciones más a la izquierda del árbol.

Un árbol binario completo que contiene 2^n nodos a nivel n es un *árbol lleno*. Un árbol lleno es un árbol binario que tiene el máximo número de entradas para su altura.

Un *árbol degenerado* es aquel que cada nodo contiene solo un hijo. Un árbol degenerado es equivalente a una lista enlazada.

La Figura 7.5 muestra la clasificación de árboles binarios.

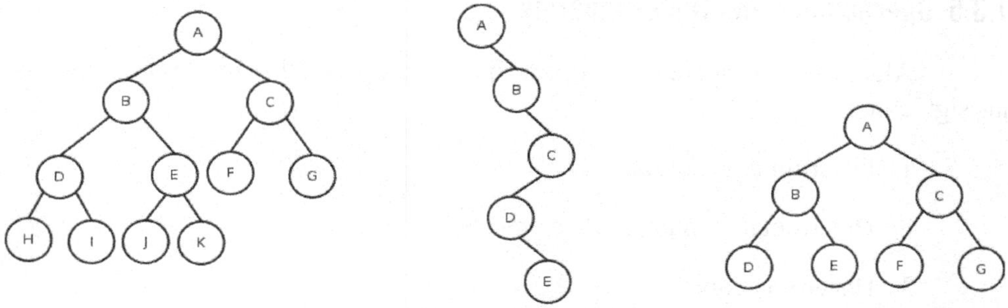

a) Árbol completo de profundidad 4 b) Árbol degenerado de profundidad 5 c) Árbol lleno de profunidad 3

Figura 7.5. Clasificación de árboles binarios

La altura o profundidad h de un árbol binario completo de n nodos se calcula mediante la siguiente fórmula:

$h = |Log_2 n| + 1]$ (*parte entera de* $Log_2 n + 1$)

Por ejemplo, suponiendo que se tiene $n = 10.000$ elementos que van a ser los nodos de un árbol binario completo. Determinar la profundidad del árbol.

$h = int(Log_2 n) + 1 = int(Log_2 10000) + 1 = int(13.28) + 1 = 14$

7.3.4 TAD árbol binario

La estructura de un árbol binario constituye un tipo abstracto de datos; las operaciones básicas que definen el TAD árbol binario son las siguientes:

Tipo de datos: Dato que se almacena en los nodos del árbol.

Operaciones:

- *CrearArbol:* Inicia el árbol como vacío.
- *Construir:* Crea un árbol con un elemento raíz dos ramas, izquierda y derecha que son a su vez árboles.
- *EsVacio:* Comprueba si el árbol no contiene nodos.
- *Raiz:* Devuelve el nodo raíz.
- *Izquierdo:* Obtiene la rama o subárbol izquierdo de un árbol dado.
- *Derecho:* Obtiene la rama o subárbol derecho de un árbol dado.
- *Borrar:* Elimina del árbol el nodo con un elemento determinado.
- *Pertenece:* Determina si un elemento se encuentra en el árbol.

7.3.5 Operaciones en árboles binarios

Algunas de las operaciones típicas que se realizan en los árboles binarios son las siguientes:

1. Determinar su altura.
2. Determinar su número de elementos.
3. Hacer una copia.
4. Visualizar el árbol binario en pantalla o en impresora.
5. Determinar si dos árboles binarios son idénticos.
6. Borrar (eliminar el árbol).
7. Si es un árbol de expresión, evaluar la expresión.

Todas estas operaciones se realizan recorriendo el árbol de manera sistemática. El recorrido implica que la visita a cada nodo se debe hacer una sola vez.

7.3.6 Estructura de un árbol binario

Un árbol binario se construye con nodos. Cada nodo debe contener el campo dato (datos a almacenar) y dos campos de enlace (apuntador o referencia), uno al subárbol izquierdo y el otro al subárbol derecho. La siguiente figura ilustra esta estructura.

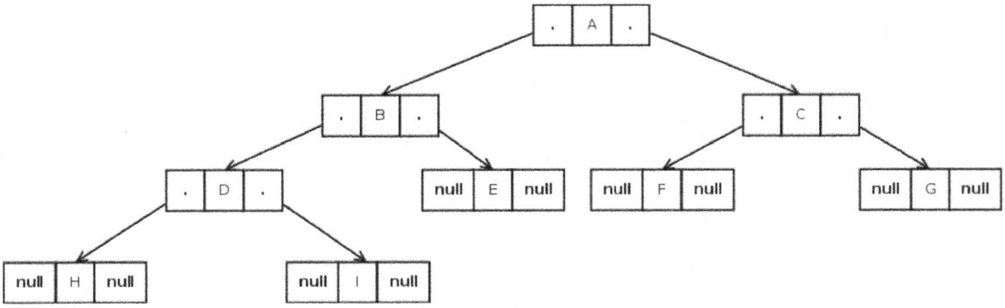

Figura 7.6. Representación enlazada de un árbol binario

7.3.7 Representación de un nodo

La clase **Nodo** contiene: valor, izquierdo, derecho. Además contiene dos constructores, uno inicializa el dato a null, y el segundo enlaza el campo dato a un valor.

```
public class Nodo {
    private Object valor;
    private Nodo izquierdo;
    private Nodo derecho;

    public Nodo() {
        valor = null;
        izquierdo = null;
        derecho = null;
    }

    public Nodo(Object valor) {
        this.valor = valor;
        izquierdo = null;
        derecho = null;
    }

    public Object getValor() {
        return valor;
    }

    public void setValor(Object valor) {
        this.valor = valor;
    }

    public Nodo getIzquierdo() {
        return izquierdo;
    }

    public Nodo getDerecho() {
        return derecho;
    }

    public void setIzquierdo(Nodo izquierdo) {
        this.izquierdo = izquierdo;
    }

    public void setDerecho(Nodo derecho) {
        this.derecho = derecho;
    }
}
```

7.3.8 Creación de un árbol binario

A partir del nodo raíz de un árbol se puede acceder a los demás nodos del árbol, por ello se mantiene la referencia a la raíz del árbol. Las ramas izquierda y derecha son, a su vez, árboles binarios que tienen su raíz, y así sucesivamente hasta llegar a las hojas del árbol. La clase *ArbolBinario* tiene el campo raíz, un constructor que inicializa la raíz y métodos para implementar las operaciones. A continuación se muestra en java cómo crear un árbol binario.

```
public class ArbolBinario {
    protected Nodo raiz;

    public ArbolBinario(){
        raiz = null;
    }

    public ArbolBinario(Nodo raiz) {
        this.raiz = raiz;
    }

    public Nodo getRaiz(){
        return raiz;
    }
    //demas operaciones
}
```

7.3.9 Árbol de expresión

Una aplicación importante de los árboles binarios son los árboles de expresiones. Una expresión es una secuencia de tokens (componentes léxicos que siguen unas reglas establecidas). Un token puede ser un operando o u operador.

La figura 7.7 muestra la expresión: $a* (b + c) + d$

7.3.10 Recorrido de un árbol

Para recorrer o consultar los datos de un árbol se necesita recorrer el árbol o visitar los nodos del mismo. Al contrario de las listas enlazadas los árboles no tienen un primer valor, un segundo valor, un tercer valor, etc. Por ello existen diferentes recorridos.

El recorrido de un árbol binario exigen que cada nodo sea visitado una sola vez. Existen dos enfoques:

1. En el *recorrido en profundidad*, el proceso exige un camino desde la raíz a través de un hijo, al descendiente más lejano del primer hijo antes de proseguir a un segundo hijo. En otras palabras en el recorrido en profundidad, todos los descendientes de un hijo se procesan antes del siguiente hijo.

2. En el *recorrido en anchura*, el proceso se realiza horizontalmente desde la raíz a todos sus hijos; a continuación, a los hijos de sus hijos, y así sucesivamente hasta que todos los nodos

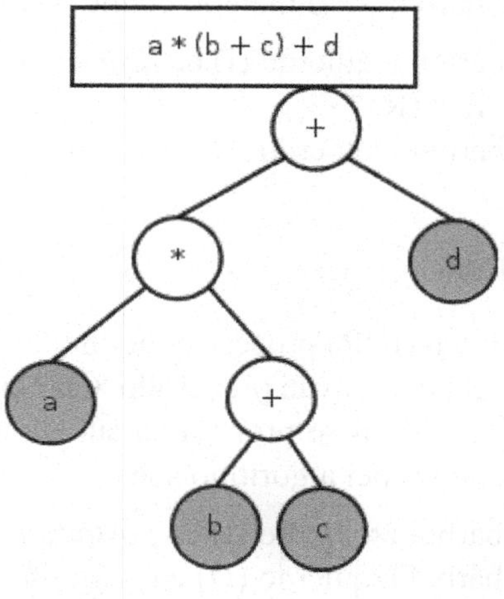

Figura 7.7. Una expresión infija y su árbol de expresión

hayan sido procesados. En el recorrido en anchura, cada nivel se procesa totalmente antes de que comience el siguiente nivel.

7.3.11 Recorrido en preorden

El recorrido *preorden* (RID) conlleva los siguientes pasos, en los que el nodo raíz va antes que los subárboles:

1. Visitar el nodo raíz (R).
2. Recorrer el subárbol izquierdo (I) en *preorden*.
3. Recorrer el subárbol izquierdo (D) en *preorden*.

Preorden, viene del prefijo latino pre que significa "ir antes" (la raíz se procesa antes que los subárboles izquierdo y derecho).

Dadas las características recursivas de los árboles, el algoritmo de recorrido tiene naturaleza recursiva. Primero se procesa la raíz; a continuación, el subárbol izquierdo y, posteriormente el subárbol derecho. Para procesar el subárbol izquierdo, se siguen los mismos pasos: raíz, subárbol izquierdo y subárbol derecho (proceso recursivo). Luego se hace lo mismo con el subárbol derecho.

7.3.12 Recorrido en orden

El recorrido en orden (inorden IRD) procesa primero el subárbol izquierdo, después el raíz, y a continuación el subárbol derecho. El significado de *in* es que la raíz se procesa entre los subárboles. El método conlleva los siguientes pasos:

1. Recorrer el subárbol izquierdo (I) en *orden.*
2. Visitar el nodo raíz (R).
3. Recorrer el subárbol izquierdo (D) en *orden.*

7.3.13 Recorrido postorden

El recorrido postorden (IDR) procesa el nodo raiz (post) después de que los subárboles izquierdo y derecho se hayan procesado. Comienza situándose en la hoja más a la izquierda, a continuación se procesa su subárbol derecho. Por último se procesa su nodo raíz. Las etapas del algoritmo son:

1. Recorrer el subárbol izquierdo (I) en *postorden.*
2. Recorrer el subárbol izquierdo (D) en *postorden.*
3. Visitar el nodo raíz (R).

La figura 7.8 muestra un árbol binario y cómo serían el orden de los elementos en cada uno de los tres recorridos.

7.4 Recorridos iterativos en árboles binarios 113

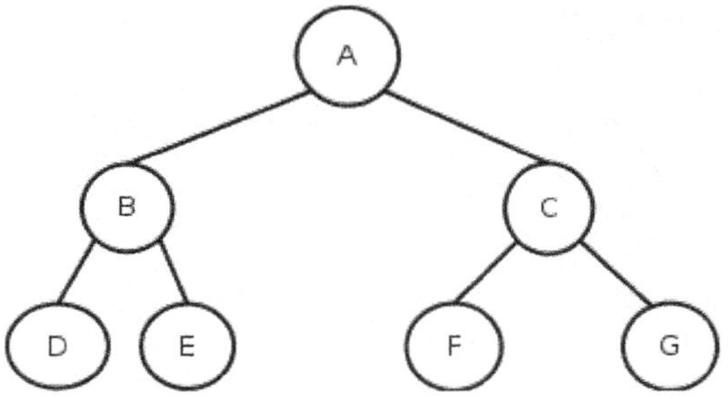

Recorrido en preorden: A, B, D, E, C, F, G
Recorrido en orden: D, B,E, A, F, C, G
Recorrido en postorden: D, E, B, F, G, C, A
Recorrido en anchura: A, B, C, D, E, F, G

Figura 7.8. Recorridos de un árbol binario

7.3.14 Implementación de los recorridos

A continuación una implementación recursiva de los tres recorridos en profundidad.

```
private void preorden(Nodo aux) {
    if (aux != null) {
        visitar(aux);
        preorden(aux.getIzquierdo());
        preorden(aux.getDerecho());
    }

    private void inorden(Nodo aux) {
        if (aux != null) {
            inorden(aux.getIzquierdo());
            visitar(aux);
            inorden(aux.getDerecho());
        }
    }

    private void postorden(Nodo aux) {
        if (aux != null) {
            postorden(aux.getIzquierdo());
            postorden(aux.getDerecho());
            visitar(aux);
    }
}
```

NOTA

El método visitar, depende de la aplicación que se esté realizando. Si simplemente se quieren listar los nodos por consola, podría tener la siguiente implementación:

```
private void visitar(Nodo aux) {
    System.out.print(aux.getValor() + " ");
}
```

7.4 RECORRIDOS ITERATIVOS EN ÁRBOLES BINARIOS

¿Debemos necesariamente usar recursión para implementar los recorridos? Claramente la respuesta es no. Dado que la recursión se implementa usando internamente una pila, de modo que podríamos usar nuestra propia pila. El resultado es generalmente un programa algo más rápido, dado que, solamente tenemos que guardar en la pila lo que necesitamos en cada caso, en lugar de hacer que el compilador coloque un registro de activación completo. La diferencia en velocidad entre un algoritmo recursivo y otro no recursivo depende mucho de la plataforma. En ocasiones ver cómo un programa se implementa de forma no recursiva pueda hacer que la recursión se entienda más claramente.

A continuación se presentan los recorridos: preorden, inorden y postorden de manera iterativa.

7.4.1 Recorrido preorden iterativo

El recorrido en preorden no recursivo utiliza una pila. Un nodo se declara visitado la primera vez que se desapila. Al hacerlo se apila el hijo derecho y luego el izquierdo. Es importante que nos fijemos el orden de ambas operaciones: queremos primero procesar el hijo izquierdo y después el derecho, por lo que apilamos primero el derecho y luego el izquierdo.

```
/**
* Recorrido preorden version iterativa, utiliza una pila
*/
public void preordenIterativo() {
    pilas.modelo.Pila<Nodo> pila = new pilas.modelo.Pila<Nodo>();
    pila.apilar(raiz);
    while (!pila.esVacia()) {
        Nodo aux = pila.cima();
        visitar(aux);
        pila.retirar();

        if (aux.getDerecho() != null)
        pila.apilar(aux.getDerecho());
        if (aux.getIzquierdo() != null)
        pila.apilar(aux.getIzquierdo());
    }
}
```

7.4.2 Recorrido inorden iterativo

El recorrido inorden versión iterativa utiliza una pila. El algoritmo es el siguiente.

1. Apila la raíz.
2. Se hace nodo actual el hijo izquierdo de la raíz.
3. Mientras el nodo actual no sea nulo o la pila no esté vacía:

Trata de bajar por el subárbol izquierdo y guarda en la pila el árbol completo. Cuando ya no puede avanzar por la izquierda, extrae el nodo del tope de pila, visita el nodo y coloca como árbol de trabajo el subárbol derecho.

A continuación la implementación en Java del recorrido inorden no recursivo.

```
/**
* Recorrido inorden version iterativa, utiliza una pila
*
*/
public void inordenIterativo() {
    pilas.modelo.Pila<Nodo> pila = new pilas.modelo.Pila<Nodo>();
    pila.apilar(raiz);
    Nodo aux = raiz.getIzquierdo();
    while (aux != null || !pila.esVacia()) {
        if (aux != null) {
            pila.apilar(aux);
            aux = aux.getIzquierdo();
        } else {
            aux = pila.cima();
            pila.retirar();
            visitar(aux);
            aux = aux.getDerecho();
        }
    }
}
```

7.4.3 Recorrido postorden iterativo

El recorrido postorden iterativo, inserta en la pila un nodo que tiene dos descendientes, una vez antes de recorrer su subárbol izquierdo y una vez antes de recorrer su subárbol derecho. Una referencia auxiliar *q* se utiliza para diferenciar estos dos casos. La referencia *q* indica si un nodo ya fue visitado. Los nodos con un descendiente se insertan una sola vez y las hojas no necesitan insertarse en lo absoluto.

A continuación la implementación en java del recorrido postorden no recursivo.

```
/**
* Recorrido postorden version iterativa, utiliza una pila.
*/
public void postOrdenIterativo() {
    pilas.modelo.Pila<Nodo> pila = new pilas.modelo.Pila<Nodo>();
    Nodo aux = raiz;
    Nodo q = raiz;
```

```
/**
* Recorrido postorden version iterativa, utiliza una pila.
*/
public void postOrdenIterativo() {
    pilas.modelo.Pila<Nodo> pila = new pilas.modelo.Pila<Nodo>();
    Nodo aux = raiz;
    Nodo q = raiz;

    while (aux != null) {
        // avanza por izquierda y apila los nodos

        while (aux.getIzquierdo() != null) {
            pila.apilar(aux);
            aux = aux.getIzquierdo();
        }

        while (aux != null && (aux.getDerecho() == null || aux.
           getDerecho() == q)) {
            visitar(aux);
            q = aux;

            if (pila.esVacia())
            return;

            aux = pila.cima();
            pila.retirar();

        }
        pila.apilar(aux);
        aux = aux.getDerecho();
    }
}
```

7.5 RECORRIDO POR NIVELES EN ÁRBOLES BINARIOS

Este recorrido procesa los nodos comenzando en la raíz y avanzando de forma descendente y de izquierda a derecha. Primero se procesa los nodos de nivel 0 (la raíz), luego los de nivel 1, luego los de nivel 2, etc.

Un recorrido por niveles se implementa utilizando una cola. La cola almacena los nodos que van a ser visitados. Cuando se visita un nodo se coloca sus hijos al final de la cola, donde serán visitados después de los nodos que ya están en la cola. Es fácil ver que esto garantiza que los nodos se visiten por niveles. Este recorrido se asemeja al recorrido preorden (versión iterativa). Este recorrido no tiene versión recursiva.

El algoritmo es el siguiente:

1. Encolar el nodo raíz.
2. Mientras que la cola no esté vacía.
   - Extraer elemento de la cola (visitarlo).
   - Agregar a la cola hijo izquierdo y derecho del elemento extraído.
   - Desencolar.
3. Fin.

La siguiente figura muestra el recorrido de un árbol binario en anchura.

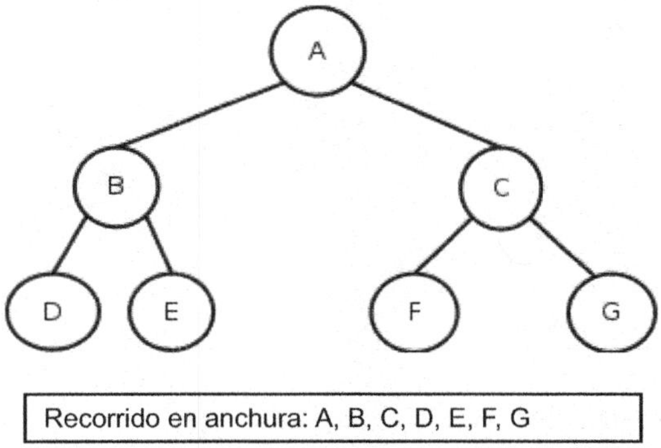

Figura 7.9. Recorrido de un árbol binario

A continuación la implementación en Java del recorrido por niveles.

```
/**
* Recorrido por niveles
*/
public void recorridoPorNiveles(){
    colas.modelo.Cola<Nodo> cola = new colas.modelo.Cola<Nodo>();
    cola.(raiz);

    while(!cola.esVacia()){
        Nodo aux = cola.frente();
        System.out.print (aux.getValor().toString() + " ");

        if (aux.getIzquierdo()!=null)
            cola.encolar(aux.getIzquierdo());
        if (aux.getDerecho()!=null)
            cola.encolar(aux.getDerecho());

        cola.desencolar();
    }
}
```

7.6 RESUMEN DE LOS RECORRIDOS DE ÁRBOLES BINARIOS

A continuación se muestra un programa completo que resume todo lo aprendido hasta el momento sobre árboles. El programa crea el árbol de la Figura 7.8 y hace los distintos recorridos: preorden, inorden, postorden, tanto recursivos como iterativos.

```
package arboles.modelo;

/**
* Representa el nodo de un arbol que contiene tres campos: valor,
  izquierdo y derecho
*/
public class Nodo {
    //Atributos
    private Object valor;
    private Nodo izquierdo;
    private Nodo derecho;
    //Metodos
    public Nodo() {
        valor = null;
        izquierdo = null;
        derecho = null;
    }

    public Nodo(Object valor) {
        this.valor = valor;
        izquierdo = null;
        derecho = null;
    }

    public Object getValor() {
        return valor;
    }

    public void setValor(Object valor) {
        this.valor = valor;
    }

    public Nodo getIzquierdo() {
        return izquierdo;
    }

    public Nodo getDerecho() {
        return derecho;
    }

    public void setIzquierdo(Nodo izquierdo) {
        this.izquierdo = izquierdo;
    }

```

```
    public void setDerecho(Nodo derecho) {
        this.derecho = derecho;
    }
}
```

```
package arboles.modelo;
public class ArbolBinario {
    // Raiz del arbol binario
    private Nodo raiz;

    // Constructor por defecto
    public ArbolBinario() {
        raiz = null;
    }

    public void setRaiz(Nodo raiz) {
        this.raiz = raiz;
    }

    /**
     * Invoca al metodo recursivo
     */
    public void preorden() {
        preorden(raiz);
    }

    /**
     * Metodo recursivo de recorrido en pre-orden
     *
     * @param aux referencia a un nodo
     */
    private void preorden(Nodo aux) {
        if (aux != null) {
            visitar(aux);
            preorden(aux.getIzquierdo());
            preorden(aux.getDerecho());
        }
    }

    private void visitar(Nodo aux) {
        System.out.print(aux.getValor() + " ");
    }

    /**
     * Invoca al metodo recursivo
     */
    public void inorden() {
        inorden(raiz);
    }

    /**
     * Metodo recursivo de entre-orden
```

```
     *
     * @param aux referencia a un nodo
     */
    private void inorden(Nodo aux) {
        if (aux != null) {
            inorden(aux.getIzquierdo());
            visitar(aux);
            inorden(aux.getDerecho());
        }
    }

    /**
     * Invoca al metodo recursivo
     */
    public void postorden() {
        postorden(raiz);
    }

    /**
     * Metodo recursivo post-orden
     *
     * @param aux referencia a un nodo
     */
    private void postorden(Nodo aux) {
        if (aux != null) {
            postorden(aux.getIzquierdo());
            postorden(aux.getDerecho());
            visitar(aux);
        }
    }

    public Nodo getRaiz() {
        return raiz;
    }

    /**
     * Recorrido por niveles
     */
    public void recorridoPorNiveles() {
        colas.modelo.Cola<Nodo> cola = new colas.modelo.Cola<Nodo
            >();
        cola.encolar(raiz);
        while (!cola.esVacia()) {
            Nodo aux = cola.frente();
            visitar(aux);
            if (aux.getIzquierdo() != null)
                cola.encolar(aux.getIzquierdo());
            if (aux.getDerecho() != null)
                cola.encolar(aux.getDerecho());
            cola.desencolar();
        }
    }

```

```
    /**
     * Recorrido preorden version iterativa, utiliza una pila
     */
    public void preordenIterativo() {
        //Usa la misma implementacion de Pila de los capitulos anteriores
        pilas.modelo.Pila<Nodo> pila = new pilas.modelo.Pila<Nodo>();
        pila.apilar(raiz);
        while (!pila.esVacia()) {
            Nodo aux = pila.cima();
            visitar(aux);
            pila.retirar();
            if (aux.getDerecho() != null)
                pila.apilar(aux.getDerecho());
            if (aux.getIzquierdo() != null)
                pila.apilar(aux.getIzquierdo());

        }
    }

    /**
     * Recorrido inorden version iterativa, utiliza una pila
     *
     */
    public void inordenIterativo() {
        pilas.modelo.Pila<Nodo> pila = new pilas.modelo.Pila<Nodo>();
        pila.apilar(raiz);
        Nodo aux = raiz.getIzquierdo();
        while (aux != null || !pila.esVacia()) {
            if (aux != null) {
                pila.apilar(aux);
                aux = aux.getIzquierdo();
            } else {
                aux = pila.cima();
                pila.retirar();
                visitar(aux);
                aux = aux.getDerecho();
            }
        }
    }

    /**
     * Recorrido postorden version iterativa, utiliza una pila.
     */
    public void postOrdenIterativo() {
        pilas.modelo.Pila<Nodo> pila = new pilas.modelo.Pila<Nodo>();
        Nodo aux = raiz;
        Nodo q = raiz;
        while (aux != null) {
            // avanza por izquierda y apila los nodos
```

```
            while (aux.getIzquierdo() != null) {
                pila.apilar(aux);
                aux = aux.getIzquierdo();
            }
            while (aux != null
                    && (aux.getDerecho() == null || aux.getDerecho
                        () == q)) {
                visitar(aux);
                q = aux;
                if (pila.esVacia())
                    return;
                aux = pila.cima();
                pila.retirar();

            }
            pila.apilar(aux);
            aux = aux.getDerecho();
        }
    }
}
```

```
package arboles.modelo;
public class ClienteMain {
    public static void main(String[] args) {
        ArbolBinario ab = new ArbolBinario();
        //Crear el arbol binario de la Figura Recorridos de un
            arbol binario
        Nodo nodoA = new Nodo("A");
        Nodo nodoB = new Nodo("B");
        Nodo nodoC = new Nodo("C");
        Nodo nodoD = new Nodo("D");
        Nodo nodoE = new Nodo("E");
        Nodo nodoF = new Nodo("F");
        Nodo nodoG = new Nodo("G");
        ab.setRaiz(nodoA);
        ab.getRaiz().setIzquierdo(nodoB);
        ab.getRaiz().setDerecho(nodoC);
        nodoB.setIzquierdo(nodoD);
        nodoB.setDerecho(nodoE);
        nodoC.setIzquierdo(nodoF);
        nodoC.setDerecho(nodoG);

        //Imprime los recorridos
        System.out.println("Preorden");
        ab.preorden();
        System.out.println("\nPreorden Iterativo");
        ab.preordenIterativo();

        System.out.println("\nInorden");
        ab.inorden();
        System.out.println("\nInorden Iterativo");
        ab.inordenIterativo();
```

```
        System.out.println("\nPostorden");
        ab.postorden();
        System.out.println("\nPostorden Iterativo");
        ab.postOrdenIterativo();
        System.out.println("\nPor niveles");
        ab.recorridoPorNiveles();
    }
}
```

La salida de este programa se muestra a continuación:

```
Preorden
A B D E C F G
Preorden Iterativo
A B D E C F G
Inorden
D B E A F C G
Inorden Iterativo
D B E A F C G
Postorden
D E B F G C A
Postorden Iterativo
D E B F G C A
Por niveles
A B C D E F G
```

7.7 ÁRBOL BINARIO DE BÚSQUEDA

DEFINICIÓN 7.7.1

Definición de árbol binario de búsqueda

Un árbol binario de búsqueda (o un árbol binario ordenado) es aquel en que, dado un nodo, todos los datos del subárbol izquierdo son menores que los datos de ese nodo, mientras que todos los datos del subárbol derecho son mayores que ese nodo. Se denomina árbol binario de búsqueda porque se puede buscar en ellos un término utilizando un algoritmo de búsqueda binaria.

Ejercicio 7.1

Dibujar un árbol binario de búsqueda con los valores: 8, 3, 1, 20, 5, 4.

El primer dato es la raíz del árbol. De ahí, cada nuevo elemento se debe ir insertando como hoja del árbol, bajando por la rama izquierda o por la rama derecha. La respuesta final se muestra en la Figura 7.10.

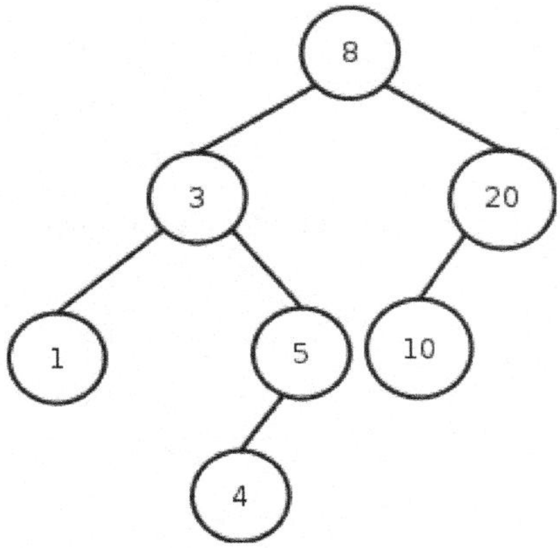

Figura 7.10. Árbol binario de búsqueda

7.7.1 Nodo de un árbol binario de búsqueda

Un nodo de un árbol binario de búsqueda es muy similar a un árbol binario, tiene un campo de datos y dos enlaces a los subárboles izquierdo y derecho respectivamente. Al ser un árbol ordenado, los datos deben implementar la **interfaz** *Comparable*:

```
public interface Comparable {
    public boolean esMenor(Object q);
    public boolean esMayor(Object q);
    public boolean esIgual(Object q);
}
```

Hay que tener en cuenta que el campo datos o valor de un nodo, podría ser un objeto de cualquier tipo. Por ejemplo, se podría tener un árbol binario de búsqueda relativa a estudiantes. Cada nodo contiene el nombre del estudiante y su código (dato entero), que se puede utilizar para ordenar. En este caso la clase Estudiante debe implementar la interfaz Comparable de la siguiente manera:

```
public class Estudiante implements Comparable {
    private int codigo;
    private String nombre;

```

```
    public boolean esMenor(Object q) {
        Estudiante obj = (Estudiante)q;
        return (codigo < obj.getCodigo());
    }

    //..
}
```

Suponiendo que el árbol binario de búsqueda almacenar valores enteros, ¿como sería en java la clase Entero? Igual que la clase Estudiante, la clase Entero debe implementar la interfaz Comparable, así [2]:

```
public class Entero implements Comparable{
    private int dato;
    public Entero(int dato){
        this.dato = dato;
    }
    public Entero(){
        this(0);
    }
    public int getDato() {
        return dato;
    }
    public void setDato(int dato) {
        this.dato = dato;
    }
    public boolean esIgual(Object q){
        Entero obj = (Entero)q;
        return (dato == obj.getDato());
    }

    public boolean esMenor(Object q){
        Entero obj = (Entero)q;
        return (dato < obj.getDato());
    }

    public boolean esMayor(Object q){
        Entero obj = (Entero)q;
        return (dato > obj.getDato());
    }
    public String toString(){
        return "" + dato;
    }
}
```

7.7.2 Operaciones en árboles binarios de búsqueda

Un árbol binario de búsqueda también tiene naturaleza recursiva (aunque sus operaciones también pueden ser implementadas de manera iterativa). Estas operaciones son:

1. *Búsqueda de un nodo.* Devuelve la referencia al nodo del árbol o null.
2. *Inserción de un nodo.* Crea un nodo con su dato asociado y lo añade, en orden al árbol.
3. *Borrado de un nodo.* Busca el nodo del árbol que contiene el dato y lo quita. El árbol debe seguir siendo de búsqueda.
4. *Recorrido de un árbol.* Los mismos recorridos de un árbol: preorden, inorden y postorden.

La clase *ArbolBinarioBusqueda* implementa estas operaciones. Podría se planteado como una extensión (herencia) de *ArbolBinario*:

```
public class ArbolBinarioBusqueda extends ArbolBinario{

    public ArbolBinarioBusqueda() {
        raiz = null;
    }

    //...
}
```

7.7.3 Insertar un nodo

Para añadir un nodo al árbol, se sigue el camino de búsqueda y, al final del camino, se enlaza el nuevo nodo; por consiguiente, siempre se inserta como hoja del árbol. El árbol que resulta después de insertar el nodo, sigue siendo de búsqueda.

El algoritmo de inserción se apoya en la búsqueda de un elemento, de modo que si se encuentra el elemento buscado, no es necesario hacer nada; en caso contrario, se inserta el nuevo elemento justo en el lugar donde se ha acabado la búsqueda (es decir, en el lugar donde habría estado en caso de existir).

7.7.4 Implementación iterativa de la inserción

A continuación se muestra la implementación iterativa en Java de la operación de inserción de un árbol binario de búsqueda [2].

```
**
* Inserta un nodo en el arbol binario
*
* @param valor
*          valor a insertar
*/
public void insertar(Object valor) throws Exception {
    Comparable dato = (Comparable) valor;
    Nodo nuevo = new Nodo();
    nuevo.setValor(dato);

    if (raiz == null)
        raiz = nuevo;
    else {
        // anterior: referencia al padre de aux
        Nodo anterior = null;
        // aux: auxiliar que va recorriendo los nodos, desde la
           raiz
        Nodo aux = raiz;

        while (aux != null) {
            anterior = aux;

            if (dato.esMenor(aux.getValor()))
                aux = aux.getIzquierdo();
            else if (dato.esMayor(aux.getValor()))
                aux = aux.getDerecho();
            else
                throw new Exception("Dato duplicado");
        }

        if (dato.esMenor(anterior.getValor()))
            anterior.setIzquierdo(nuevo);
        else
            anterior.setDerecho(nuevo);
    }
}
```

7.7.5 Implementación recursiva de la inserción

A continuación la implementación recursiva en Java de la operación de inserción de un árbol binario de búsqueda [2].

```
/**
* insertar2 es la interfaz de la operacion, llama al metodo
* insertarRecursivo que realiza la operacion y devuelve la raiz del
   nuevo
* arbol. A este metodo interno se le pasa la raiz actual, a partir
   de la
```

```
* cual se describe el camino de busqueda, y al final, se enlaza. En un
* arbol binario de busqueda no hay nodos duplicados; por ello, si se
* encuentra un nodo igual que el que se desea insertar, se lanza una
* excepcion
*
* @param valor,  valor del nodo a insertar
*/

public void insertar2(Object valor) throws Exception {
    Comparable dato = (Comparable) valor;
    raiz = insertarRec(raiz, dato);
}

private Nodo insertarRec(Nodo raizSub, Comparable dato) throws
    Exception {
    if (raizSub == null) {
        // caso base, termina la recursividad
        raizSub = new Nodo(dato);
    }
    else {

        if (dato.esMenor(raizSub.getValor())) {
            Nodo iz = insertarRec(raizSub.getIzquierdo(), dato);
            raizSub.setIzquierdo(iz);
        }
        else {

            if (dato.esMayor(raizSub.getValor())) {
                Nodo dr = insertarRec(raizSub.getDerecho(), dato);
                raizSub.setDerecho(dr);
            }
            else {
                // Dato duplicado
                throw new Exception("Nodo duplicado");
            }
        }
    }
    return raizSub;
}
```

7.7.6 Búsqueda

La búsqueda de un nodo comienza en el nodo raíz y sigue estos pasos:

1. La clave buscada se compara con el nodo raíz.
2. Si las claves son iguales, la búsqueda se detiene.

3. Si la clave buscada es mayor que la clave raíz, la búsqueda se reanuda en el subárbol derecho. Si la clave buscada es menor que la clave raíz, la búsqueda se reanuda en el subárbol izquierdo.

7.7.7 Implementación iterativa de la búsqueda

A continuación de muestra la búsqueda de un dato en un árbol binario de búsqueda.

```
/**
* Busca un dato en el arbol comenzando desde la raiz
*
* @param valor,  valor a buscar
* @return el nodo encontrado
*/

public Nodo buscar(Object valor) {
    Comparable dato = (Comparable) valor;

    if (raiz == null)
        return raiz;
    else {
        // aux: auxiliar que va recorriendo los nodos, desde la
           raiz
        Nodo aux = raiz;

        while (aux != null) {
            if (dato.esIgual(aux.getValor()))
                return aux;
            if (dato.esMenor(aux.getValor()))
                aux = aux.getIzquierdo();
            else
                aux = aux.getDerecho();
        }

        return null;
    }
}
```

7.7.8 Implementación recursiva de la búsqueda

El método *buscar2()*, es la interfaz de la operación de búsqueda. La búsqueda del nodo la realiza el método *localizar()*, que recibe la referencia a la raíz del subárbol y el dato; el algoritmo de búsqueda es el siguiente [5]:

1. Si el nodo raíz contiene el dato buscado, la tarea es fácil: el resultado es simplemente, su referencia y termina el algoritmo.

2. Si el árbol no está vacío, el subárbol específico por donde proseguir depende de que el dato requerido sea menor o mayor que el dato raíz.
3. El algoritmo termina si el árbol está vacío, en cuyo caso devuelve *null*.

```
**
* Interfaz de buscar que invoca al metodo recursivo localizar
*
* @param buscado
* @return
*/

public Nodo buscar2(Object buscado) {
    Comparable dato = (Comparable) buscado;

    if (raiz == null)
    return null;
    else
    return localizar(raiz, dato);
}

public Nodo localizar(Nodo raizSub, Comparable buscado) {
    if (raizSub == null)
        return null;
    else if (buscado.esIgual(raizSub.getValor()))
        return raizSub;
    else if (buscado.esMenor(raizSub.getValor()))
        return localizar(raizSub.getIzquierdo(), buscado);
    else
        return localizar(raizSub.getDerecho(), buscado);
}
```

7.7.9 Eliminar un nodo

La operación de eliminación de un nodo es también una extensión de la operación de búsqueda, si bien es más compleja que la inserción, debido a que el nodo a suprimir puede ser cualquiera y la operación debe mantener la estructura del árbol binario de búsqueda después de quitar el nodo.

Los pasos a seguir son:

1. Buscar en el árbol para encontrar la posición del nodo a eliminar.
2. Si el nodo a suprimir tiene *menos de dos hijos*, reajustar los enlaces de su antecesor.
3. Si el nodo tiene *dos hijos* (rama izquierda y derecha), es necesario subir a la posición que éste ocupa, el dato más próximo de sus subárboles (el inmediatamente superior o el inmediatamente inferior) con el fin de mantener la estructura del árbol binario de búsqueda.

EJEMPLO 7.1

Cuando el nodo a eliminar tiene menos de dos hijos. Para este caso, analicemos como suprimir el elemento clave 36 del árbol binario de búsqueda de la Figura 7.11:

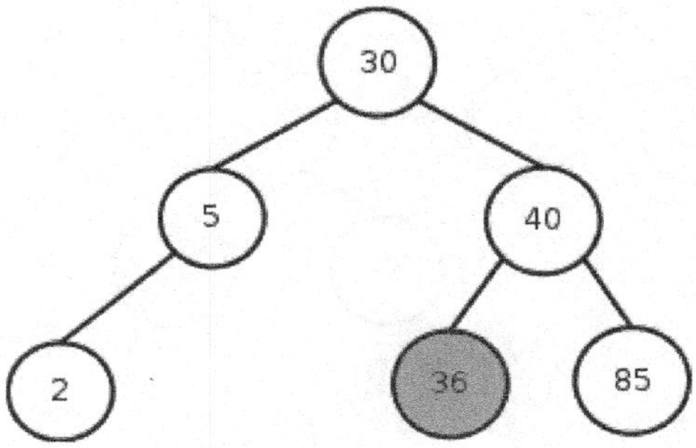

Figura 7.11. Diagrama de árbol del ejemplo 7.1

Cómo el nodo a eliminar es una hoja, simplemente se reajustan los enlaces del nodo procedente en el camino de búsqueda. El árbol resultante es:

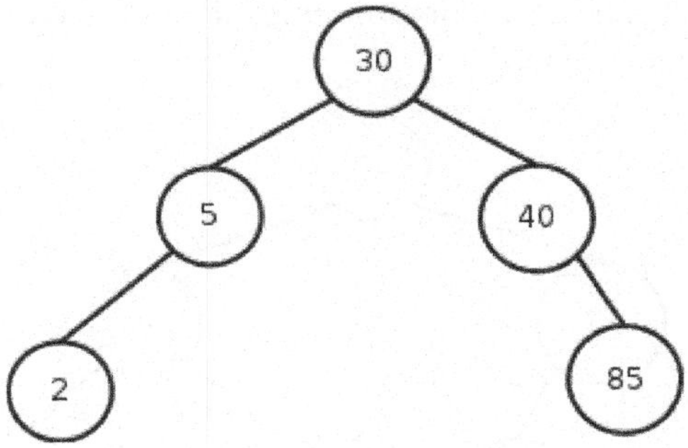

Figura 7.12. Diagrama de árbol resultante del ejemplo 7.1

EJEMPLO 7.2

Cuando el nodo a eliminar tiene dos hijos. Para este caso, analicemos como se llevaría a cabo borrar el elemento clave 60 del siguiente árbol.

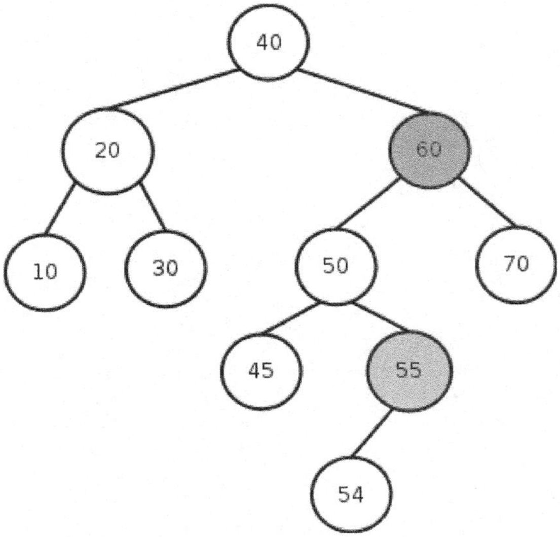

Figura 7.13. Diagrama de árbol del ejemplo 7.2

En este caso se reemplaza por el elemento mayor (55) en su subárbol izquierdo. También existe la opción de reemplazarlo por el elemento menor (70) de su subárbol derecho. El árbol después de eliminar el 60 quedaría como en la Figura 7.14.

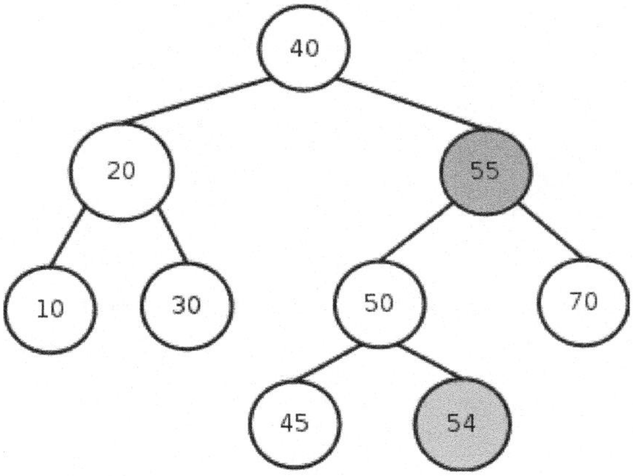

Figura 7.14. Diagrama de árbol resultante del ejemplo 7.2

7.7.10 Implementación iterativa de la eliminación

Una vez analizados los distintos casos a tener en cuenta durante la eliminación de un elemento en un árbol binario, a continuación se muestra su implementación en Java.

```
public boolean eliminar(Object valor){
    Comparable dato = (Comparable)valor;
    //Buscar el nodo a eliminar y su antecesor

    Nodo antecesor=null;//antecesor del nodo a eliminar
    // aux: auxiliar que va recorriendo los nodos, desde la raiz
    Nodo aux = raiz;
    while (aux != null) {
        if (dato.esIgual(aux.getValor())){
            break;
        }
        antecesor = aux;

        if (dato.esMenor(aux.getValor()))
            aux = aux.getIzquierdo();
        else
            aux = aux.getDerecho();
    }

    if (aux==null)
        return false; //dato no encontrado

    //Si llega a este punto, el nodo a eliminar existe y es aux, y su antecesor es antecesor

    //Examinar cada caso
    //1. Si tiene menos de dos hijos, incluso una hoja, reajustar los enlaces de su antecesor
    if (aux.getIzquierdo()==null)
        if (aux.getValor().esMenor(antecesor.getValor()))
            antecesor.setIzquierdo(aux.getDerecho());
        else
            antecesor.setDerecho(aux.getDerecho());
        else if (aux.getDerecho()==null)
            if (aux.getValor().esMenor(antecesor.getValor()))
                antecesor.setIzquierdo(aux.getIzquierdo());
            else
                antecesor.setDerecho(aux.getIzquierdo());
        else
        // El nodo a eliminar tiene rama izquierda y derecha
        reemplazarPorMayorIzquierdo(aux);

        aux=null;
        return true;
}
```

```
/**
* Reemplaza el nodo actual, por el mayor de la rama izquierda
* @param act nodo actual o nodo a eliminar que tiene rama izquierda y derecha
*/
private void reemplazarPorMayorIzquierdo(Nodo act){
    Nodo mayor=act;
    Nodo ant = act;
    mayor = act.getIzquierdo();
    //Buscar el mayor de la rama izquierda
    //ant es el antecesor de mayor
    while(mayor.getDerecho()!=null){
        ant = mayor;
        mayor=mayor.getDerecho();
    }

    act.setValor(mayor.getValor());//reemplaza
    //reajuste

    if(ant==act)
        ant.setIzquierdo(mayor.getIzquierdo());
    else
        ant.setDerecho(mayor.getIzquierdo());
}
```

7.7.11 Resumen del Árbol binario de búsqueda

Anteriormente se explicó la implementación de cada una de las operaciones de un árbol binario de búsqueda. A continuación se muestra, a manera de resumen, la implementación completa que incluye la operaciones (iterativas y recursivas) de insertar, buscar,eliminar y recorridos.

Primero que todo, la Figura 7.15 muestra el diagrama de clases para el árbol binario de búsqueda. Recuerde que la interfaz *Comparable* permitirá a los objetos que se agreguen en los nodos del árbol, comparar si son mayores, menores o iguales. Las clases *Entero* y *Persona* implementan la interfaz *Comparable* y corresponde a los objetos del árbol binario. La clase *Nodo* representa cada uno de los nodos del árbol con sus atributos *valor*, *izquierdo* y *derecho*. Finalmente la clase *ArbolBinarioOrdenado* representa todo el árbol, posee un solo atributo que es la *raiz* de tipo *Nodo* y contiene las operaciones de insertar, buscar, eliminar y los recorridos.

```
package arboles.arbolesbinariosordenados.modelo;
/**
 * Representa un nodo que contiene tres campos: valor, izquierdo y derecho
 */
```

```
public class Nodo {
    private Comparable valor;
    private Nodo izquierdo;
    private Nodo derecho;

    public Nodo() {
        valor = null;
        izquierdo = null;
        derecho = null;
        fe=0;
    }

    public Nodo(Comparable valor) {
        this.valor = valor;
        izquierdo = null;
        derecho = null;
```

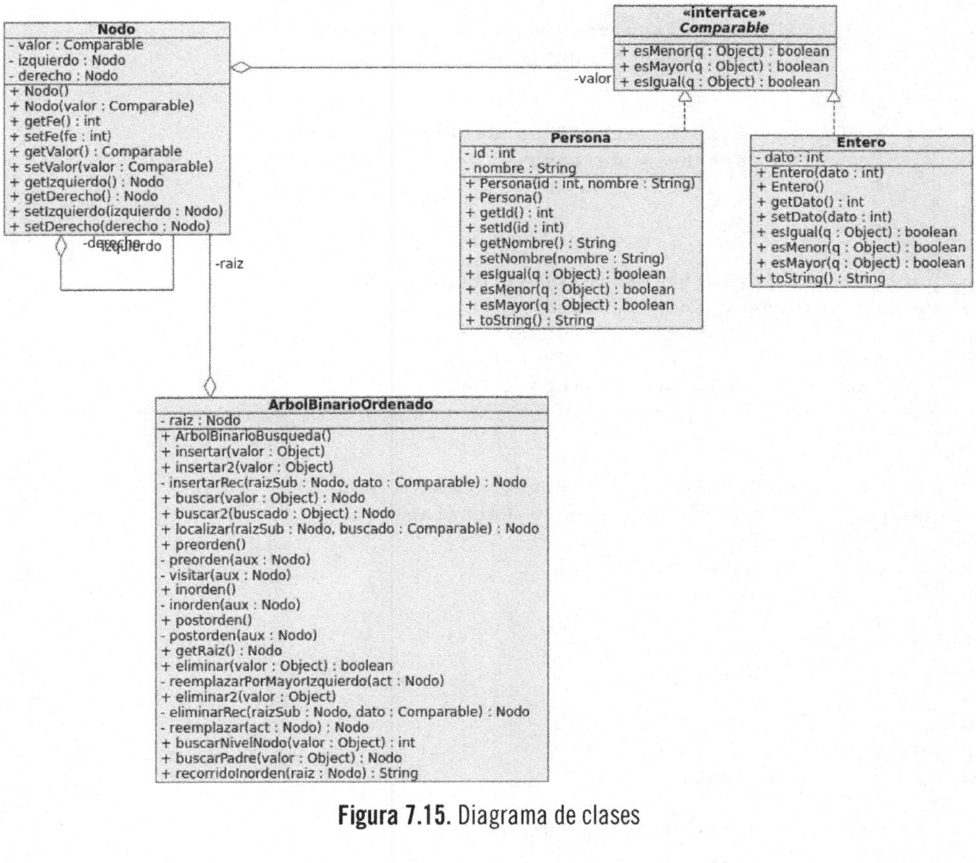

Figura 7.15. Diagrama de clases

```
        fe=0;
    }

    public Comparable getValor() {
        return valor;
    }

    public void setValor(Comparable valor) {
        this.valor = valor;
    }

    public Nodo getIzquierdo() {
        return izquierdo;
    }

    public Nodo getDerecho() {
        return derecho;
    }

    public void setIzquierdo(Nodo izquierdo) {
        this.izquierdo = izquierdo;
    }

    public void setDerecho(Nodo derecho) {
        this.derecho = derecho;
    }
}
```

```
package arboles.arbolesbinariosordenados.modelo;
public interface Comparable {
    public boolean esMenor(Object q);
    public boolean esMayor(Object q);
    public boolean esIgual(Object q);
}
```

```
package arboles.arbolesbinariosordenados.modelo;
public class Entero implements Comparable{
    private int dato;
    public Entero(int dato){
        this.dato = dato;
    }
    public Entero(){
        this(0);
    }

    public int getDato() {
        return dato;
    }
    public void setDato(int dato) {
        this.dato = dato;
    }
```

```
    public boolean esIgual(Object q){
        Entero obj = (Entero)q;
        return (dato == obj.getDato());
    }

    public boolean esMenor(Object q){
        Entero obj = (Entero)q;
        return (dato < obj.getDato());
    }

    public boolean esMayor(Object q){
        Entero obj = (Entero)q;
        return (dato > obj.getDato());
    }
    public String toString(){
        return "" + dato;
    }
}
```

```
package arboles.arbolesbinariosordenados.modelo;

public class Persona implements Comparable{
    private int id;
    private String nombre;
    public Persona(int id, String nombre) {
        super();
        this.id = id;
        this.nombre = nombre;
    }
    public Persona(){
        this(0,"");
    }
    public int getId() {
        return id;
    }
    public void setId(int id) {
        this.id = id;
    }
    public String getNombre() {
        return nombre;
    }
    public void setNombre(String nombre) {
        this.nombre = nombre;
    }

    public boolean esIgual(Object q){
        Persona per = (Persona)q;
        return (id == per.getId());
    }

    public boolean esMenor(Object q){
        Persona per = (Persona)q;
```

```
        return (id < per.getId());
    }

    public boolean esMayor(Object q){
        Persona per = (Persona)q;
        return (id > per.getId());
    }
    public String toString(){
        return "id:" + id + " nombre:" + nombre;
    }
}
```

```
package arboles.arbolesbinariosordenados.modelo;
/**
 * Representa un arbol binario ordenado. Tiene las operaciones basicas: insertar, eliminar, buscar y recorridos
 */
public class ArbolBinarioOrdenado {
    /**
     * Raiz del arbol binario
     */
    private Nodo raiz;

    /**
     * Constructor por defecto
     */
    public ArbolBinarioOrdenado() {
        raiz = null;
    }

    /**
     * Inserta un nodo en el arbol binario
     *
     * @param valor
     *            valor a insertar
     */
    public void insertar(Object valor) throws Exception {
        Comparable dato = (Comparable) valor;
        Nodo nuevo = new Nodo();
        nuevo.setValor(dato);

        if (raiz == null)
            raiz = nuevo;
        else {
            // anterior: referencia al padre de aux
            Nodo anterior = null;
            // aux: auxiliar que va recorriendo los nodos, desde la raiz
            Nodo aux = raiz;
            while (aux != null) {
                anterior = aux;
                if (dato.esMenor(aux.getValor()))
```

```
                    aux = aux.getIzquierdo();
                else if (dato.esMayor(aux.getValor()))
                    aux = aux.getDerecho();
                else
                    throw new Exception("Dato duplicado");
            }
            if (dato.esMenor(anterior.getValor()))
                anterior.setIzquierdo(nuevo);
            else
                anterior.setDerecho(nuevo);
        }
    }

    /**
     * insertar2 es la interfaz de la operacion, llama al metodo
     * insertarRecursivo que realiza la operacion y devuelve la raiz del nuevo
     * arbol. A este metodo interno se le pasa la raiz actual, a partir de la
     * cual se describe el camino de busqueda, y al final, se enlaza. En un
     * arbol binario de busqueda no hay nodos duplicados; por ello, si se
     * encuentra un nodo igual que el que se desea insertar, se lanza una
     * excepcion
     *
     * @param valor, valor del nodo a insertar
     */
    public void insertar2(Object valor) throws Exception {
        Comparable dato = (Comparable) valor;
        raiz = insertarRec(raiz, dato);
    }

    private Nodo insertarRec(Nodo raizSub, Comparable dato) throws Exception {
        if (raizSub == null) {
            // caso base, termina la recursividad
            raizSub = new Nodo(dato);
        } else {
            if (dato.esMenor(raizSub.getValor())) {
                Nodo iz = insertarRec(raizSub.getIzquierdo(), dato);
                raizSub.setIzquierdo(iz);
            } else {
                if (dato.esMayor(raizSub.getValor())) {
                    Nodo dr = insertarRec(raizSub.getDerecho(), dato);
                    raizSub.setDerecho(dr);
                } else {
                    // Dato duplicado
                    throw new Exception("Nodo duplicado");
                }
```

```
            }
        }
        return raizSub;
    }

    /**
     * Busca un dato en el arbol comenzando desde la raiz
     *
     * @param valor, valor a buscar
     * @return Nodo buscado
     */
    public Nodo buscar(Object valor) {
        Comparable dato = (Comparable) valor;

        if (raiz == null)
            return raiz;
        else {
            // aux: auxiliar que va recorriendo los nodos, desde la
                raiz
            Nodo aux = raiz;
            while (aux != null) {
                if (dato.esIgual(aux.getValor()))
                    return aux;
                if (dato.esMenor(aux.getValor()))
                    aux = aux.getIzquierdo();
                else
                    aux = aux.getDerecho();
            }
            return null;
        }
    }

    /**
     * Interfaz de buscar que invoca al metodo recursivo localizar
     *
     * @param buscado
     * @return Nodo buscado
     */
    public Nodo buscar2(Object buscado) {
        Comparable dato = (Comparable) buscado;
        if (raiz == null)
            return null;
        else
            return localizar(raiz, dato);
    }

    public Nodo localizar(Nodo raizSub, Comparable buscado) {
        if (raizSub == null)
            return null;
        else if (buscado.esIgual(raizSub.getValor()))
            return raizSub;
        else if (buscado.esMenor(raizSub.getValor()))
            return localizar(raizSub.getIzquierdo(), buscado);
```

```
        else
            return localizar(raizSub.getDerecho(), buscado);
    }

    /**
     * Invoca al metodo recursivo
     */
    public void preorden() {
        preorden(raiz);
    }

    /**
     * Metodo recursivo de recorrido en pre-orden
     *
     * @param aux
     *            referencia a un nodo
     */
    private void preorden(Nodo aux) {
        if (aux != null) {
            visitar(aux);
            preorden(aux.getIzquierdo());
            preorden(aux.getDerecho());
        }
    }

    private void visitar(Nodo aux) {
        System.out.print(aux.getValor() + " ");
    }

    /**
     * Invoca al metodo recursivo
     */
    public void inorden() {
        inorden(raiz);
    }

    /**
     * Mrtodo recursivo de inorden
     *
     * @param aux, referencia a un nodo
     */
    private void inorden(Nodo aux) {
        if (aux != null) {
            inorden(aux.getIzquierdo());
            visitar(aux);
            inorden(aux.getDerecho());
        }
    }

    /**
     * Invoca al metodo recursivo
     */
    public void postorden() {
```

```
        postorden(raiz);
    }

    /**
     * Metodo recursivo post-orden
     *
     * @param aux, referencia a un nodo
     */
    private void postorden(Nodo aux) {
        if (aux != null) {
            postorden(aux.getIzquierdo());
            postorden(aux.getDerecho());
            visitar(aux);
        }
    }

    public Nodo getRaiz() {
        return raiz;
    }

    public boolean eliminar(Object valor){
        Comparable dato = (Comparable)valor;
        //Buscar el nodo a eliminar y su antecesor

        Nodo antecesor=null;//antecesor del nodo a eliminar
        // aux: auxiliar que va recorriendo los nodos, desde la raiz
        Nodo aux = raiz;
        while (aux != null) {
            if (dato.esIgual(aux.getValor())){
                break;
            }
            antecesor = aux;
            if (dato.esMenor(aux.getValor()))
                aux = aux.getIzquierdo();
            else
                aux = aux.getDerecho();
        }
        if (aux==null)
            return false; //dato no encontrado

        //Si llega a este punto, el nodo a eliminar existe y es aux, y su antecesor es antecesor

        //Examinar cada caso
        //1. Si tiene menos de dos hijos, incluso una hoja, reajustar los enlaces de su antecesor
        if (aux.getIzquierdo()==null)
            if (aux.getValor().esMenor(antecesor.getValor()))
                antecesor.setIzquierdo(aux.getDerecho());
            else
                antecesor.setDerecho(aux.getDerecho());
        else if (aux.getDerecho()==null)
```

```
            if (aux.getValor().esMenor(antecesor.getValor()))
                antecesor.setIzquierdo(aux.getIzquierdo());
            else
                antecesor.setDerecho(aux.getIzquierdo());

        else
            // El nodo a eliminar tiene rama izquierda y derecha
            reemplazarPorMayorIzquierdo(aux);

        aux=null;
        return true;
    }
    /**
     * Reemplaza el nodo actual, por el mayor de la rama izquierda
     * @param act nodo actual o nodo a eliminar que tiene rama
        izquierda y derecha
     */
    private void reemplazarPorMayorIzquierdo(Nodo act){
        Nodo mayor=act;
        Nodo ant = act;
        mayor = act.getIzquierdo();
        //Buscar el mayor de la rama izquierda
        //ant es el antecesor de mayor
        while(mayor.getDerecho()!=null){
            ant = mayor;
            mayor=mayor.getDerecho();
        }
        act.setValor(mayor.getValor());//reemplaza
        //reajuste
        if(ant==act)
            ant.setIzquierdo(mayor.getIzquierdo());
        else
            ant.setDerecho(mayor.getIzquierdo());
    }
    /**
     * Interfaz de eliminar que invoca el metodo recursivo
     * @param valor
     * @throws Exception
     */
    public void eliminar2(Object valor) throws Exception {
        Comparable dato = (Comparable) valor;
        raiz = eliminarRec(raiz, dato);
    }
    /**
     * Version de eliminar nodo recursivo
     * @param raizSub
     * @param dato
     * @return
     * @throws Exception
     */
    private Nodo eliminarRec(Nodo raizSub, Comparable dato) throws
       Exception {
        if (raizSub == null)
```

```
            throw new Exception("No se ha encontrado el nodo con la clave");
        else if (dato.esMenor(raizSub.getValor())) {
            Nodo iz = eliminarRec(raizSub.getIzquierdo(), dato);
            raizSub.setIzquierdo(iz);
        } else if (dato.esMayor(raizSub.getValor())) {
            Nodo dr = eliminarRec(raizSub.getDerecho(), dato);
            raizSub.setDerecho(dr);
        }else{
            //Nodo encontrado
            Nodo q = raizSub; //Nodo a quitar del arbol
            if (q.getIzquierdo()==null)
                raizSub = q.getDerecho();
            else if (q.getDerecho()==null)
                raizSub = q.getIzquierdo();
            else{
                q = reemplazar(q);
            }
            q = null;
        }
        return raizSub;
    }
    /**
     * Metodo interno para sustituir por el mayor de los menores. Es invocado desde eliminarRec
     * @param act
     * @return
     */
    private Nodo reemplazar(Nodo act){
        Nodo mayor, ant;
        ant=act;
        mayor=act.getIzquierdo();
        while(mayor.getDerecho()!=null){
            ant=mayor;
            mayor=mayor.getDerecho();
        }
        act.setValor(mayor.getValor());
        if(ant==act)
            ant.setIzquierdo(mayor.getIzquierdo());
        else
            ant.setDerecho(mayor.getIzquierdo());
        return mayor;
    }
}
```

A continuación una clase de regalo (un extra) que es muy útil, pues permite imprimir por consola, a manera de árbol, el árbol binario. Se deja al lector entender el código fuente. Esta clase será invocada desde la aplicación cliente de manera muy sencilla, simplemente:

BTreePrinter.printNode(referenciaAlNodoRaiz).

```java
package arboles.modelo;
import java.util.ArrayList;
import java.util.Collections;
import java.util.List;
/**
 * Esta clase imprime por consola la estructura de un arbol binario
 *
 * @author Libardo Pantoja
 * Adaptado de: http://stackoverflow.com/questions/4965335/how-to-print-binary-tree-diagram
 *
 * Forma de usarlo:
 * ArbolBinarioBusqueda arbol = new ArbolBinarioBusqueda();
 * ...
 * BTreePrinter.printNode(arbol.getRaiz());
 */
public class BTreePrinter {

    public static void printNode(Nodo root) {
        int maxLevel = BTreePrinter.maxLevel(root);

        printNodeInternal(Collections.singletonList(root), 1, maxLevel);
    }

    private static void printNodeInternal(List<Nodo> nodes, int level,
            int maxLevel) {
        if (nodes.isEmpty() || BTreePrinter.isAllElementsNull(nodes))
            return;

        int floor = maxLevel - level;
        int endgeLines = (int) Math.pow(2, (Math.max(floor - 1, 0)));
        int firstSpaces = (int) Math.pow(2, (floor)) - 1;
        int betweenSpaces = (int) Math.pow(2, (floor + 1)) - 1;

        BTreePrinter.printWhitespaces(firstSpaces);

        List<Nodo> newNodes = new ArrayList<Nodo>();
        for (Nodo node : nodes) {
            if (node != null) {
                System.out.print(node.getValor());
                newNodes.add(node.getIzquierdo());
                newNodes.add(node.getDerecho());
            } else {
                newNodes.add(null);
                newNodes.add(null);
                System.out.print(" ");
            }

            BTreePrinter.printWhitespaces(betweenSpaces);
```

```
        }
        System.out.println("");

        for (int i = 1; i <= endgeLines; i++) {
            for (int j = 0; j < nodes.size(); j++) {
                BTreePrinter.printWhitespaces(firstSpaces - i);
                if (nodes.get(j) == null) {
                    BTreePrinter.printWhitespaces(endgeLines +
                        endgeLines + i
                            + 1);
                    continue;
                }

                if (nodes.get(j).getIzquierdo() != null)
                    System.out.print("/");
                else
                    BTreePrinter.printWhitespaces(1);

                BTreePrinter.printWhitespaces(i + i - 1);

                if (nodes.get(j).getDerecho() != null)
                    System.out.print("\\");
                else
                    BTreePrinter.printWhitespaces(1);

                BTreePrinter.printWhitespaces(endgeLines +
                    endgeLines - i);
            }

            System.out.println("");
        }

        printNodeInternal(newNodes, level + 1, maxLevel);
    }

    private static void printWhitespaces(int count) {
        for (int i = 0; i < count; i++)
            System.out.print(" ");
    }

    private static int maxLevel(Nodo node) {
        if (node == null)
            return 0;

        return Math.max(BTreePrinter.maxLevel(node.getIzquierdo()),
                BTreePrinter.maxLevel(node.getDerecho())) + 1;
    }

    private static <T> boolean isAllElementsNull(List<T> list) {
        for (Object object : list) {
            if (object != null)
                return false;
        }
```

```
        return true;
    }
}
```

Ahora un sencillo cliente main para probar las operaciones del árbol binario de búsqueda.

```
package arboles.test;
import arboles.arbolesbinariosordenados.modelo.*;
public class ClienteMainOperacionesSencillas {

    public static void main(String[] args) {
        ArbolBinarioOrdenado arbol = new ArbolBinarioOrdenado();
        try {
            //Agregar los datos al arbol binario ordenado
            arbol.insertar(new Entero(10));
            arbol.insertar(new Entero(15));
            arbol.insertar(new Entero(30));
            arbol.insertar(new Entero(5));
            arbol.insertar(new Entero(2));
            arbol.insertar(new Entero(1));
            //Si se quiere invocar la version recursiva seria
            //arbol.insertar2(new Entero (12));
        } catch (Exception e) {
            System.out.println("Error: " + e.getMessage());
        }
        //Recorridos
        System.out.println("Recorridos Recursivos:");
        System.out.println("Preorden:");
        arbol.preorden();
        System.out.println("\nInorden:");
        arbol.inorden();
        System.out.println("\nPostorden:");
        arbol.postorden();


        //Busqueda iterativa
        Nodo aux = arbol.buscar(new Entero(30));
        if (aux==null)
            System.out.println("\nDato no encontrado");
        else
            System.out.println("\nEncontrado el dato:" + aux.
               getValor());
        //Busqueda recursiva
        aux = arbol.buscar2(new Entero(15));
        if (aux==null)
            System.out.println("\nDato no encontrado");
        else
            System.out.println("\nEncontrado el dato:" + aux.
               getValor());

```

```
        //Imprime el arbol
        BTreePrinter.printNode(arbol.getRaiz());
        //Eliminacion
        arbol.eliminar(new Entero(2));//Elimina Nodo con hizo
            izquierdo
        try {
            arbol.eliminar2(new Entero(30));// Eliminar de manera
                recursiva Nodo hoja
        } catch (Exception e) {
            e.printStackTrace();
        }
        //Imprime el arbol despues de eliminados los dos nodos
        BTreePrinter.printNode(arbol.getRaiz());

        //Tarea: Ahora cree otro arbol binario de busqueda, pero
            con objetos de tipo persona!
    }
}
```

La salida por consola de la aplicación cliente se muestra a continuación.

```
Recorridos Recursivos:
Preorden:
10 5 2 1 15 30
Inorden:
1 2 5 10 15 30
Postorden:
1 2 5 30 15 10
Encontrado el dato:30

Encontrado el dato:15
       10
      / \
     /   \
    /     \
   /       \
  5         15
 /           \
/             \
2              30
/
1

    10
   / \
  /   \
  5   15
 /
1
```

7.8 ARBOLES DE BÚSQUEDA EQUILIBRADOS

7.8.1 Eficiencia en la búsqueda de un árbol equilibrado

La eficiencia de una búsqueda en un árbol binario ordenado varía entre $O(n)$ y $O(Log(n))$, dependiendo de la estructura que presente el árbol. La estructura del árbol depende del orden en que sean añadidos los datos. Así, si todos los elementos se insertan en orden creciente o decreciente, el árbol tendrá todas las ramas izquierdas o derechas, respectivamente, vacías. En este caso, la búsqueda en dicho árbol será totalmente secuencial. Sin embargo, si el árbol está equilibrado, las comparaciones para buscar un elemento serán máximo $Log_2(n)$. Para optimizar los tiempos de búsqueda en los árboles ordenados surgen los árboles casi equilibrados, en la que la complejidad de la búsqueda es logarítmica, $O(Log(n))$.

7.8.2 Árboles AVL

Un *árbol totalmente equilibrado* se caracteriza porque la altura de la rama izquierda es igual que la altura de la rama derecha para cada uno de los nodos del árbol. Es un árbol ideal, pero no siempre es posible conseguir que el árbol esté totalmente balanceado.

La estructura de datos de árbol que se utiliza es la del árbol AVL. El nombre es en honor a Adelson- Velskii-Landis, que fueron los primeros científicos en estudiar las propiedades de esta estructura de datos.

Un árbol equilibrado o AVL es un árbol binario de búsqueda en las que las *alturas de los árboles izquierdo y derecho de cualquier nodo difieren como máximo en 1.*

A cada nodo se asocia el parámetro denominado **factor de equilibrio** o balance de nodo, el cual se define como la altura del subárbol derecho menos la altura del subárbol izquierdo. El factor de equilibrio de cada nodo de un árbol equilibrado puede tomar valores: 1, −1 ó 0. La Figura 7.16 muestra un árbol balanceado con el factor de equilibrio de cada nodo.

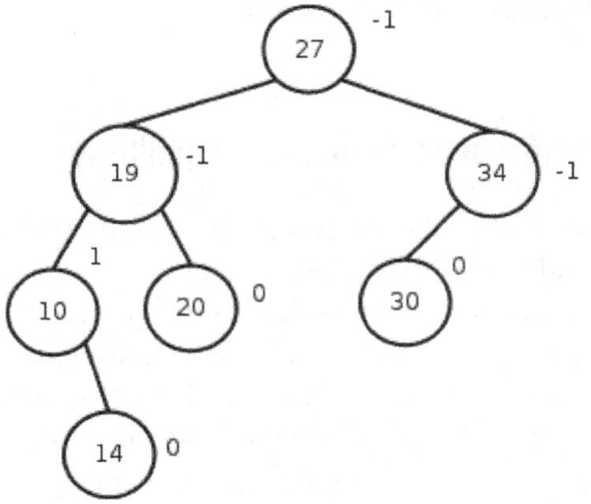

Figura 7.16. Árbol equilibrado con el factor de equilibrio de cada nodo

> **NOTA**
>
> La altura o profundidad de un árbol binario es el nivel máximo de sus hojas más uno. La altura de un árbol nulo se considera cero.

7.8.3 Inserción en árboles AVL

Para añadir un elemento se sigue el mismo algoritmo de los árboles de búsqueda. Sin embargo, una vez agregado o borrado un elemento puede destruir la condición de equilibrio de varios nodos del árbol. Por ello, se requiere que el algoritmo recupere la condición de equilibrio. Este hecho hace necesario que el algoritmo regrese por el camino de búsqueda actualizando el factor de equilibrio de los nodos.

La estructura del nodo de un árbol AVL exige un nuevo campo: el factor de equilibrio (*f e*). Si se lo desea, se puede crear una clase *NodoAvl* heredando de la clase *Nodo* ya estudiada en la sección de árboles binarios:

```
public class NodoAvl extends Nodo {
    //factor de equilibrio
    private int fe;
    public NodoAvl(Object valor) {
        super(valor);
        fe=0;
    }
//..
}
```

Las operaciones básicas de un árbol AVL son *insertar* y *borrar* un elemento; además, se necesitan operaciones auxiliares para mantener los criterios de equilibrio:

```

public class ArbolAVL {
    private Nodo raiz;

    public ArbolAVL() {
        raiz=null;
    }
    //..
}
```

7.8.4 Proceso de inserción de un nuevo nodo

Inicialmente se aplica el algoritmo de inserción en un árbol de búsqueda; este algoritmo sigue el camino de búsqueda hasta llegar al fondo del árbol y se enlaza como nodo hoja y con el factor de equilibrio cero. Luego, es necesario recorrer el camino de búsqueda en sentido contrario, hasta la raíz, para actualizar el campo adicional factor de equilibrio. Después de la inserción solo los nodos que se encuentran en el camino de búsqueda pueden haber cambiado el factor de equilibrio.

Al actualizar el nodo cuyas ramas izquierda y derecha del árbol tienen altura diferente, si se inserta el nodo en la rama más alta rompe el criterio de equilibrio del árbol, la diferencia de altura pasa a ser 2 y es necesario reestructurarlo. Hay 4 casos que se deben tener en cuenta al reestructurar un nodo A, según donde se haya hecho la inserción (ver Figura 7.17):

1. Inserción en el subárbol izquierdo de la rama izquierda de A *(rotación izquierda-izquierda)*.

2. Inserción en el subárbol derecho de la rama izquierda de A *(rotación izquierda-derecha)*.

3. Inserción en el subárbol derecho de la rama derecha de A *(rotación derecha-derecha)*.

4. Inserción en el subárbol izquierdo de la rama derecha de A *(rotación derecha-izquierda)*.

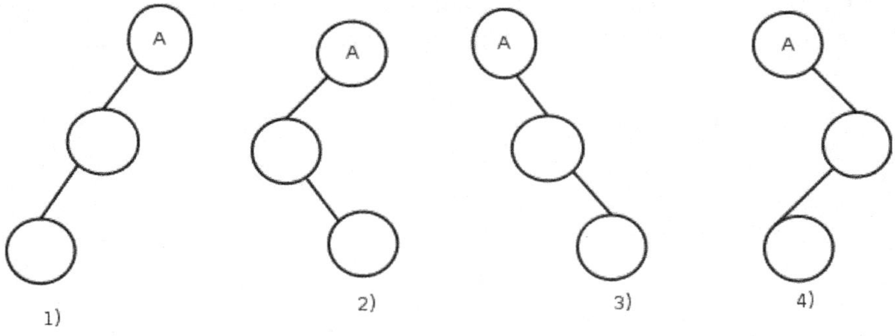

Figura 7.17. Cuatro tipos de reestructuraciones del equilibrio de un nodo

El caso 1) y caso 3) se resuelven con una *rotación simple*. El caso 2) y 4) se resuelven con una *rotación doble*.

Rotación simple

Caso 1: rotación simple izquierda-izquierda

En la Figura 7.18 se muestra la rotación simple que resuelve el caso 1 (rotación izquierda- izquierda). El gráfico izquierdo muestra el árbol antes del ajuste; a la derecha se muestra el árbol después de dicho ajuste. El nodo dibujando en líneas punteadas, corresponde al nodo que se inserta y provoca que el nodo n (pintado de verde) rompa el factor de equilibrio.

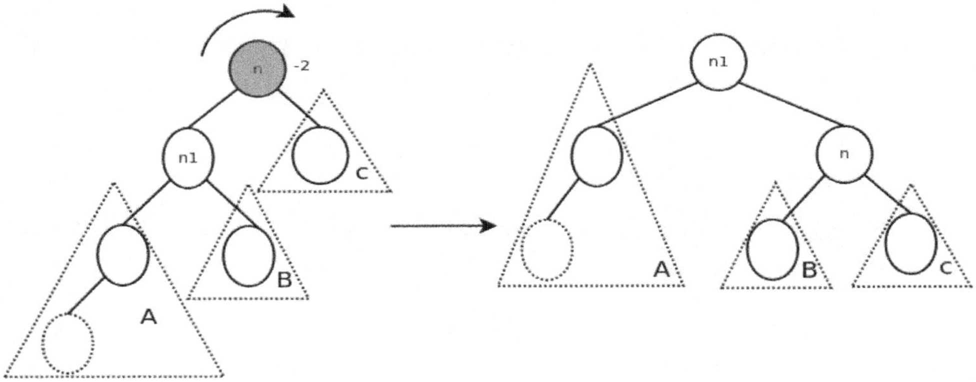

Figura 7.18. Rotación simple: izquierda-izquierda - Caso 1

La Figura 7.19, muestra un ejemplo donde se aplica la inserción simple izquierda-izquierda, la cual corresponde a la rotación hecha en la Figura 2.

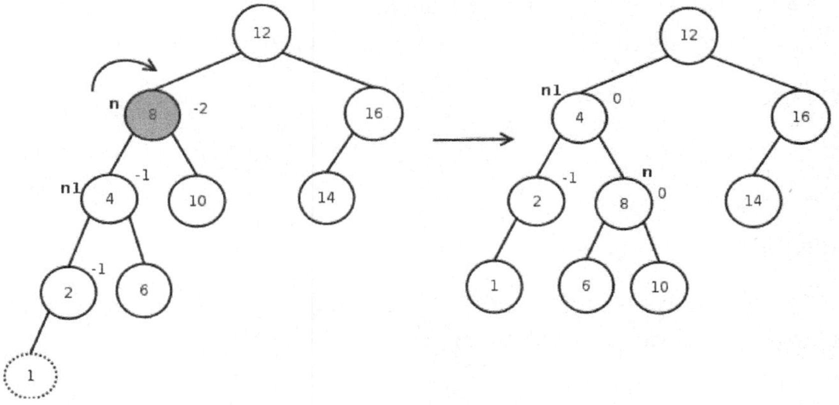

Figura 7.19. Rotación simple que arregla el árbol AVL tras la inserción del nodo 1

Los cambios descritos en la rotación simple afectan a dos nodos. Los ajustes necesarios de los enlaces, suponiendo que *n* sea la referencia al nodo problema, y *n*1 la referencia al nodo de su rama izquierda son:

```
n.izquierdo=n1.derecho
n1.derecho=n
n=n1
```

Una vez realizada la rotación, los factores de equilibrio de los nodos que intervienen siempre son 0, los subárboles izquierdo y derecho tienen la misma altura. Incluso la altura del subárbol implicado es la misma después de la inserción que antes.

Caso 3: rotación simple derecha-derecha

La Figura 7.20 ilustra la rotación simple derecha-derecha (caso 3).

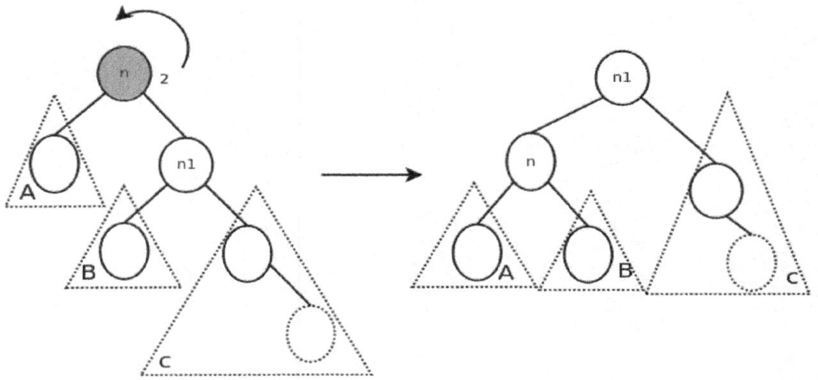

Figura 7.20. Rotación simple: derecha-derecha - Caso 3

En la rotación simple derecha-derecha, los cambios en los enlaces del nodo *n* (con factor de equilibrio +2) y del nodo de su rama derecha, *n*1, son:

```
n.derecho=n1.izquierdo
n1.izquierdo=n
n=n1
```

Rotación doble

En los casos 2) y 4), una rotación simple no reduce lo suficiente su profundidad, se necesita una rotación doble.

Caso 2: Rotación doble izquierda-derecha

La Figura 7.21 ilustra la rotación doble izquierda-derecha (caso 2). Los cambios de la rotación doble afectan a tres nodos: el nodo problema *n*, el descendiente por la rama desequilibrada *n*1, y el descendiente de *n*1 (por la izquierda o derecha, según el tipo de rotación doble) apuntado por *n*2. En los dos casos simétricos de rotación doble, rotación *izquierda – derecha* y rotación *derecha–izquierda*, el nodo *n*2 pasa a ser la raíz del nuevo subárbol.

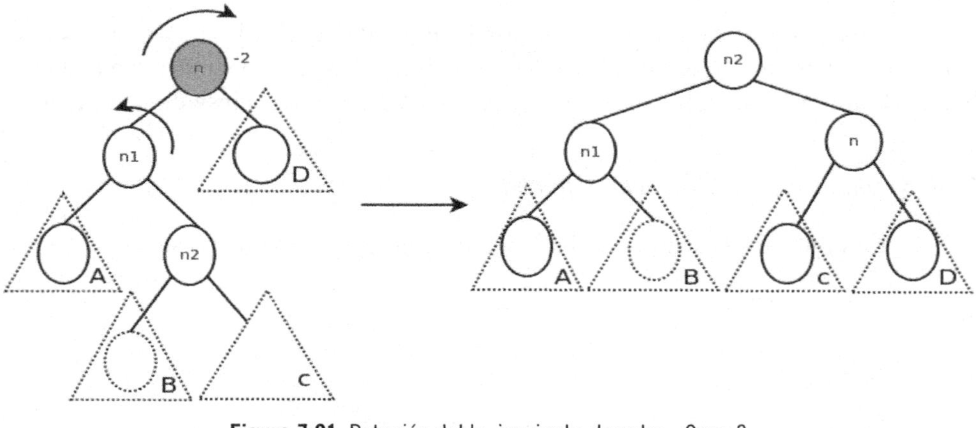

Figura 7.21. Rotación doble: izquierda-derecha - Caso 2

EJEMPLO 7.3

La Figura 7.22 muestra un árbol binario de búsqueda después de insertar la clave 60 (caso 4). Al volver por el camino de búsqueda para actualizar los factores de equilibrio, el nodo 75 pasa a tener factor de equilibrio -1, el nodo 50 +1 y el nodo 80 tendrá -2. En este caso se restablece el equilibrio con una rotación doble. La gráfica inferior toma una sección del árbol para mostrar con claridad las dos rotaciones.

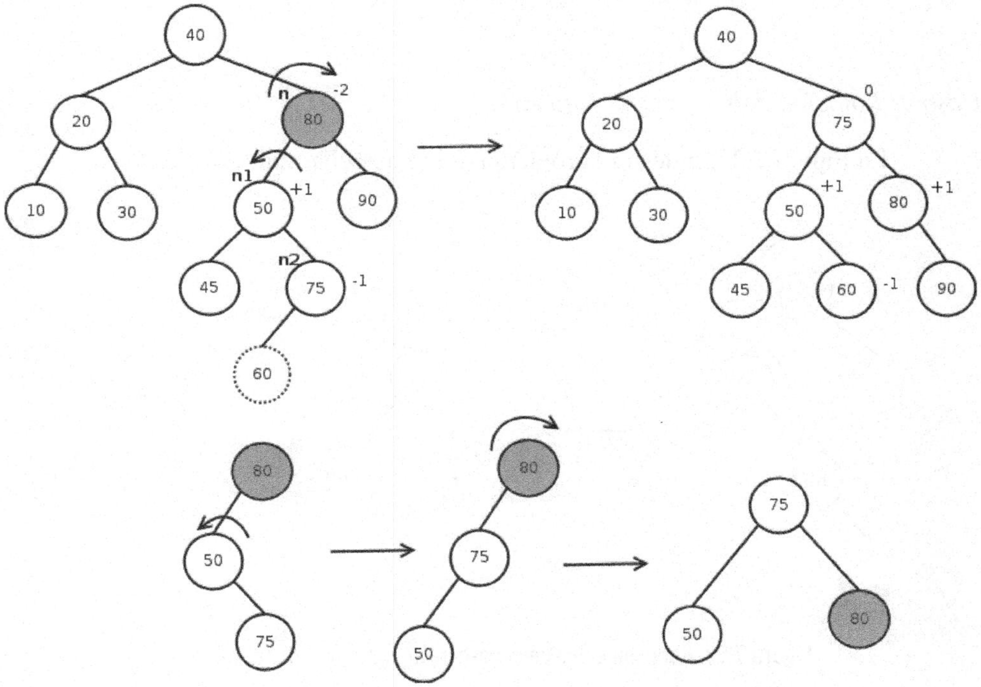

Figura 7.22. Rotación doble izquierda-derecha para arreglar el caso 4

En el caso de la rotación *izquierda-derecha*, los movimientos de enlace para realizar la rotación son:

```
n1.derecho=n2.izquierdo
n2.izquierdo=n1
n.izquierdo=n2.derecho
n2.derecho=n
n=n2
```

Los factores de equilibrio de los nodos implicados en la rotación *izquierda-derecha* dependen del factor de equilibrio, antes de la inserción, del nodo apuntado por *n*2, según esta tabla:

Tabla 7.1. Factor de equilibrio		
*n*2.*fe* = −1	*n*2.*fe* = 0	*n*2.*fe* = 1
n.*fe*=1	0	0
*n*1.*fe* = 0	0	−1
*n*2.*fe* = 0	0	0

Caso 4: Rotación doble derecha-izquierda

La Figura 7.23, muestra la rotación doble derecha-izquierda (caso 4).

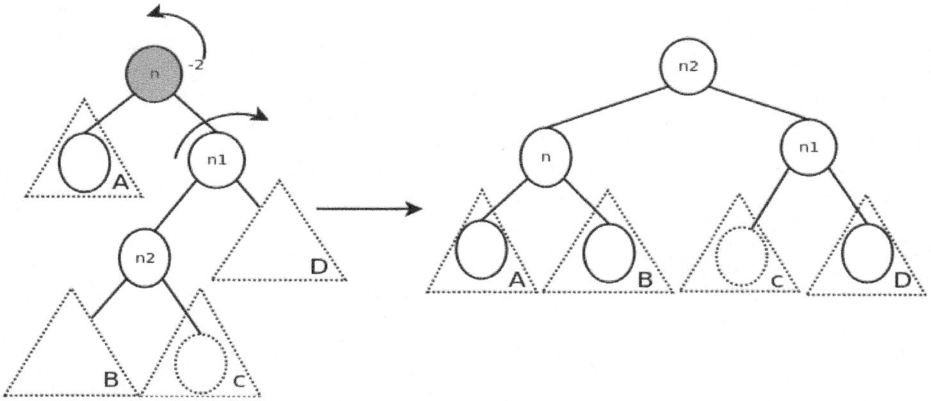

Figura 7.23. Rotación doble derecha-derecha para arreglar el caso 4

Los movimientos de los enlaces para realizar la rotación derecha-izquierda (observar la simetría de los movimientos) son:

```
n1.izquierdo=n2.derecho
n2.derecho=n1
n.derecho=n2.izquierdo
n2.izquierdo=n
n=n2
```

Los factores de equilibrio de los nodos implicados en la rotación derecha-izquierda también dependen del factor de equilibrio del nodo *n*2, según la tabla:

Tabla 7.2. Factor de equilibrio		
*n*2.*fe*=−1	*n*2.*fe*=0	*n*2.*fe*=1
n.*fe*=0	0	−1
*n*1.*fe*=1	0	0
*n*2.*fe*=0	0	0

La complejidad de inserción de una clave en un árbol de búsqueda AVL es $O(Logn)$.

7.8.5 Borrado de un nodo en un árbol equilibrado

Esta operación elimina un nodo, con cierta clave, de un árbol de búsqueda equilibrado; el árbol resultante debe *seguir siendo equilibrado*. En el algoritmo de borrado lo primero que se hace es buscar el nodo con la clave a eliminar, para ellos se sigue el camino de búsqueda. A continuación, se procede a eliminar el nodo. Se distinguen dos casos:

1. El nodo a eliminar es un nodo *hoja*, ó con un *único descendiente*. Entonces, simplemente se suprime, o bien se sustituye por su descendiente.

2. El nodo a eliminar tiene *dos subárboles*. Se procede a buscar el nodo más a la derecha del subárbol izquierdo, es decir, el de mayor clave en el subárbol de claves menores; éste se copia en el nodo a eliminar y, por último se retira el nodo copiado.

Una vez eliminado el nodo, el algoritmo tiene que prever la actualización de los factores de equilibrio de los nodos que han formado el *camino de búsqueda*, ya que la altura de alguna de las dos ramas ha disminuido. Por consiguiente se regresa por los nodos del camino, hacia la raíz, calculando el factor de equilibrio. No siempre es necesario recorrer todo el camino de regreso. Cuando el factor de equilibrio de algún nodo es +2 o −2, se viola la condición de equilibrio y se debe restaurar la condición de equilibrio mediante las rotaciones simple o doble. El tipo específico de rotación depende del *fe* del nodo problema, apuntado por *n*, y del nodo descendiente *n*1:

- Si $n.fe == +2$, entonces $n1$ es su hijo derecho, de tal forma que si $n1.fe >= 0$ la rotación a aplicar es derecha-derecha. Y si $n1.fe == -1$, la rotación a aplicar es derecha-izquierda.

- De forma simétrica, si $n.fe == -2$, entonces $n1$ es su hijo izquierdo, de tal forma que si $n1.fe <= 0$, la rotación a aplicar es izquierda-izquierda. Y si $n1.fe == +1$, la rotación a aplicar es izquierda-derecha.

En el proceso de eliminar una clave una vez que se aplica una rotación, la altura del subárbol puede disminuir, por ello el proceso de actualización del fe debe continuar, ya que otro nodo del camino hacia la raíz puede que viole la condición de equilibrio y sea necesario aplicar otra rotación. La Figura 7.24 muestra el árbol de búsqueda después de haber eliminado la clave 21; con la actualización del factor de equilibrio, el nodo 43 está desequilibrado, hay que aplicar una rotación *derecha-derecha*. La figura c) muestra el árbol después de la rotación y la posterior actualización del factor de equilibrio del nodo 70, que también exige aplicar otra rotación, en este caso, *derecha- izquierda*. La parte d) de la figura muestra el árbol equilibrado después de la última rotación y finalización del algoritmo.

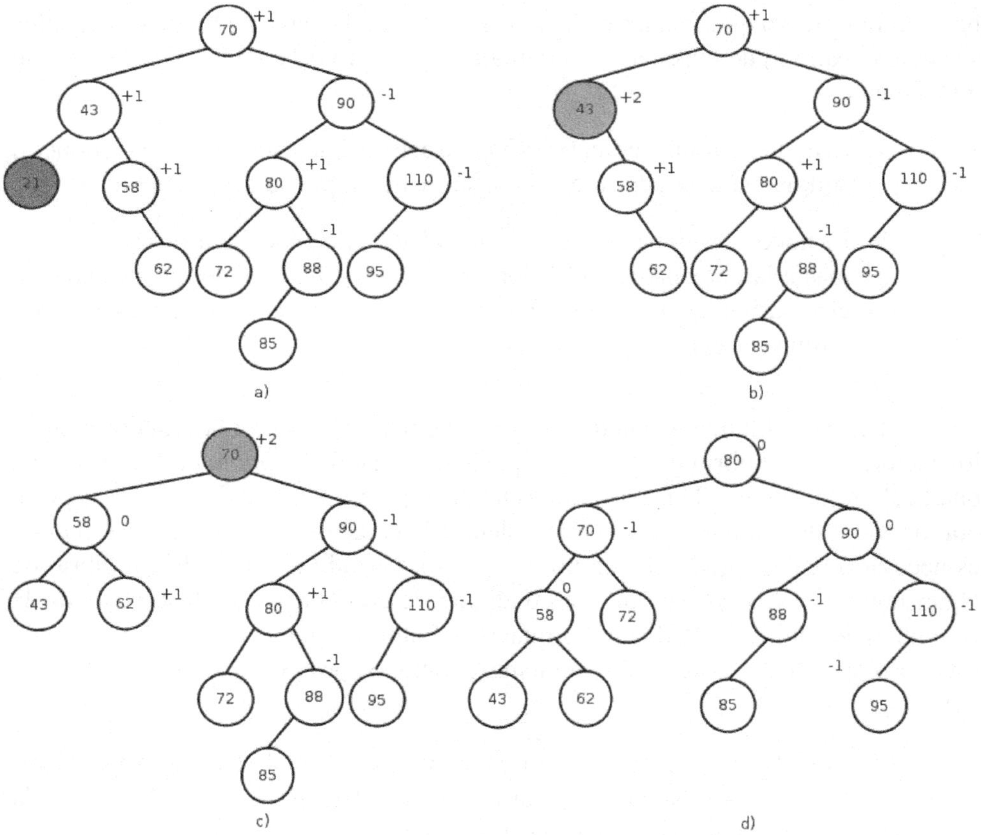

Figura 7.24. a) Árbol de búsqueda equilibrado; b) Árbol después de eliminar el nodo 21; c) Árbol una vez realizada la rotación derecha-derecha; d) Árbol después de la nueva rotación derecha- izquierda

El algoritmo de borrado de una clave en un árbol de búsqueda AVL puede necesitar más de una rotación para que el árbol resultante siga siendo equilibrado. La complejidad de toda la operación es logarítmica.

Implementación del Árbol AVL

A continuación se muestra el TAD del árbol AVL y su implementación en Java. Sus operaciones fundamentales son:

- *Inserción de un nodo*. Crea un nodo con su dato asociado y lo añade, en orden al árbol. Si el árbol se des-balancea se debe recuperar la condición de equilibrio.
- *Búsqueda de un nodo*. Devuelve la referencia al nodo del árbol o null.
- *Borrado de un nodo*. Busca el nodo del árbol que contiene el dato y lo quita. El árbol debe seguir siendo de búsqueda y debe recuperar su condición de equilibrio.
- *Recorrido de un árbol*. Los mismos recorridos de un árbol binario: anchura, preorden, inorden y postorden.
- *Imprimir árbol*: imprime por consola la estructura del árbol.

```java
package arboles.avl.modelo;
public class ArbolAVL {
    //Atributo
    private Nodo raiz;
    //Metodos
    public ArbolAVL() {
        raiz=null;
    }

    public Nodo getRaiz(){
        return raiz;
    }
    /**
     * ROTACIONES
     */
    /**
     * Rotacion simple: Izquierda-Izquierda
     */
    private Nodo rotacionII(Nodo n, Nodo n1){
        n.setIzquierdo(n1.getDerecho());
        n1.setDerecho(n);
        //Actualizacion de los factores de equilibrio
        if (n1.getFe()==-1)//Se cumple en la insercion
        {
```

```
            n.setFe(0);
            n1.setFe(0);
        }else{
            n.setFe(-1);
            n1.setFe(1);
        }
        return n1;
    }
    /**
     * Rotacion simple: Derecha-Derecha
     * @param n referencia al nodo problema con fe +2
     * @param n1 referencia al nodo de su rama derecha
     * @return
     */
    private Nodo rotacionDD(Nodo n, Nodo n1){
        n.setDerecho(n1.getIzquierdo());
        n1.setIzquierdo(n);
        //Actualizacion de los factores de equilibrio
        if(n1.getFe() == +1)//Se cumple en la insercion
        {
            n.setFe(0);
            n1.setFe(0);
        }else{
            n.setFe(+1);
            n1.setFe(-1);
        }
        return n1;
    }
    /**
     * Rotacion doble: Izquierda-Derecha
     * @param n referencia al nodo problema con fe -2
     * @param n1 referencia al nodo de su rama izquierda
     * @return
     */

    private Nodo rotacionID(Nodo n, Nodo n1){
        Nodo n2;
        n2 = (Nodo)n1.getDerecho();
        n.setIzquierdo(n2.getDerecho());
        n2.setDerecho(n);
        n1.setDerecho(n2.getIzquierdo());
        n2.setIzquierdo(n1);
        //Actualizacion de los factores de equilibrio
        if(n2.getFe()==+1)
            n1.setFe(-1);
        else
            n1.setFe(0);
        if(n2.getFe()==-1)
            n.setFe(1);
        else
            n.setFe(0);
        n2.setFe(0);
        return n2;
```

```
    }
    /**
     * Rotacion doble: Derecha-Izquierda
     * @param n nodo problema
     * @param n1 descendiente por la rama desequilibrada
     * @return
     */
    private Nodo rotacionDI(Nodo n, Nodo n1){
        Nodo n2;
        n2 = (Nodo)n1.getIzquierdo();
        n.setDerecho(n2.getIzquierdo());
        n2.setIzquierdo(n);
        n1.setIzquierdo(n2.getDerecho());
        n2.setDerecho(n1);
        //Actualizacion de los factores de equilibrio
        if(n2.getFe()==+1)
            n.setFe(-1);
        else
            n.setFe(0);
        if(n2.getFe()==-1)
            n1.setFe(1);
        else
            n1.setFe(0);
        n2.setFe(0);
        return n2;
    }
    /**
     * Inserta un elemento en el arbol avl, llama al metodo recursivo insertarAvl
     * @param valor valor a insertar
     * @throws Exception
     */
    public void insertar(Object valor) throws Exception{
        Comparable dato;
        Logical h = new Logical(false);//intercambio un valor booleano
        dato = (Comparable)valor;
        raiz = insertarAvl(raiz, dato, h);
    }
    /**
     * Metodo recursivo
     * @param raiz, raiz
     * @param dt dato
     * @param h
     * @return Nodo
     * @throws Exception
     */
    private Nodo insertarAvl(Nodo raiz, Comparable dt, Logical h) throws Exception{
        Nodo n1;
        if (raiz == null){
            raiz = new Nodo(dt);
            h.setLogical(true);
```

```

        }
        else if (dt.esMenor(raiz.getValor())){
            Nodo iz;
            iz = insertarAvl((Nodo) raiz.getIzquierdo(), dt, h);
            raiz.setIzquierdo(iz);
            //regreso por los nodos del camino de busqueda
            if(h.booleanValue()){
                //decrementa el fe por aumentar la altura de rama izquireda
                switch(raiz.getFe()){
                case 1:
                    raiz.setFe(0);
                    h.setLogical(false);
                    break;
                case 0:
                    raiz.setFe(-1);
                    break;
                case -1://aplicar rotacion a la izquierda
                    n1 = (Nodo)raiz.getIzquierdo();
                    if(n1.getFe()==-1)
                        raiz = rotacionII(raiz, n1);
                    else
                        raiz = rotacionID(raiz, n1);
                    h.setLogical(false);
                }
            }
        }
        else if (dt.esMayor(raiz.getValor())){
            Nodo dr;
            dr = insertarAvl((Nodo) raiz.getDerecho(), dt, h);
            raiz.setDerecho(dr);
            //regreso por los nodos del camino de busqueda
            if(h.booleanValue()){
                //incrementa el fe por aumentar la altura de rama izquireda
                switch(raiz.getFe()){
                case 1://aplicar rotacion a la derecha
                    n1 = (Nodo) raiz.getDerecho();
                    if(n1.getFe() == +1)
                        raiz = rotacionDD(raiz, n1);
                    else
                        raiz = rotacionDI(raiz, n1);
                    h.setLogical(false);
                    break;
                case 0:
                    raiz.setFe(+1);
                    break;
                case -1:
                    raiz.setFe(0);
                    h.setLogical(false);
                }
            }
```

```
        }
        else
            throw new Exception("No pueden haber claves repetidas");
        return raiz;
    }
    /**
     * Elimina un nodo del arbol avl
     * @param valor valor a eliminar
     * @throws Exception
     */

    public void eliminar (Object valor) throws Exception{
        Comparable dato;
        dato = (Comparable) valor;
        Logical flag = new Logical(false);
        raiz = borrarAvl(raiz, dato, flag);
    }
    /**
     * Metodo recursivo para eliminar un nodo
     * @param r nodo raiz
     * @param clave elemento clave a borrar
     * @param cambiaAltura tipo Logical
     * @return
     * @throws Exception
     */
    private Nodo borrarAvl(Nodo r, Comparable clave, Logical cambiaAltura) throws Exception{
        if (r==null){
            throw new Exception("Nodo no encontrado");
        }
        else if(clave.esMenor(r.getValor())){
            Nodo iz;
            iz = borrarAvl((Nodo) r.getIzquierdo(), clave, cambiaAltura);
            r.setIzquierdo(iz);
            if(cambiaAltura.booleanValue())
                r = equilibrar1(r, cambiaAltura);
        }
        else if(clave.esMayor(r.getValor())){
            Nodo dr;
            dr = borrarAvl((Nodo) r.getDerecho(), clave, cambiaAltura);
            r.setDerecho(dr);
            if (cambiaAltura.booleanValue())
                r = equilibrar2(r, cambiaAltura);
        }
        else//Nodo encontrado
        {
            Nodo q;
            q = r;//Nodo a quitar del arbol
            if(q.getIzquierdo() == null){
```

```
                r = (Nodo) q.getDerecho();
                cambiaAltura.setLogical(true);
            }
            else if (q.getDerecho() == null){
                r = (Nodo) q.getIzquierdo();
                cambiaAltura.setLogical(true);
            }
            else{
                //tiene rama izquierda y derecha
                Nodo iz;
                iz = reemplazar(r, (Nodo) r.getIzquierdo(),
                    cambiaAltura);
                r.setIzquierdo(iz);
                if (cambiaAltura.booleanValue())
                    r = equilibrar1(r, cambiaAltura);
            }

            q = null;
        }
        return r;
    }
    /**
     * Reemplaza el nodo a eliminar por el nodo mas a la izquierda
        del hijo derecho
     * @param n nodoa reemplazar
     * @param act dato a actualizar
     * @param cambiaAltura
     * @return
     */
    private Nodo reemplazar(Nodo n, Nodo act, Logical cambiaAltura)
        {
        if(act.getDerecho() == null){
            Nodo d;
            d = reemplazar(n, (Nodo)act.getDerecho(), cambiaAltura)
                ;
            act.setDerecho(d);
            if (cambiaAltura.booleanValue())
                act = equilibrar2(act, cambiaAltura);
        }else{
            n.setValor(act.getValor());
            n = act;
            act = (Nodo) act.getIzquierdo();
            n = null;
            cambiaAltura.setLogical(true);
        }
        return act;
    }
    //Equilibra el arbol
    private Nodo equilibrar1(Nodo n, Logical cambiaAltura){
        Nodo n1;
        switch(n.getFe()){
        case -1:
            n.setFe(0);
```

```
                break;
            case 0:
                n.setFe(1);
                cambiaAltura.setLogical(false);
                break;
            case +1:
                //Se aplica un tipo de rotacion derecha
                n1 = (Nodo) n.getDerecho();
                if(n1.getFe()>=0){
                    if(n1.getFe()==0)//La altura no vuelve a disminuir
                        cambiaAltura.setLogical(false);
                    n = rotacionDD(n, n1);
                }
                else
                    n = rotacionDI(n, n1);
                break;
            }
            return n;
        }
        //Equilibra el arbol
        private Nodo equilibrar2(Nodo n, Logical cambiaAltura){
            Nodo n1;
            switch(n.getFe()){
            case -1:
                //Se aplica un tipo de rotacion izquierda
                n1 = (Nodo) n.getIzquierdo();
                if(n1.getFe()<=0){
                    if (n1.getFe()==0)
                        cambiaAltura.setLogical(false);
                    n = rotacionDD(n, n1);
                }
                else
                    n = rotacionID(n, n1);
                break;
            case 0:
                n.setFe(-1);
                cambiaAltura.setLogical(false);
                break;
            case +1:
                n.setFe(0);
                break;
            }
            return n;
        }
        //Recorridos
        public void preorden() {
            preorden(raiz);
        }
        private void preorden(Nodo aux) {
            if (aux != null) {
                visitar(aux);
                preorden(aux.getIzquierdo());
                preorden(aux.getDerecho());
```

```
            }
        }
        /**
         * Invoca al metodo recursivo
         */
        public void inorden() {
            inorden(raiz);
        }
        /**
         * Metodo recursivo de entre-orden
         *
         * @param aux referencia a un nodo
         */
        private void inorden(Nodo aux) {
            if (aux != null) {
                inorden(aux.getIzquierdo());
                visitar(aux);
                inorden(aux.getDerecho());
            }
        }

        /**
         * Invoca al metodo recursivo
         */
        public void postorden() {
            postorden(raiz);
        }

        /**
         * Metodo recursivo post-orden
         *
         * @param aux referencia a un nodo
         */
        private void postorden(Nodo aux) {
            if (aux != null) {
                postorden(aux.getIzquierdo());
                postorden(aux.getDerecho());
                visitar(aux);
            }
        }
        private void visitar(Nodo aux) {
            System.out.print(aux.getValor() + " ");
        }

}
```

```
package arboles.avl.modelo;
/**
 * Representa un nodo que contiene tres campos: valor, izquierdo,
   derecho y factor de equilibrio
 */
public class Nodo {
```

```
    //Atributos
    private Comparable valor;
    private Nodo izquierdo;
    private Nodo derecho;
    private int fe;//factor equilibrio
    //Metodos
    public Nodo() {
        valor = null;
        izquierdo = null;
        derecho = null;
        fe=0;
    }

    public Nodo(Comparable valor) {
        this.valor = valor;
        izquierdo = null;
        derecho = null;
        fe=0;
    }

    public int getFe() {
        return fe;
    }

    public void setFe(int fe) {
        this.fe = fe;
    }

    public Comparable getValor() {
        return valor;
    }

    public void setValor(Comparable valor) {
        this.valor = valor;
    }

    public Nodo getIzquierdo() {
        return izquierdo;
    }

    public Nodo getDerecho() {
        return derecho;
    }

    public void setIzquierdo(Nodo izquierdo) {
        this.izquierdo = izquierdo;
    }

    public void setDerecho(Nodo derecho) {
        this.derecho = derecho;
    }
}
```

```
package arboles.avl.modelo;
//Determina si se debe cambiar la altura a un nodo. Es utilizado
    por la clase ArbolAVL
public class Logical {
    boolean v;
    public Logical (boolean f){
        v=f;
    }
    public void setLogical(boolean f){
        v = f;
    }
    public boolean booleanValue(){
        return v;
    }
}
```

```
package arboles.modelo;
//Interfaz comparable
public interface Comparable {
    public boolean esMenor(Object q);
    public boolean esMayor(Object q);
    public boolean esIgual(Object q);
}
```

```
package arboles.avl.modelo;
public class Entero implements Comparable{
    private int dato;
    public Entero(int dato){
        this.dato = dato;
    }
    public Entero(){
        this(0);
    }

    public int getDato() {
        return dato;
    }
    public void setDato(int dato) {
        this.dato = dato;
    }
    public boolean esIgual(Object q){
        Entero obj = (Entero)q;
        return (dato == obj.getDato());
    }

    public boolean esMenor(Object q){
        Entero obj = (Entero)q;
        return (dato < obj.getDato());
    }

```

```
    public boolean esMayor(Object q){
        Entero obj = (Entero)q;
        return (dato > obj.getDato());
    }
    public String toString(){
        return "" + dato;
    }
}
```

Ahora el programa cliente para probar un árbol avl y sus operaciones de insertar y eliminar:

```
package arboles.avl.test;

import arboles.modelo.ArbolAVL;
import arboles.modelo.BTreePrinter;
import arboles.modelo.Entero;

public class ClienteMainAVL {

    public static void main(String[] args) {
        ArbolAVL abo = new ArbolAVL();

        try{
            // Se insertan datos
            abo.insertar(new Entero(2));
            abo.insertar(new Entero(1));
            abo.insertar(new Entero(4));

            abo.insertar(new Entero(5));
            abo.insertar(new Entero(9));
            abo.insertar(new Entero(3));
            abo.insertar(new Entero(6));
            abo.insertar(new Entero(7));

            BTreePrinter.printNode(abo.getRaiz());
            System.out.println("Despues de la eliminacion:");
            abo.eliminar(new Entero(9));
            BTreePrinter.printNode(abo.getRaiz());
        }
        catch(Exception e)
        {
            System.out.println("Error:" + e.getMessage());

        }
        System.out.println("Recorrido inorden:");
        abo.inorden();
    }
}
```

La salida por consola sería la siguiente:

```
         4
        / \
       /   \
      /     \
     /       \
    2         6
   / \       / \
  /   \     /   \
 1     3   5     9
                /
               7

Despues de la eliminacion:
   4
  / \
 /   \
 2   6
/ \ / \
1 3 5 7

Recorrido inorden:
1 2 3 4 5 6 7
```

7.9 ÁRBOLES N-ARIOS

En este capítulo se estudian las estructuras recursivas de datos denominadas árboles n-arios, que corresponden a una generalización del concepto de árbol binario. La diferencia radica en que esta nueva estructura puede manejar **múltiples subárboles** asociados con cada elemento, y no solamente dos, como en el caso de los árboles binarios. Este tipo de estructura se utiliza para modelar jerarquías con una relación 1 a N entre un grupo de elementos. En particular, se estudian los árboles 2-3, cuadtrees, tries.

Considere el caso de una fábrica, en la cual se quiere hacer el modelaje de un automóvil en términos de sus componentes: cada pieza debe estar relacionada con todos los elementos que la constituyen, como se sugiere en la Figura 7.25. Fíjese que es insuficiente un árbol binario para manejar este tipo de estructuras, ya que el número de hijos no se puede restringir a dos [4].

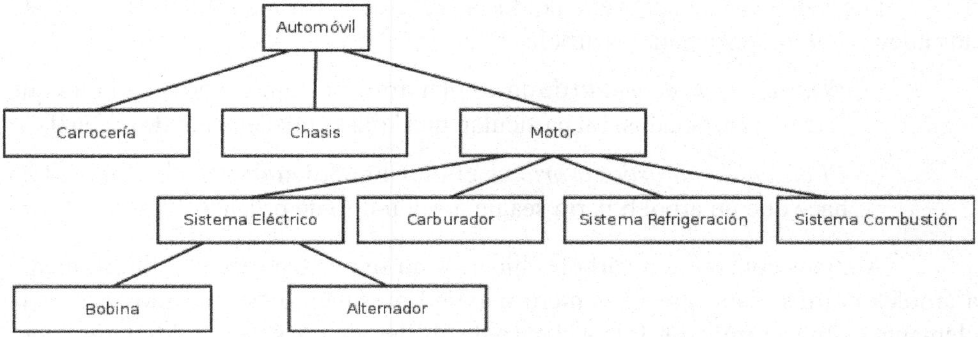

Figura 7.25. Modelaje de la relación pieza - componente

7.9.1 Definiciones y conceptos básicos

Un árbol n-ario es una estructura recursiva, en la cual cada elemento tiene un número cualquiera de árboles n-arios asociados. En la Figura 7.26 se muestra el formalismo gráfico escogido para representar este objeto abstracto. En él se hace explícita la raíz, y cada uno de los n subárboles que tiene asociados [4].

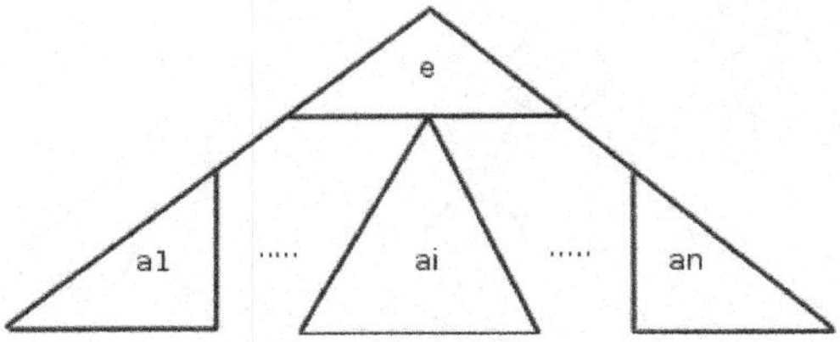

Figura 7.26. Formalismo para árboles n-arios

En general, los conceptos estudiados en el capítulo anterior, relacionados con árboles binarios, se pueden extender sin ningún problema a árboles n-arios. Tal es el caso de las definiciones de padre, hijo, hermano, nivel, altura, peso, camino, etc. Solo vale la pena hacer algunas precisiones en el caso de los recorridos, sobre todo en lo que respecta al inorden, puesto que no es claro en qué punto del proceso se debe visitar la raíz.

Los recorridos principales son (tener en cuenta la Figura 7.26):

- Inorden(a) = inorden(a1), e, inorden(a2), ..., inorden(an).
- Preorden(a) = e, preorden(a1), ..., preorden(an).
- Postorden(a) = postorden(a1), ..., postorden(an), e.

Fuera de los conceptos extendidos a partir de los árboles binarios, se tienen dos nuevas definiciones para los árboles n-arios:

- *El orden de un elemento* de un árbol n-ario es el número de subárboles que éste tiene asociados. En particular, una hoja es un elemento de orden 0.
- *El orden de un árbol n-ario* es el máximo orden de sus elementos. Eso hace que un árbol binario sea un árbol n-ario de orden 2.

Algunos conceptos de árboles binarios no se pueden extender directamente a árboles n-arios, dado que el número máximo de subárboles asociados con cada elemento es indeterminado. Tal es el caso de las definiciones de árbol binario lleno, casi lleno y completo, en las cuales se debe restringir la noción respectiva a un orden dado en el árbol n-ario. Por ejemplo, se puede hablar de un árbol 4-ario lleno, pero no de un árbol n-ario lleno.

EJEMPLO 7.4

Para el árbol n-ario de la Figura:

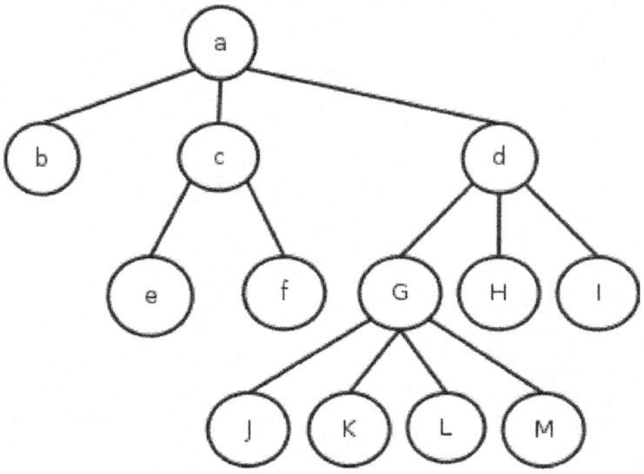

Figura 7.27. Ejemplo árbol n-ario

- El orden del árbol es 4.
- El orden del elemento a es 3.
- Preorden = a, b, c, e, f, d, g, j, k, l, m, h, i.
- Inorden = b, a, e, c, f, j, g, k, l, m, d, h, i.
- postorden = b, e, f, c, j, k, l, m, g, h, i, d, a.
- Niveles = a, b, c, d, e, f, g, h, i, j, k, l, m.
- Altura = 4.
- Peso = 13.
- Los hijos de g son los elementos j, k, l, m.
- El ancestro común más próximo de k y h es d.

7.9.2 El TAD ARBOLN

La diferencia básica en las operaciones de los TAD Árbol binario y ArbolN es que en lugar de dos operaciones analizadoras para retornar el subárbol izquierdo y el subárbol derecho (utilizadas en el TAD Árbol binario), se va a definir una *única operación* que retorna la lista de todos los subárboles asociados con un elemento. Por esta razón, los algoritmos de manejo de árboles n-arios deben utilizar las operaciones del **TAD Lista** para desplazarse sobre los hijos de cada uno de sus componentes.

Operaciones:

- *Crear()*: Crea un árbol n-ario vacío (Constructor).
- *getHijos()*: Retorna la lista de subárboles asociados.
- getRaiz(). Retorna la raíz del árbol.
- *VacioArbolN()*: Informa si el árbol es vacío.
- *AgregarNodo(Nodo padre, Nodo nuevo)*: Agrega el nodo nuevo como último subárbol de padre.
- *EliminarNodo(Nodo a, int i)*: Desasocia el i-ésimo subárbol de a.
- *DestruirArbolN()*: Destruye un árbol n-ario, retornando toda la memoria ocupada en su representación.
- *NodoArbolN buscarNodoArbolN(Object buscado)*: busca un elemento en el árbol n-ario. Puesto que no existe ninguna relación de orden entre los elementos de la estructura, se debe buscar recursivamente en cada uno de los subárboles presentes. Eso hace que la complejidad del algoritmo sea $O(n)$, donde n es el peso del árbol.

7.9.3 Alternativas de implementación del TAD ArbolN

De todas las estructuras de datos posibles para representar internamente un árbol n-ario, se muestran en esta parte cuatro de las más difundidas. El problema de la representación se limita a la forma de simular un *número variable de subárboles*: si dicho valor es fijo y conocido (Ej. un árbol 4-ario), se pueden utilizar muchas de las representaciones similares a los árboles binarios, con mínimos ajustes.

Vector de tamaño fijo

Puesto que se desconoce a priori el número de subárboles que va a tener cada elemento de la estructura, se debe reservar para cada uno de ellos un vector de referencias de un *tamaño dado M* y almacenar en cada posición la dirección de uno de sus subárboles. Si el orden del elemento es menor que el espacio reservado, se debe colocar el valor NULL en las casillas sobrantes.

EJEMPLO 7.5

Para el árbol de la siguiente Figura:

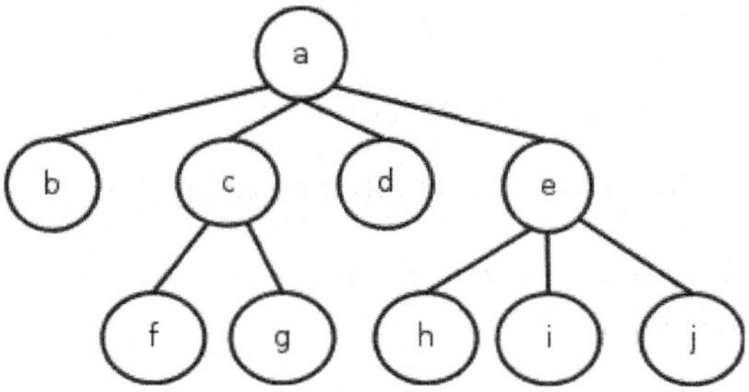

Figura 7.28. Ejemplo árbol n-ario

Las estructuras de datos para M = 5 son:

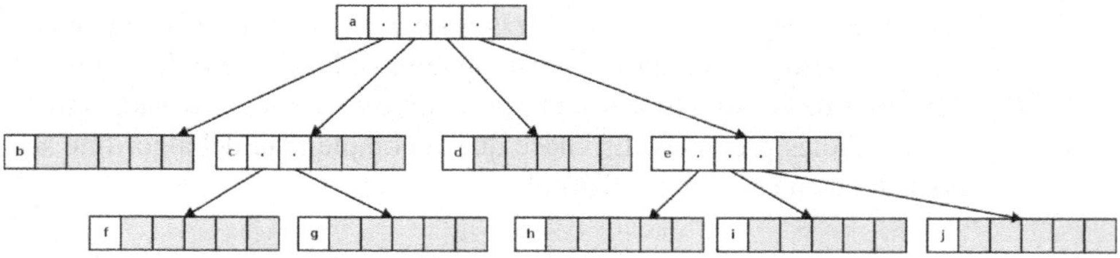

Figura 7.29. Ejemplo estructura de datos árbol n-ario

El siguiente código muestra cómo sería el Nodo del árbol n-ario utilizando un vector de tamaño fijo:

```
public class NodoArbolN
{
    proteected Object info;
    protected NodoArbolN hijos[];
    public NodoArbolN(){
        hijos = new NodoArbolN[5];
    }
}
```

La operación que retorna una lista con los subárboles de un nodo, debe recorrer el vector de hijos e irlos agregando a la lista de respuesta. Termina cuando ha recorrido todo el vector o cuando encuentra un subárbol vacío:

```
public Lista subArbolN( NodoArbolN a )
{
    Lista lst = new Lista();
    for(int i = 0; i < M && a.hijos[ i ] != NULL; i++ )
        lst.add(a.getHijos[ i ] );
    return lst;
}
```

Hijo izquierdo - hermano derecho

En esta implementación, cada elemento del árbol guarda únicamente información de su hijo izquierdo y de su hermano derecho. De esta forma, es posible tener acceso a toda la estructura.

EJEMPLO 7.6

Para el árbol de la Figura:

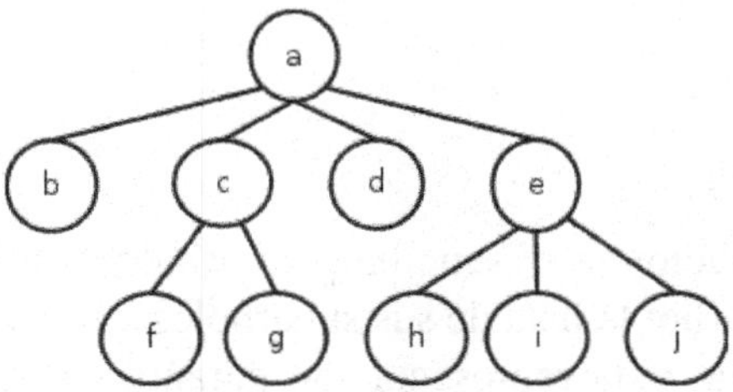

Figura 7.30. Ejemplo árbol n-ario

Las estructuras de datos que lo representan bajo el esquema hijo izquierdo - hermano derecho son:

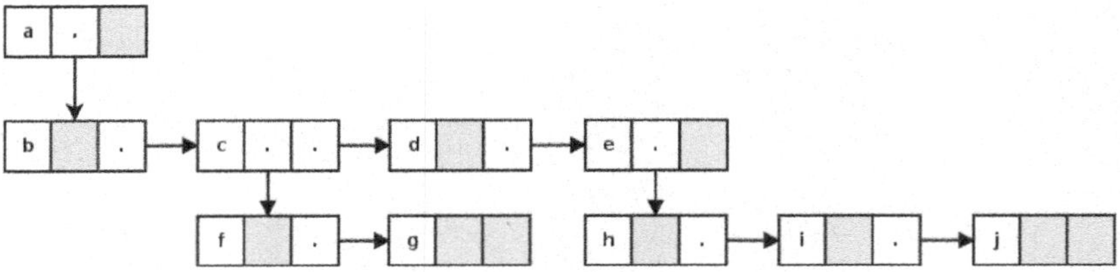

Figura 7.31. Ejemplo árbol n-ario

Este esquema de representación es muy flexible, puesto que no restringe el número de subárboles que puede tener asociados un elemento. A continuación se muestra una implementación en Java con esta técnica.

```
public class NodoArbolN
{
    protected Object info;
    protected NodoArbolN hijo; /* Encadenamiento al hijo
        izquierdo */
    protected NodoArbolN hermano; /* Encadenamiento al hermano
        derecho */
}
```

La operación que retorna una lista con los subárboles asociados debe bajar por el apuntador del hijo izquierdo, y hacer un recorrido siguiendo el encadenamiento del hermano derecho. Cada elemento encontrado se va adicionando a la lista de respuesta:

```
public Lista subArbolN( NodoArbolN a )
{
    NodoArbolN aux;
    Lista lst = new Lista( );
    for( aux = a.hijo; aux != NULL; aux = aux.hermano )
        lst.add(aux);
    return lst;
}
```

Lista de hijos

Una implementación muy sencilla para árboles n-arios consiste en asociar con cada elemento del árbol la lista de sus subárboles, utilizando para ello un objeto abstracto del TAD Lista. Esta representación garantiza una mayor independencia entre la implementación del árbol y la forma de almacenar y manejar los subárboles asociados con cada elemento. La declaración de las estructuras de datos para esta representación es la siguiente:

```
public class NodoArbolN
{
    protected Object info;
    protected Lista hijos; /* Lista de nodos hijos */
}
```

La operación que retorna una lista con los subárboles asociados es:

```
public Lista subArbolN( NodoArbolN a )
{
    Lista lst = new Lista( );
    for( int i=0; i<!a.hijos.getTamanio(); i++ )
        lst.add(a.hijos.getValor( i ) );
    return lst;
}
```

Un recorrido inorden, utilizando una lista de hijos, sería de la siguiente manera:

```
public void inordenArbolN(NodoArbolN aux){
    if (aux != null) {
        Lista<NodoArbolN> lst = aux.getHijos();
        // Si no tiene hijos
        if (lst.getTamanio() == 0)
            visitar(aux);
        else {
            // Si tiene hijos
            inordenArbolN(lst.getValor(0));// IZQUIERDO
            visitar(aux);// RAIZ
            for (int i = 1; i < lst.getTamanio(); i++)// DERECHO
                inordenArbolN(lst.getValor(i));
        }
    }
}
```

7.9.4 Implementación del TAD ArbolN

En esta sección se muestra la implementación en java del TAD ARBOLN utilizando una lista de hijos. La Figura 7.32 ilustra el diagrama de clases respectivo. Se muestra las dos clases más importantes, *NodoArbolN* que representa un nodo del árbol y *ArbolN* que representa el árbol n-ario como tal. *ArbolN* posee un atributo llamado *raiz* de tipo *NodoArbolN*.

Ahora se muestra la implementación completa en Java.

```
package arboln.modelo;
import listas.modelo.Lista;//la misma implementacion del capitulo
    de listas
//Representa un nodo de un arbol n-ario. Utiliza una lista de hijos
public class NodoArbolN {
    //Atributos
    //Valor del nodo
    private Comparable valor;
    //Lista de hijos
```

```java
    private Lista<NodoArbolN> hijos;

    //Metodos
    public NodoArbolN() {
        hijos = new Lista<NodoArbolN>();
    }

```

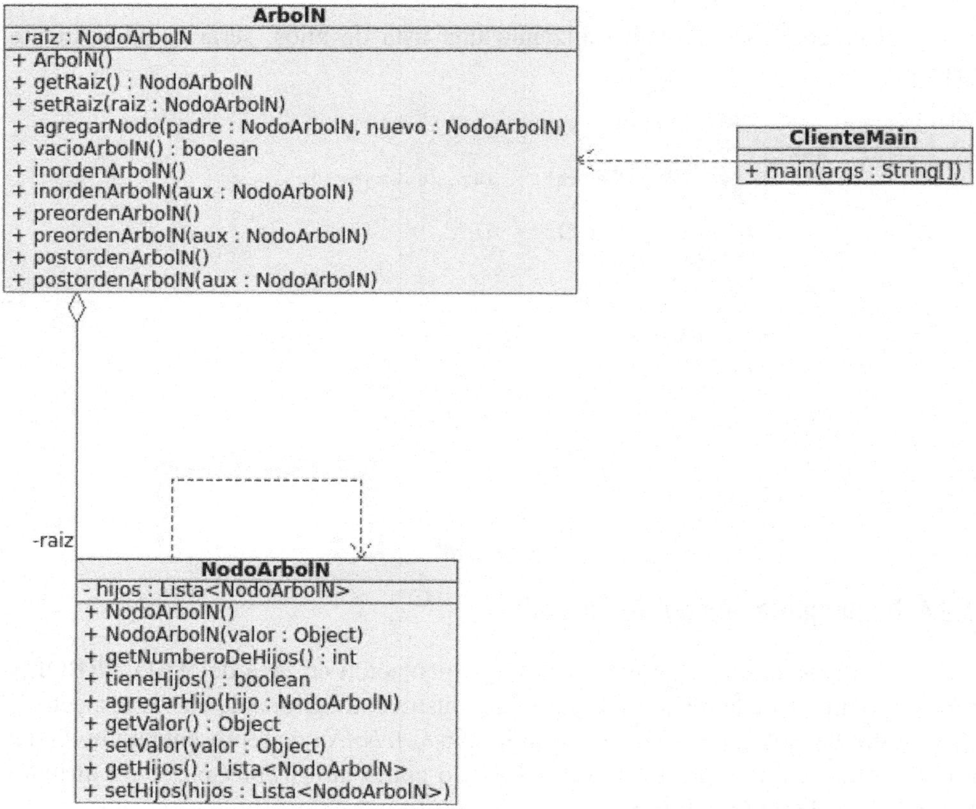

Figura 7.32. Diagrama de clases para un árbol n-ario utilizando lista de hijos

```java
    public NodoArbolN(Comparable valor) {
        this.valor = valor;
        hijos = new Lista<NodoArbolN>();
    }

    public int getNumberoDeHijos() {
        return hijos.getTamanio();
    }

```

```
    public boolean tieneHijos() {
        return (getNumberoDeHijos() > 0);
    }

    public void agregarHijo(NodoArbolN hijo) {
        hijos.agregar(hijo);
    }

    public Comparable getValor() {
        return valor;
    }

    public void setValor(Comparable valor) {
        this.valor = valor;
    }

    public Lista<NodoArbolN> getHijos() {
        return hijos;
    }

    public void setHijos(Lista<NodoArbolN> hijos) {
        this.hijos = hijos;
    }

    public String toString() {
        return "" + valor;
    }
    /**
     *
     */
    public void print() {
        print("", true);
    }

    /**
     * Imprime por consola el arbol n-ario Fuente:
     * http://stackoverflow.com/questions
     * /4965335/how-to-print-binary-tree-diagram
     *
     * @param prefix
     * @param isTail
     */



    private void print(String prefix, boolean isTail) {
        System.out.println(prefix + (isTail ? "└── " : "├── ") + valor
            );
        try {

            if (hijos != null) {
                for (int i = 0; i < hijos.getTamanio() - 1; i++) {
                    hijos.getValor(i).print(
```

```
                              prefix + (isTail ? "    " : "|   "),
                                  false);
                    }
                    if (hijos.getTamanio() >= 1) {
                        hijos.getValor(hijos.getTamanio() - 1).print(
                              prefix + (isTail ? "    " : "|   "),
                                  true);
                    }
                }
            } catch (Exception e) {
                System.out.println(e.getMessage());
            }
    }
}
```

```
package arboln.modelo;

import listas.modelo.Lista;
import listas.modelo.PosicionIlegalException;
//Representa el arbol n-ario
public class ArbolN {
    //Atributos
    //raiz del árbol
    private NodoArbolN raiz;
    //metodos
    public ArbolN() {
        raiz = null;
    }

    public NodoArbolN getRaiz() {
        return raiz;
    }

    public void setRaiz(NodoArbolN raiz) {
        this.raiz = raiz;
    }

    public void agregarNodo(NodoArbolN padre, NodoArbolN nuevo) {

        padre.agregarHijo(nuevo);
    }

    public boolean vacioArbolN() {
        return raiz == null;
    }

    //Recorrido inorden
    public void inordenArbolN() throws PosicionIlegalException {
        inordenArbolN(raiz);
    }
    //Metodo recursivo
    private void inordenArbolN(NodoArbolN aux) throws
        PosicionIlegalException {
```

```
        if (aux != null) {
            Lista<NodoArbolN> lst = aux.getHijos();
            // Si no tiene hijos
            if (lst.getTamanio() == 0)
                visitar(aux);
            else {
                // Si tiene hijos
                inordenArbolN(lst.getValor(0));// IZQUIERDO
                visitar(aux);// RAIZ
                for (int i = 1; i < lst.getTamanio(); i++)
                    // DERECHO
                    inordenArbolN(lst.getValor(i));
            }
        }
    }
    //Recorrido preorden
    public void preordenArbolN() throws PosicionIlegalException {
        preordenArbolN(raiz);
    }
    //Metodo recursivo
    private void preordenArbolN(NodoArbolN aux) throws
       PosicionIlegalException {
        if (aux != null) {
            Lista<NodoArbolN> lst = aux.getHijos();
            if (lst.getTamanio() == 0)
                visitar(aux);
            else {
                visitar(aux);// raiz

                preordenArbolN(lst.getValor(0)); // izquierdo

                for (int i = 1; i < lst.getTamanio(); i++)
                    // derecho
                    preordenArbolN(lst.getValor(i));
            }
        }
    }
    //Recorrido postoden
    public void postordenArbolN() throws PosicionIlegalException {
        postordenArbolN(raiz);
    }
    //Metodo recursivo
    private void postordenArbolN(NodoArbolN aux) throws
       PosicionIlegalException {
        if (aux != null) {
            Lista<NodoArbolN> lst = aux.getHijos();
            if (lst.getTamanio() == 0)
                visitar(aux);
            else {
                postordenArbolN(lst.getValor(0)); // izquierdo
                for (int i = 1; i < lst.getTamanio(); i++)
                    // derecho
                    postordenArbolN(lst.getValor(i));
```

```
            visitar(aux);// raiz
        }
    }
}
//Busca un nodo en el arbol m-ario
public NodoArbolN buscarNodoArbolN(Object buscado)
        throws PosicionIlegalException {
    Comparable dato = (Comparable) buscado;
    return localizar(raiz, dato);

}
//Metodo invocado desde buscarNodoArbolN()
private NodoArbolN localizar(NodoArbolN aux, Comparable valor)
        throws PosicionIlegalException {
    // inorden
    if (vacioArbolN())
        return null;
    else {
        Lista<NodoArbolN> lst = aux.getHijos();

        if (lst.getTamanio() == 0) {
            // Visitar:
            if (comparar(aux, valor))
                return aux;
        } else {
            // IZQUIERDO
            NodoArbolN dato = localizar(lst.getValor(0), valor)
                ;

            if (dato != null)// Para que termine la
                recursividad cuando lo
                                        // encuentre
                return dato;
            // RAIZ:
            if (comparar(aux, valor))
                return aux;
            // DERECHO
            for (int i = 1; i < lst.getTamanio(); i++) {
                dato = localizar(lst.getValor(i), valor);
                if (dato != null) // Para que termine la
                    recursividad cuando
                                            // lo encuentre
                    return dato;
            }
        }
    }
    return null;
}
//Metodo invocado por localizar()
private boolean comparar(NodoArbolN n1, Comparable buscado) {
    return (n1.getValor().esIgual(buscado));
}
//Visita el nodo del arbol, en este caso lo muestra por consola
```

```
    public void visitar(NodoArbolN aux) {
        System.out.print(aux.getValor().toString() + " ");
    }
}
```

```
package arboln.modelo;

//Interfaz comparable
public interface Comparable {
    public boolean esMenor(Object q);
    public boolean esMayor(Object q);
    public boolean esIgual(Object q);

}
```

```
package arboln.modelo;

//Representa una letra de cada nodo del arbol. Implementa la
   interfaz serializable
public class Letra implements Comparable{
    //Arributos
    //Letra a almacenar en el nodo
    private char valor;
    //Metodos
    public Letra(){
        valor=' ';
    }
    public Letra(char valor){
        this.valor = valor;
    }

    public boolean esMenor(Object q){
        Letra l = (Letra)q;
        return (valor < l.getValor());
    }
    public boolean esMayor(Object q){
        Letra l = (Letra)q;
        return (valor > l.getValor());
    }

    public boolean esIgual(Object q){
        Letra l = (Letra)q;
        return (valor == l.getValor());
    }

    public char getValor() {
        return valor;
    }
    public void setValor(char valor) {
        this.valor = valor;
    }

```

```
    public String toString(){
        return ""+valor;
    }
}
```

Enseguida se muestra una aplicación cliente que crea el árbol n-ario de la Figura 7.33.

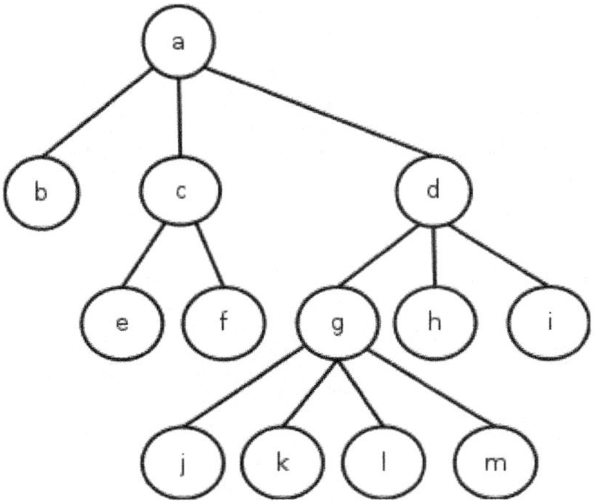

Figura 7.33. Árbol n-ario

```
package arboln.modelo;

import listas.modelo.PosicionIlegalException;

public class ClienteMain {

    public static void main(String[] args) {
        //Crear el arbol
        ArbolN arbol = new ArbolN();
        //Crear los nodos del arbol
        NodoArbolN nodoA = new NodoArbolN(new Letra('A'));
        NodoArbolN nodoB = new NodoArbolN(new Letra('B'));
        NodoArbolN nodoC = new NodoArbolN(new Letra('C'));
        NodoArbolN nodoD = new NodoArbolN(new Letra('D'));
        NodoArbolN nodoE = new NodoArbolN(new Letra('E'));
        NodoArbolN nodoF = new NodoArbolN(new Letra('F'));
        NodoArbolN nodoG = new NodoArbolN(new Letra('G'));
        NodoArbolN nodoH = new NodoArbolN(new Letra('H'));
        NodoArbolN nodoI = new NodoArbolN(new Letra('I'));
        NodoArbolN nodoJ = new NodoArbolN(new Letra('J'));
        NodoArbolN nodoK = new NodoArbolN(new Letra('K'));
        NodoArbolN nodoL = new NodoArbolN(new Letra('L'));
        NodoArbolN nodoM = new NodoArbolN(new Letra('M'));

        //Enlazar nodos segun la Figura del ejemplo
```

```
        arbol.setRaiz(nodoA);
        arbol.agregarNodo(nodoA, nodoB);
        arbol.agregarNodo(nodoA, nodoC);
        arbol.agregarNodo(nodoA, nodoD);
        arbol.agregarNodo(nodoC, nodoE);
        arbol.agregarNodo(nodoC, nodoF);
        arbol.agregarNodo(nodoD, nodoG);
        arbol.agregarNodo(nodoD, nodoH);
        arbol.agregarNodo(nodoD, nodoI);
        arbol.agregarNodo(nodoG, nodoJ);
        arbol.agregarNodo(nodoG, nodoK);
        arbol.agregarNodo(nodoG, nodoL);
        arbol.agregarNodo(nodoG, nodoM);

        try {
            System.out.println("Recorrido inorden:");
            arbol.inordenArbolN();
            System.out.println("\nRecorrido preorden:");
            arbol.preordenArbolN();
            System.out.println("\nRecorrido postorden:");
            arbol.postordenArbolN();
            System.out.println("\nBuscando valor:");
            System.out.println(arbol.buscarNodoArbolN(new Letra('L')));
            //Imprimir el arbol n-ario
            System.out.println("Arbol n-ario:");
            arbol.getRaiz().print();
        } catch (PosicionIlegalException e) {
            System.out.println(e.getMessage());
        }
    }
}
```

La Figura 7.102 muestra la salida por consola del programa.

```
Recorrido inorden:
B A E C F J G K L M D H I
Recorrido preorden:
A B C E F D G J K L M H I
Recorrido postorden:
B E F C J K L M G H I D A
Buscando valor:
L
Arbol n-ario:
└── A
    ├── B
    ├── C
    │   ├── E
    │   └── F
    └── D
        ├── G
        │   ├── J
        │   ├── K
        │   ├── L
        │   └── M
        ├── H
        └── I
```

Figura 7.34. Salidad por consola al ejecutar el programa de árboles n-arios

7.10 EL ÁRBOL 1-2-3: UN ÁRBOL TRIARIO ORDENADO

Los árboles n-arios se aplican en la resolución de problemas complejos como: ordenamiento y búsqueda eficiente, representación de palabras, representación de imágenes, organización de información en memoria secundaria, etc. A continuación se muestran varios tipos de árboles n-arios que por su aplicabilidad reciben nombres puntuales. Comenzamos explicando los árboles 1-2-3.

Un árbol 1-2-3 es un árbol n-ario ordenado de orden 3, que en cada nodo tiene 1 ó 2 elementos y 1, 2 ó 3 subárboles asociados. En la siguiente Figura 7.35 aparece un ejemplo.

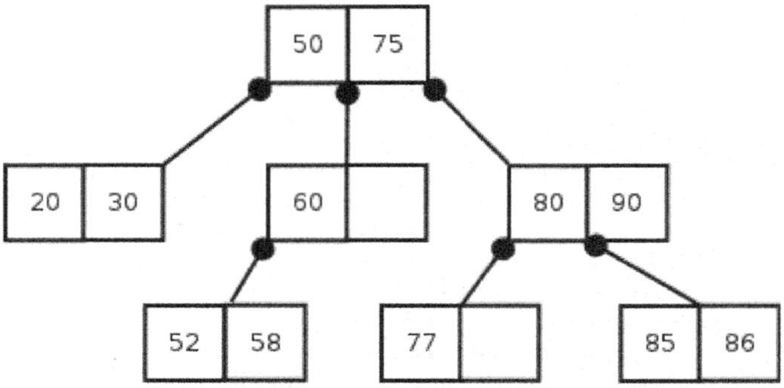

Figura 7.35. Ejemplo de Árbol 1-2-3

Los árboles 1-2-3 satisfacen las siguientes condiciones:

- Cada uno de los nodos de este tipo de árbol tiene uno o dos elementos.
- Todo nodo interno tiene hasta tres subárboles asociados.
- No existen elementos repetidos en el árbol.
- La raíz izquierda de cada nodo (elemento izquierdo) debe ser menor a la raíz derecha (elemento derecho).
- El subárbol izquierdo es un árbol 1-2-3 cuyos elementos son menores que la raíz izquierda.
- El subárbol central es un árbol 1-2-3 cuyos elementos son mayores que la raíz izquierda y menores que la raíz derecha.
- El subárbol derecho es un árbol 1-2-3 cuyos elementos son mayores que la raíz derecha.

Esta estructura se utiliza para almacenar conjuntos de elementos, para los cuales tiene sentido una relación de orden, permitiendo, por la manera como reparte los elementos, un acceso eficiente a la información. Los árboles 1-2-3 se introducen en este parte, como una herramienta pedagógica para facilitar la presentación de los árboles 2-3 que se estudiará en la siguiente sección.

7.10.1 TAD árbol 1-2-3

La especificación del TAD del árbol 1-2-3 se muestra a continuación:

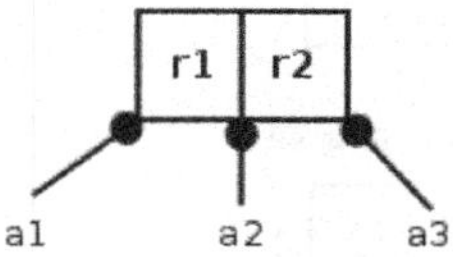

Figura 7.36. TAD árbol 1-2-3

Operaciones:

- *InicArbol123()*: Crea un árbol 1-2-3 vacío.
- *InsertarArbol123(Object elem)*: Agrega el elemento elem al árbol 1-2-3.
- *ElimArbol123(Tipo123 elem)*: Elimina el elemento elem del árbol 1-2-3.
- *EstaArbol123(Tipo123 elem)*: Informa si el elemento elem está en el árbol 1-2-3.

7.10.2 Implementación del árbol 1-2-3

La representación más sencilla para los árboles 1-2-3 utiliza la siguiente declaración de estructuras de datos:

```
public class NodoArbol123
{
    /* Elementos almacenados en el nodo */
    protected Comparable r1, r2;
    /* Referencias a los posibles 3 subarboles asociados */
    protectd NodoArbol123 hijo1, hijo2, hijo3;
    //Operaciones
}

public class Arbol123
{
    /* Raiz del arbol 1-2-4 */
    private NodoArbol123 raiz;
    /* Referencias a los posibles 3 subarboles asociados */
    protectd NodoArbol123 hijo1, hijo2, hijo3;
    //Operaciones
}
```

7.10.3 Proceso de inserción

EJEMPLO 7.7

Este ejemplo ilustra el proceso de inserción de un elemento dado en un árbol 1-2-3, mostrando los estados intermedios alcanzados por el árbol cuando se inserta la siguiente secuencia de elementos: 50 - 25 - 40 - 15 - 20 - 10 - 23 - 17

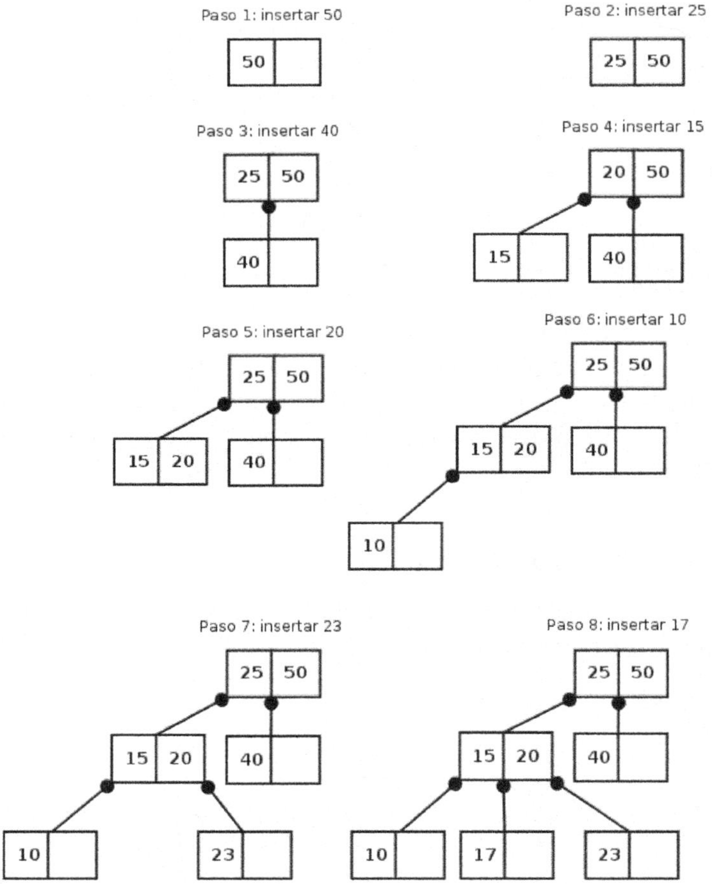

Figura 7.37. Proceso de inserción para el Árbol 1-2-3

7.10.4 Proceso de eliminación

Para eliminar un elemento de un árbol 1-2-3, se sigue un proceso equivalente al utilizado en árboles binarios, viendo un árbol 1-2-3 como dos árboles binarios paralelos, y eliminando el elemento del lado respectivo.

EJEMPLO 7.8

Dado el siguiente árbol 1-2-3, eliminar el elemento 25.

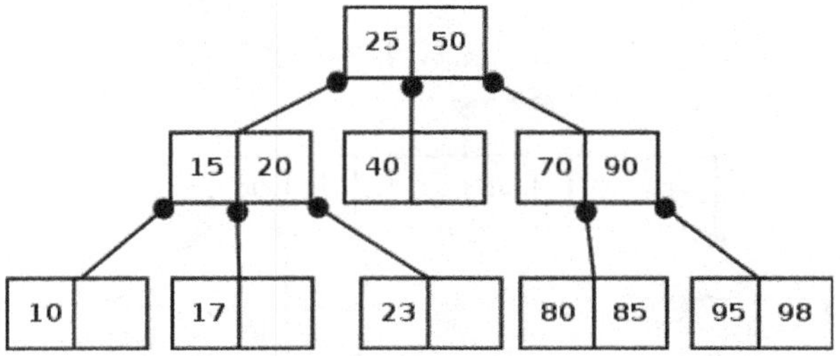

Figura 7.38. Ejemplo de eliminación en Árbol 1-2-3

Si se quiere eliminar el elemento 25, siguiendo la técnica de remplazo por el mayor elemento del subárbol izquierdo, se obtiene el árbol:

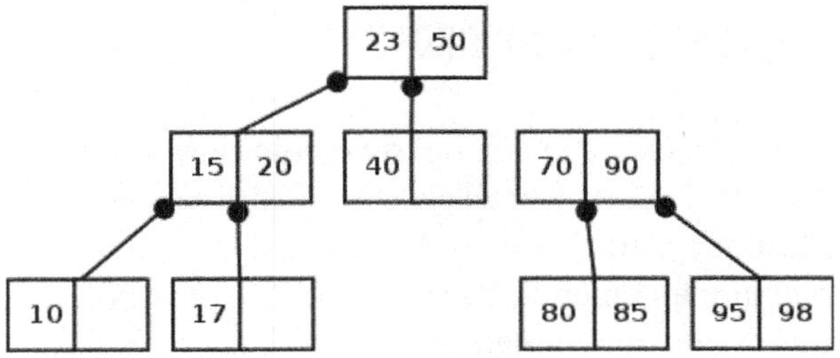

Figura 7.39. Ejemplo de eliminación por la técnica del reemplazo en Árbol 1-2-3

Para este nuevo árbol, si se elimina el elemento 15, se llega a la siguiente estructura:

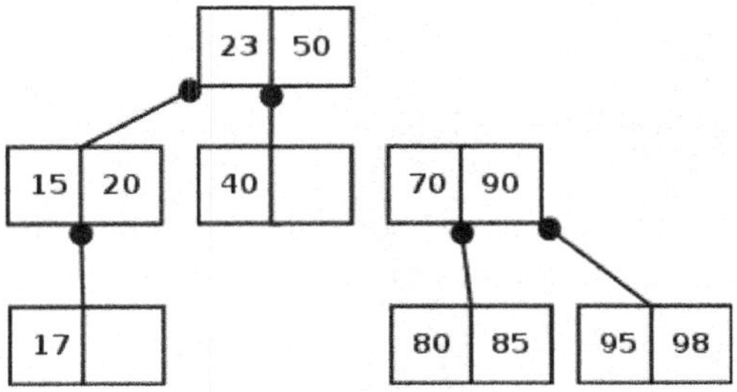

Figura 7.40. Eliminación de un elemento en un Árbol 1-2-3

Repitiendo el mismo proceso para el elemento 10, se llega al siguiente árbol 1-2-3, en el cual se debe mover el valor 20 de la raíz derecha a la raíz izquierda, para seguir manteniendo las propiedades de este tipo de árboles:

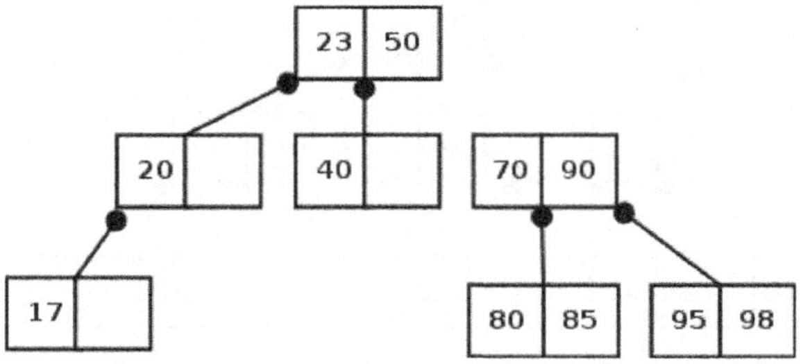

Figura 7.41. Resultado del proceso de eliminación en un Árbol 1-2-3

7.11 ÁRBOL 2-3: UN ÁRBOL TRIARIO ORDENADO

Una situación parecida a la que ocurre con los árboles binarios ordenados se tiene con los árboles 1-2-3: aunque en el caso promedio el acceso a la información es de complejidad logarítmica, en el peor de los casos sigue siendo lineal. Un árbol 2-3 resuelve este problema manteniendo balanceados sus subárboles, a costa de mayor dificultad de los algoritmos que implementan las operaciones de actualización.

Estos árboles fueron introducidos por R. Bayer y E. McCreight en 1972, con el principal objetivo de mejorar el tiempo de acceso en estructuras de datos manejadas en memoria secundaria, en las cuales el número de consultas a un registro influye de manera determinante en el tiempo de respuesta de la operación.

7.11.1 Definiciones y conceptos básicos

Un árbol 2-3 es un árbol triario, con una estructura similar a la de un árbol 1-2-3, que cumple con las siguientes condiciones adicionales para garantizar su adecuado balanceo:

- Todas las hojas se encuentran en el mismo nivel.
- Todos los nodos internos tienen por lo menos dos subárboles asociados no vacíos, aunque la raíz derecha esté vacía.

EJEMPLO 7.9

El siguiente es un árbol 2-3 que cumple las condiciones de balanceo antes enunciadas:

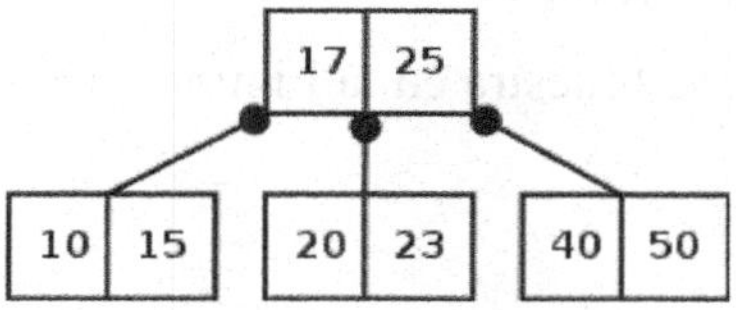

Figura 7.42. Ejemplo de un Árbol 2-3

Si a este árbol se le inserta el elemento 22, debe alcanzar un nuevo estado de equilibrio, repartiendo sus elementos de manera que se conserven las propiedades de balanceo. Podría llegar, por ejemplo, a alguno de los siguientes estados válidos para un árbol 2-3, dependiendo del algoritmo de inserción:

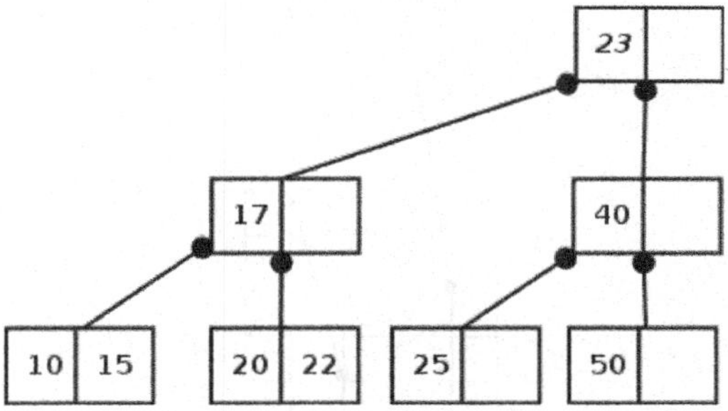

Figura 7.43. Inserción de un elemento en un árbol 2-3

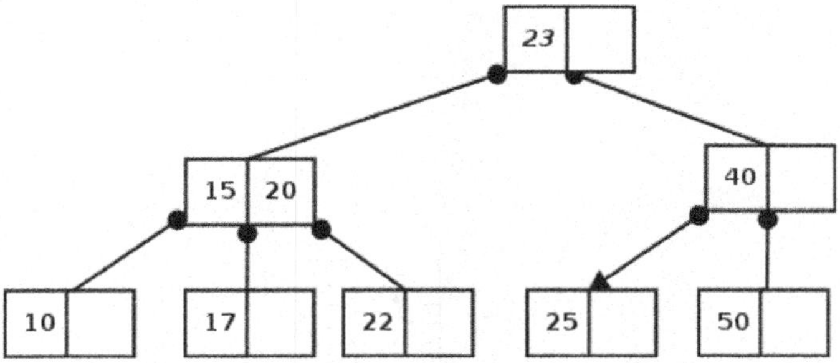

Figura 7.44. Resultado del proceso de la inserción de un elemento en un árbol 2-3

Esto implica que las modificadoras del TAD deben tener en cuenta la situación completa del árbol para poder *decidir el punto en el cual se agrega* el nuevo valor, dificultando los algoritmos que llevan a cabo los procesos de actualización.

7.11.2 Un árbol B

Un árbol B es un árbol n-ario *ordenado* y *balanceado*, que corresponde a una **generalización** de la estructura de un árbol 2-3. En este tipo de árboles, cada nodo tiene k elementos y $k + 1$ subárboles

B asociados, como se muestra en la Figura 7.45. En particular, un árbol 2-3 es un árbol B de orden 3.

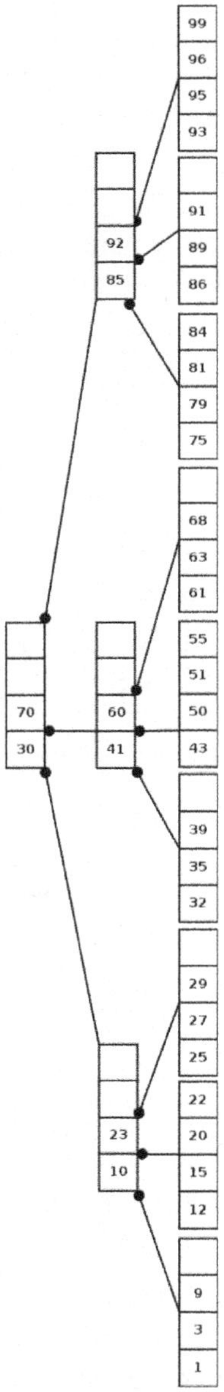

Figura 7.45. Ejemplo de un árbol B de orden 3

Un árbol *B de orden k*[3] cumple las siguientes condiciones:

- Todas las hojas se encuentran en el mismo nivel.
- Todos los nodos internos, excepto la raíz, tienen por lo menos $(k + 1)/2$ subárboles asociados no vacíos.
- El número de elementos de un nodo interno es uno menos que el número de subárboles asociados.

7.11.3 Especificación del TAD árbol 2-3

La Figura 7.46 muestra el TAD del árbol 2-3:

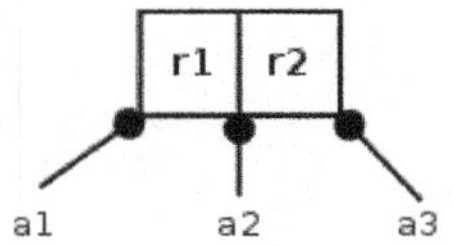

Figura 7.46. Especificación del TAD árbol 2-3

Operaciones:

- *InicArbol23()*: Crea un árbol 2-3 vacío.
- *InsArbol23(Object elem)*: Agrega el elemento elem al árbol 2-3.
- *ElimArbol23(Object elem)*: Elimina el elemento elem del árbol 2-3.
- *EstaArbol23(Arbol23 a, Tipo23 elem)*: Informa si el elemento elem está en el árbol 2-3.

La declaración de estas estructuras de datos se hace de la siguiente manera:

```
public class NodoArbol23
{
     /* Elementos almacenados en el nodo */
     protected Comparable r1, r2;
     /*Apuntadores a los posibles 3 subarboles asociados */
     protected NodoArbol23 hijo1, hijo2, hijo3;
}
```

3 Un B-árbol se dice que es de orden k si sus nodos pueden contener hasta un máximo de k hijos.

7.11.4 Algoritmo de inserción

Contrario a lo que sucede con los árboles binarios ordenados y con los árboles 1-2-3, la estructura de un árbol 2-3 exige que el crecimiento no se haga a nivel de las hojas (aunque la inserción se sigue haciendo en las hojas), sino a **nivel de la raíz**, ya que todas las hojas se deben mantener siempre en el mismo nivel.

El proceso global de inserción comienza por localizar la hoja en la cual se debe *agregar el elemento*. En ese punto se pueden presentar varios casos:

Caso 1

Existe espacio en el nodo. Se coloca allí adecuadamente el elemento y la estructura del árbol no se altera (ver Figura 7.47).

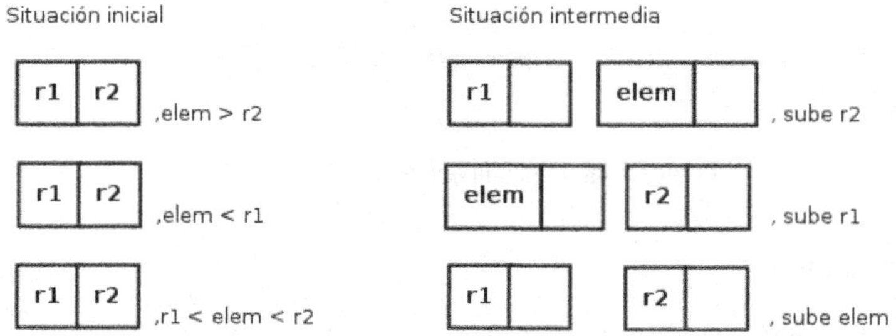

Figura 7.47. Caso 1 para el proceso de inserción

Caso 2

El nodo está lleno. Este se debe partir en dos nodos del mismo nivel, repartiendo los tres elementos (dos elementos del nodo y el nuevo elemento) tal como se muestra en la Figura 7.48:

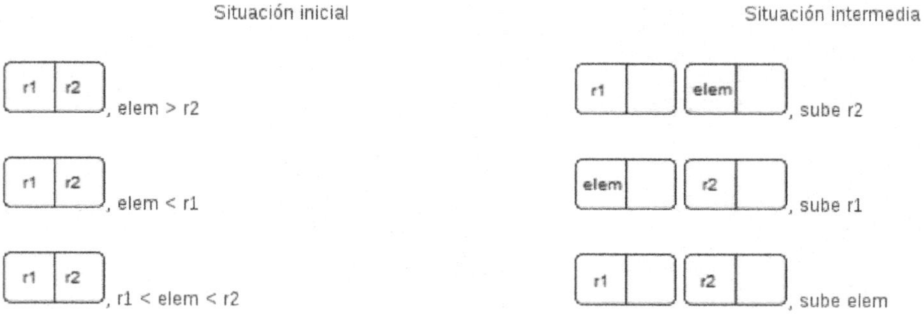

Figura 7.48. Caso 2 para el proceso de inserción

Luego, el elemento que no fue incluido en los dos nodos nuevos, se sube en la estructura y se *inserta en su padre*. El proceso se repite hacia arriba, ya que al partir en dos el nodo se está generando un nuevo subárbol que puede generar que los ancestros se tengan que partir a su vez para poderlo incluir, tal como se muestra en el siguiente ejemplo.

EJEMPLO 7.10

Considere la siguiente secuencia de inserciones en un árbol 2-3: 30, 2, 15, 63, 65, 1, 0, 14, 27, 8, 9, 81, 79, 60. Las siguientes Figuras muestran la secuencia del proceso de inserción en el árbol 2-3.

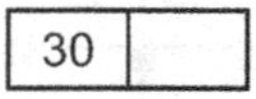

Insertar el elemento 30: se crea una hoja y se coloca el elemento como raíz izquierda.

Figura 7.49. Proceso de inserción en un árbol 2-3, paso 1.

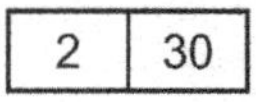

Insertar el elemento 2: corresponde al caso 1.
Se mueve a la izquierda la raíz izquierda para dar cabida al nuevo elemento.

Figura 7.50. Proceso de inserción en un árbol 2-3, paso 2.

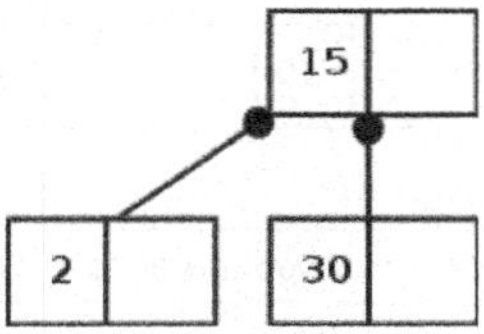

Insertar el elemento 15: corresponde al caso 2.
Encuentra una hoja llena, la parte en dos nodos e inserta en el padre el elemento que se encuentre en la mita de los tres (2<15<30).
Como el padre es vacío, se crea un cuarto nivel, se coloca el elemento como la raíz izquierda del nodo, y se le asocian los dos nodos que se acaban de partir.

Figura 7.51. Proceso de inserción en un árbol 2-3, paso 3.

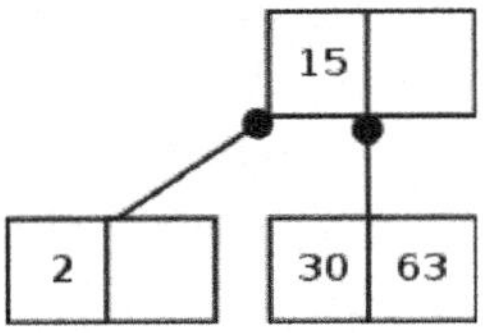

Insertar el elemento 63: corresponde al caso 1.

Figura 7.52. Proceso de inserción en un árbol 2-3, paso 4.

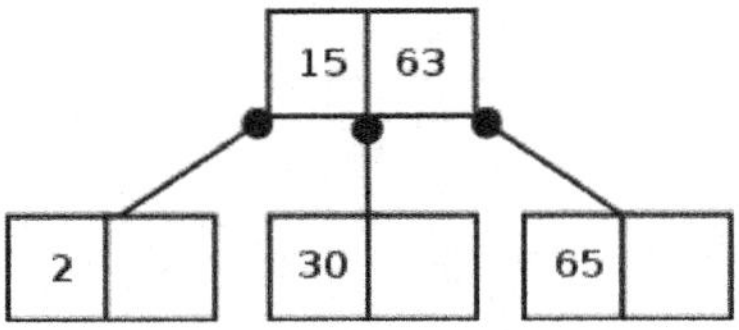

Insertar el elemento 65: corresponde al caso 2.
Se parte la hoja y sube al padre el elemento de la mitad (63).
Al insertar dicho valor en el padre se trata como el caso 1,
porque en el nodo hay espacio.

Figura 7.53. Proceso de inserción en un árbol 2-3, paso 5.

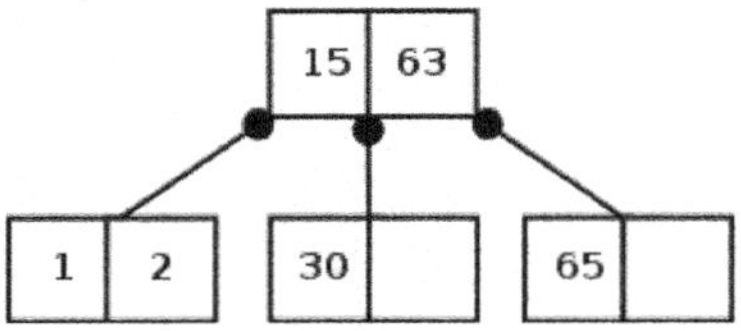

Insertar el elemento 1: corresponde al caso 1.

Figura 7.54. Proceso de inserción en un árbol 2-3, paso 6.

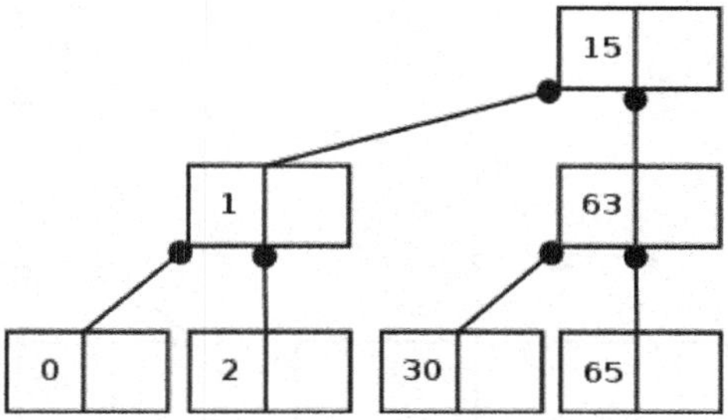

Insertar el elemento 0: corresponde al caso 2.
Se parte la hoja [1,2], se colocan allí los elementos 0 y 2, y sube el valor 1 a su padre.
Como el nodo padre [15, 63] está lleno también se debe partir, dejando en ese nivel, los elementos 1 y 63, y subiendo el 15.

Figura 7.55. Proceso de inserción en un árbol 2-3, paso 7.

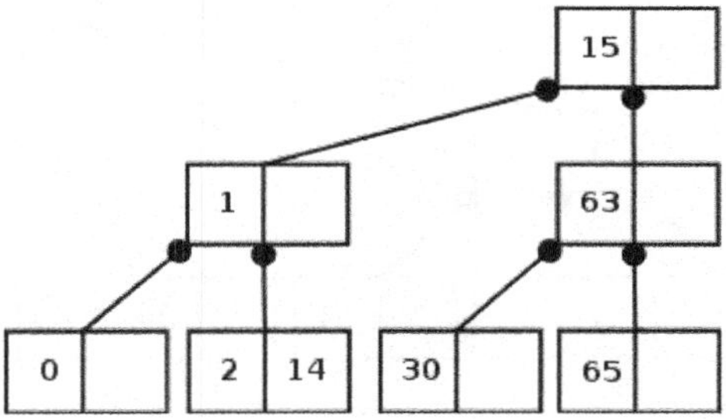

Insertar el elemento 14: corresponde al caso 1.

Figura 7.56. Proceso de inserción en un árbol 2-3, paso 8.

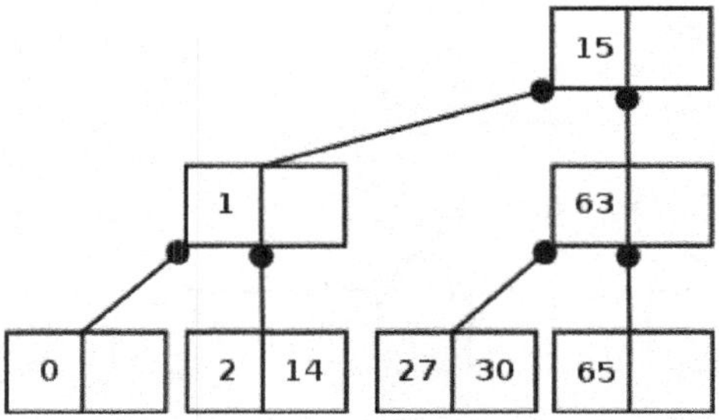

Insertar el elemento 27: corresponde al caso 1.

Figura 7.57. Proceso de inserción en un árbol 2-3, paso 9.

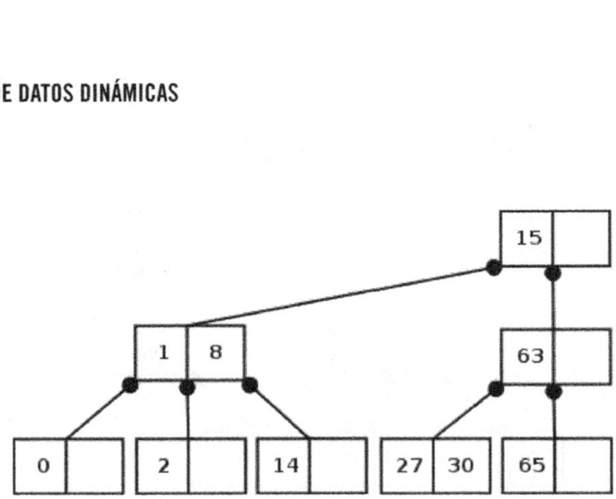

Insertar el elemento 8: corresponde al caso 2.
Se parte el nodo [2, 14] y subel el 8. Allí encuentra espacio y se coloca como raíz derecha.

Figura 7.58. Proceso de inserción en un árbol 2-3, paso 10.

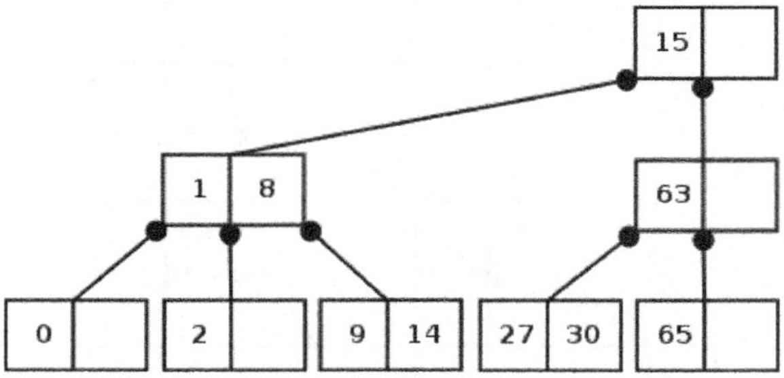

Insertar el elemento 9: corresponde al caso 1.

Figura 7.59. Proceso de inserción en un árbol 2-3, paso 11.

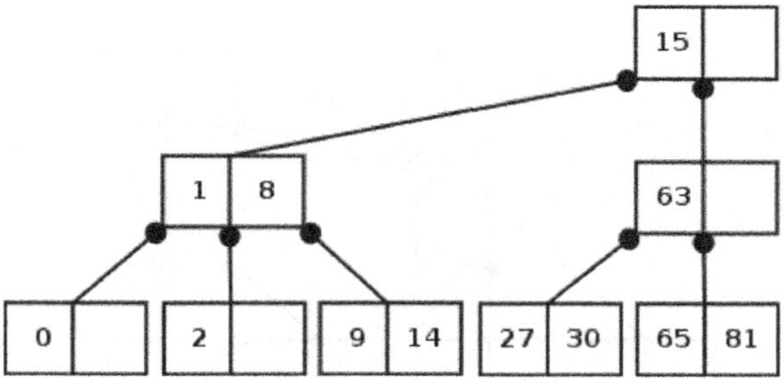

Insertar el elemento 81: corresponde al caso 1.

Figura 7.60. Proceso de inserción en un árbol 2-3, paso 12.

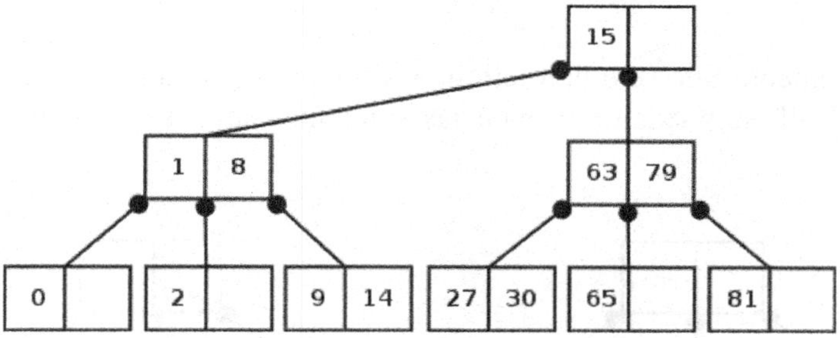

Insertar el elemento 79: corresponde al caso 2.
Se parte el nodo [65, 81] y sube el elemento 79.

Figura 7.61. Proceso de inserción en un árbol 2-3, paso 13.

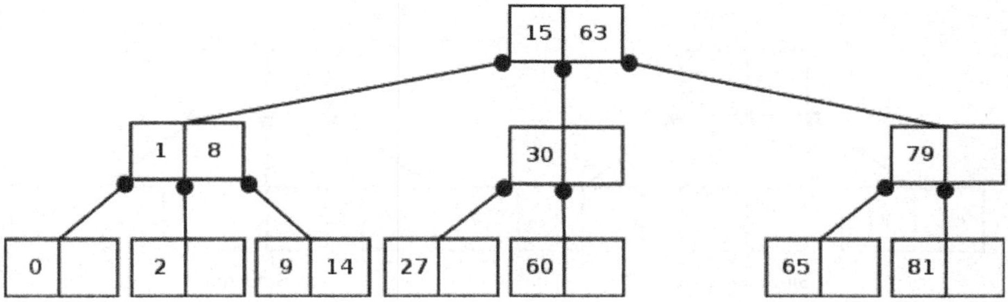

Insertar el elemento 60: corresponde al caso 2.
Se parte el nodo [27, 30], se incluye el 60 y sube el elemento 30.
Como su padre está lleno se parte en los nodos [30] y [79], y sube el elemento 63.
Este elemento se sitúa en la raíz derecha del árbol, donde hay espacio libre.

Figura 7.62. Proceso de inserción en un árbol 2-3, paso 14.

7.11.5 Algoritmo de eliminación

El proceso de supresión de un elemento de un árbol 2-3 considera dos grandes casos, los cuales terminan siempre en el mismo proceso.

Caso 1

El elemento que se quiere eliminar está en una hoja. Se quiere eliminar el elemento *ele*, allí se pueden presentar las siguientes situaciones, con la respectiva solución:

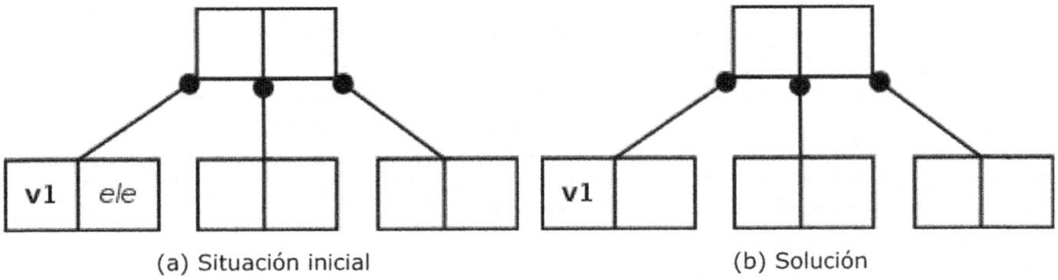

Figura 7.63. Proceso de Eliminación en un árbol 2-3, situación A

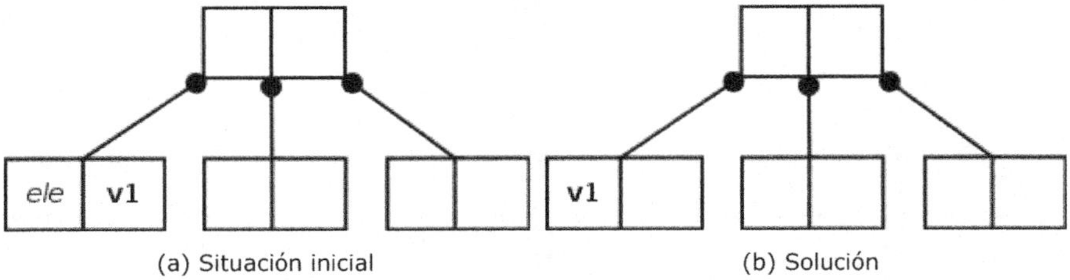

Figura 7.64. Proceso de Eliminación en un árbol 2-3, situación B

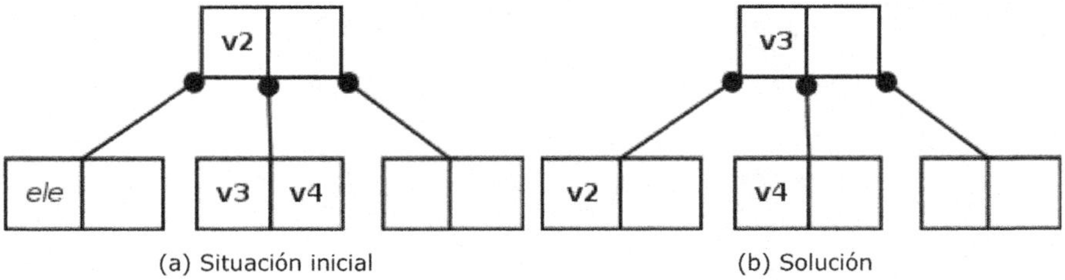

Figura 7.65. Proceso de Eliminación en un árbol 2-3, situación C

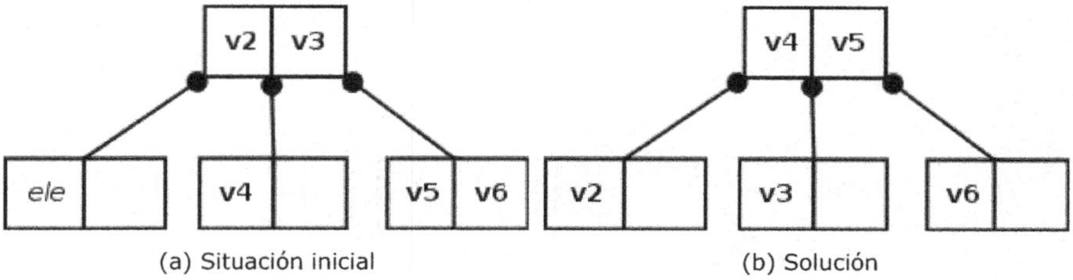

Figura 7.66. Proceso de Eliminación en un árbol 2-3, situación D

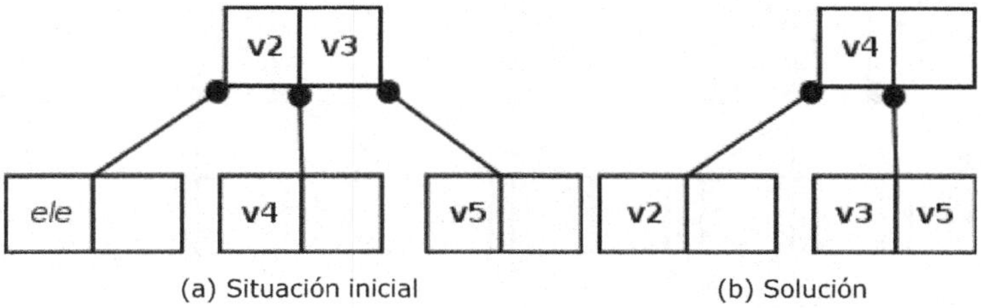

Figura 7.67. Proceso de Eliminación en un árbol 2-3, situación E

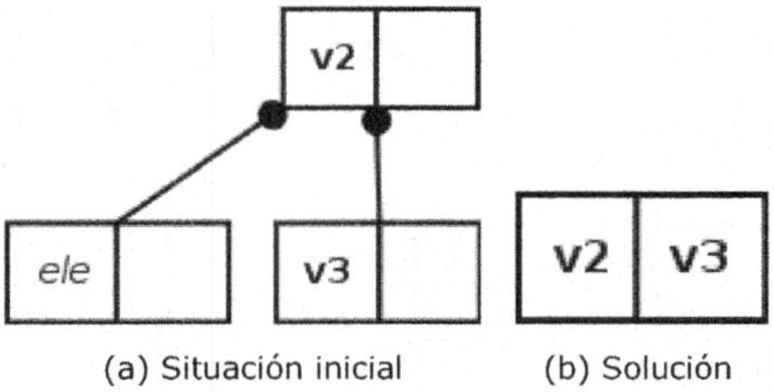

Figura 7.68. Proceso de Eliminación en un árbol 2-3, situación F

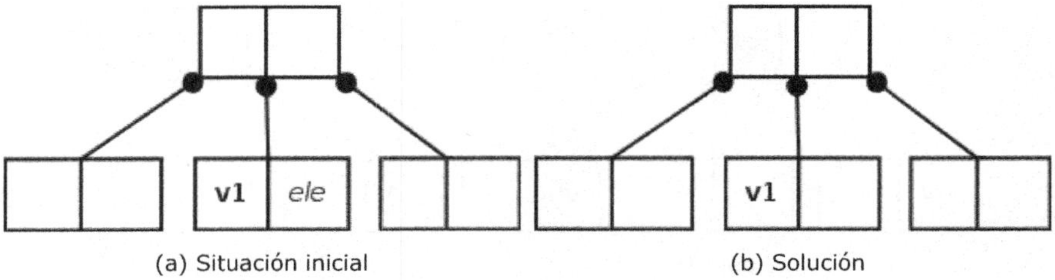

Figura 7.69. Proceso de Eliminación en un árbol 2-3, situación G

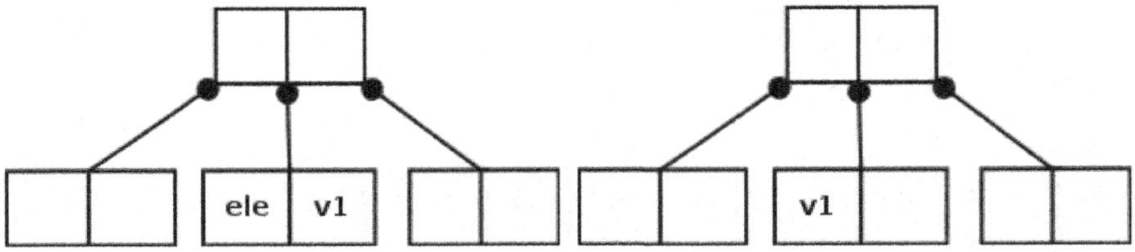

(a) Situación inicial (b) Solución

Figura 7.70. Proceso de Eliminación en un árbol 2-3, situación H

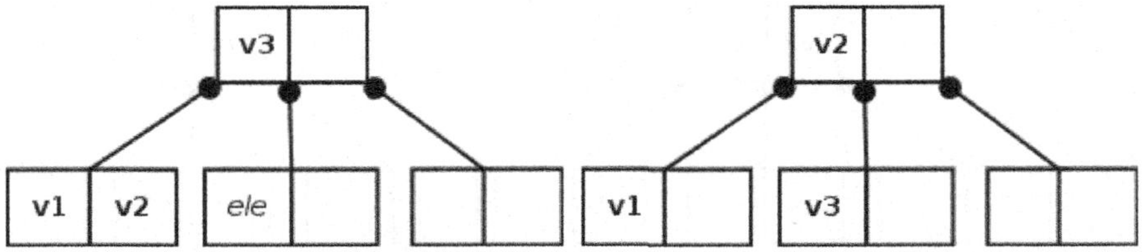

(a) Situación inicial (b) Solución

Figura 7.71. Proceso de Eliminación en un árbol 2-3, situación I

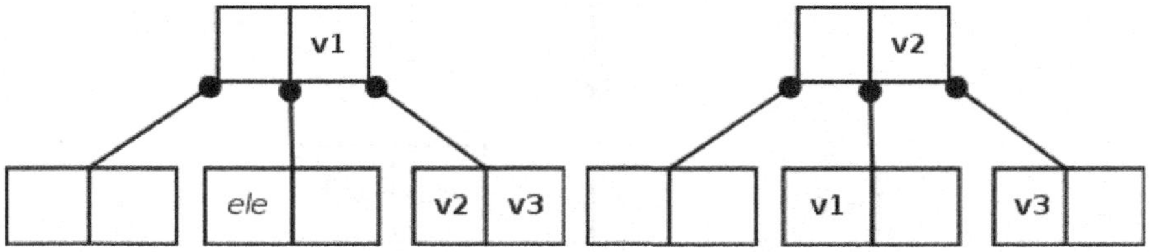

(a) Situación inicial (b) Solución

Figura 7.72. Proceso de Eliminación en un árbol 2-3, situación J

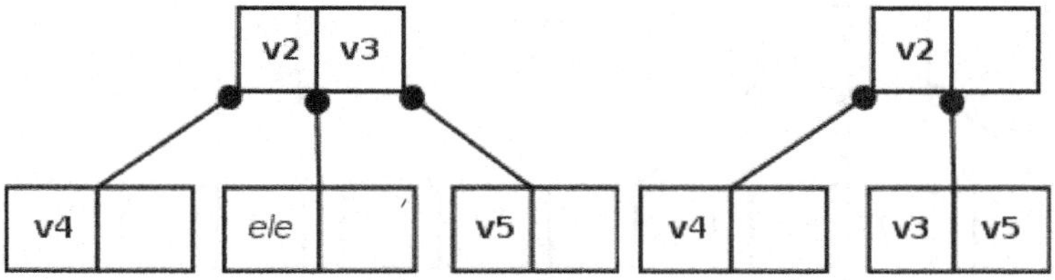

(a) Situación inicial (b) Solución

Figura 7.73. Proceso de Eliminación en un árbol 2-3, situación K

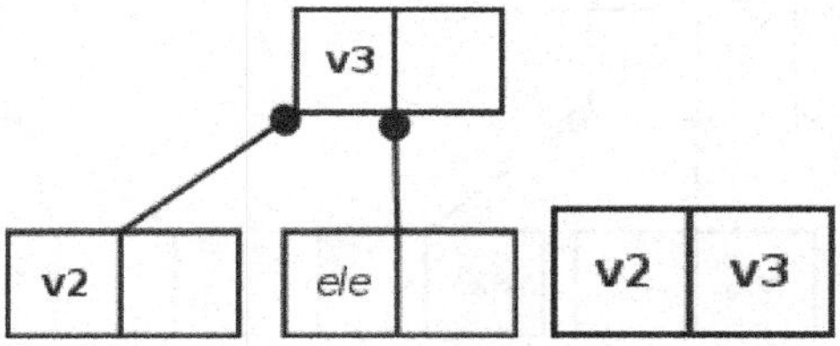

(a) Situación inicial (b) Solución

Figura 7.74. Proceso de Eliminación en un árbol 2-3, situación L

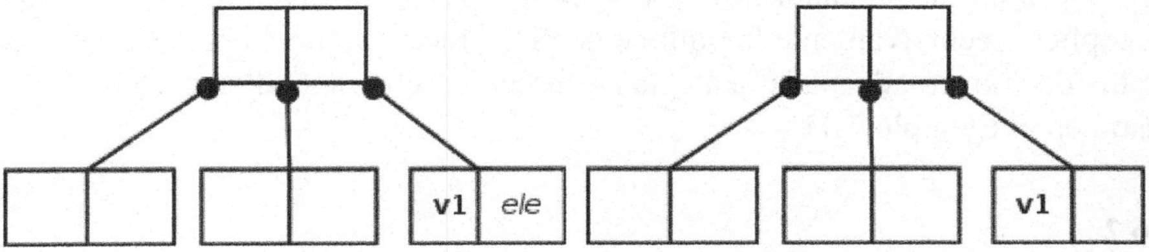

(a) Situación inicial (b) Solución

Figura 7.75. Proceso de Eliminación en un árbol 2-3, situación M

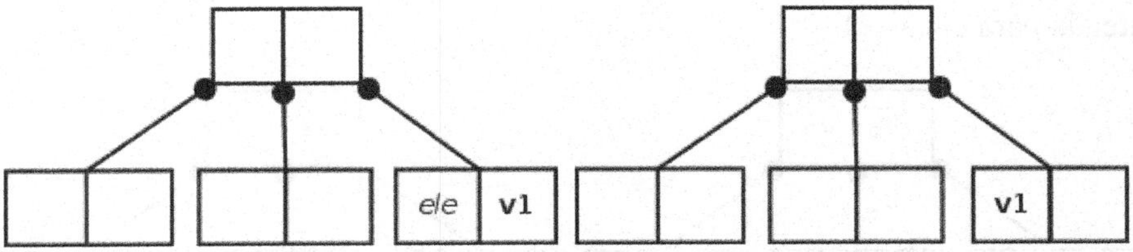

(a) Situación inicial (b) Solución

Figura 7.76. Proceso de Eliminación en un árbol 2-3, situación N

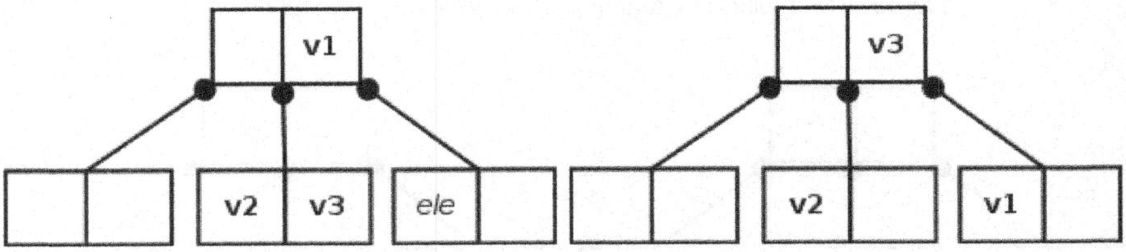

(a) Situación inicial (b) Solución

Figura 7.77. Proceso de Eliminación en un árbol 2-3, situación O

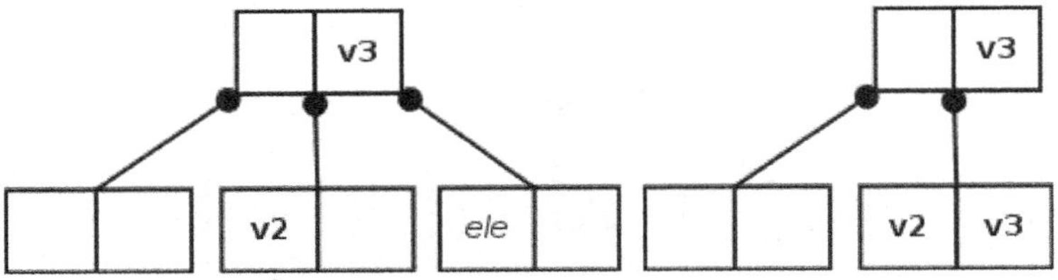

(a) Situación inicial (b) Solución

Figura 7.78. Proceso de Eliminación en un árbol 2-3, situación P

Solo en las situaciones F y L el árbol pierde un nivel, caso en el cual se debe replicar recursivamente la política de préstamo entre hermanos, pero teniendo cuidado de mover adecuadamente los subárboles correspondientes, tal como se muestra en el Ejemplo 7.11.

Caso 2

El elemento que se quiere eliminar no está en una hoja. En ese caso, se busca *un valor que se encuentre en una hoja y que pueda remplazar el valor en cuestión* (siguiendo un proceso equivalente al utilizado en árboles binarios ordenados, en el cual se localiza el menor valor del subárbol derecho), y luego se utiliza la solución planteada para el caso 1.

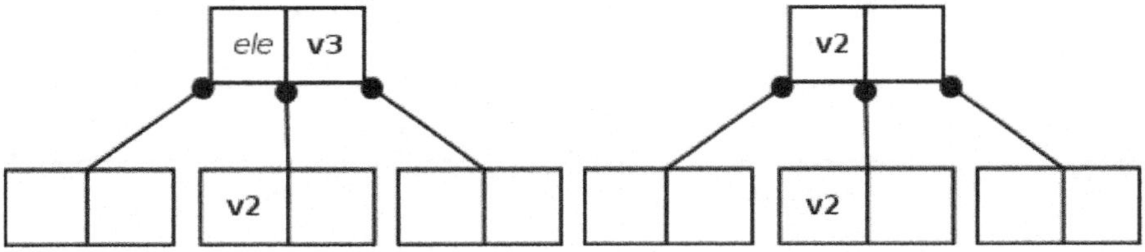

(a) Situación inicial (b) Solución intermedia: eliminar v2 (caso 1 hoja)

Figura 7.79. Proceso de Eliminación en un árbol 2-3, situación Q

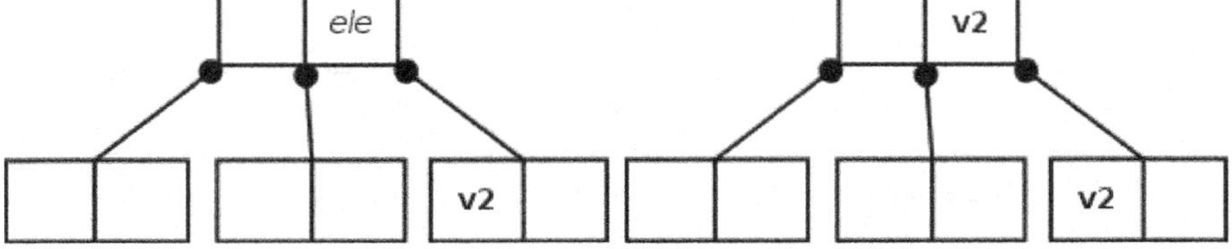

(a) Situación inicial (b) Solución intermedia: eliminar v2 (caso 1 hoja)

Figura 7.80. Proceso de Eliminación en un árbol 2-3, situación R

EJEMPLO 7.11

Considere eliminar el elemento 63 del árbol 2-3 de la Figura 7.81:

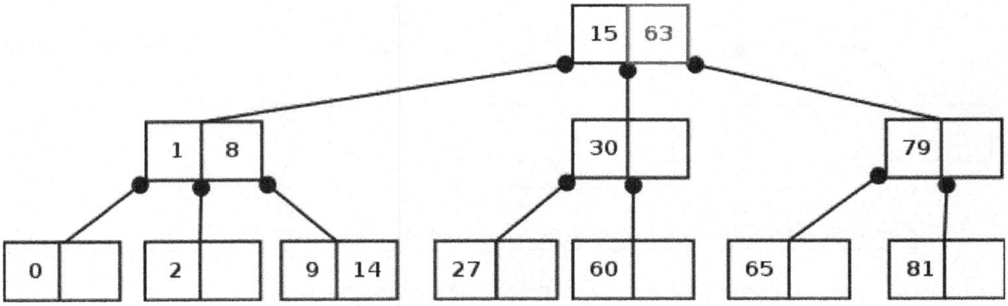

Figura 7.81. Ejemplo Árbol 2-3. Eliminar el elemento 63.

El proceso para eliminar el elemento 63 es el siguiente:

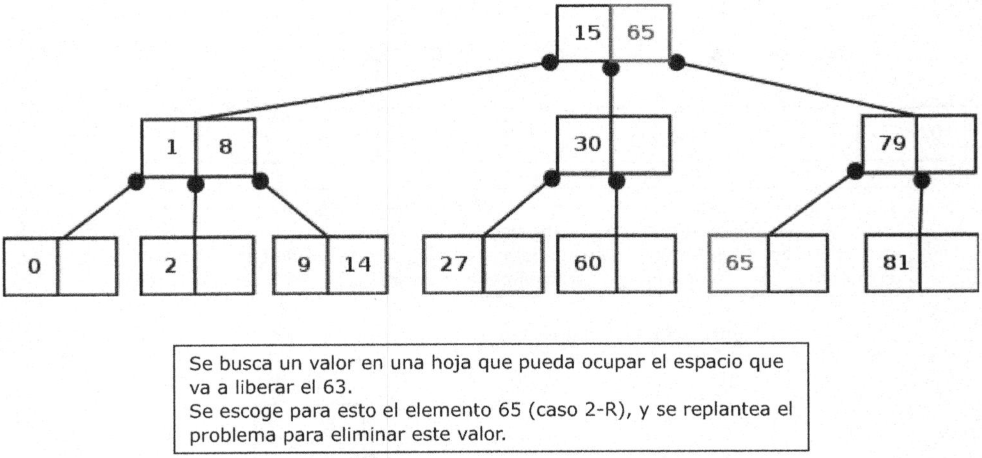

Figura 7.82. Eliminar el dato 63 de un árbol 2-3, paso 1.

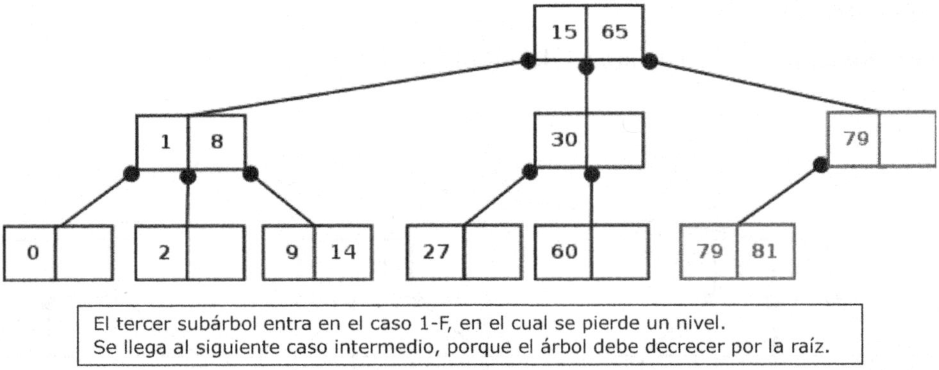

Figura 7.83. Eliminar el dato 63 de un árbol 2-3, paso 2.

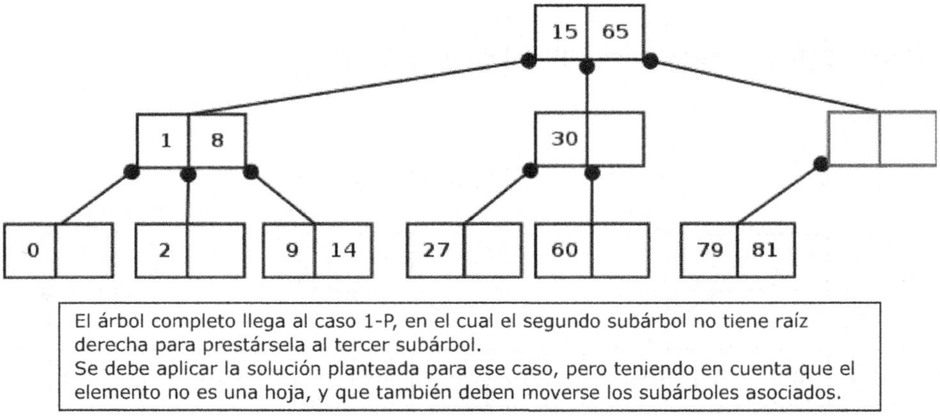

Figura 7.84. Eliminar el dato 63 de un árbol 2-3, paso 3.

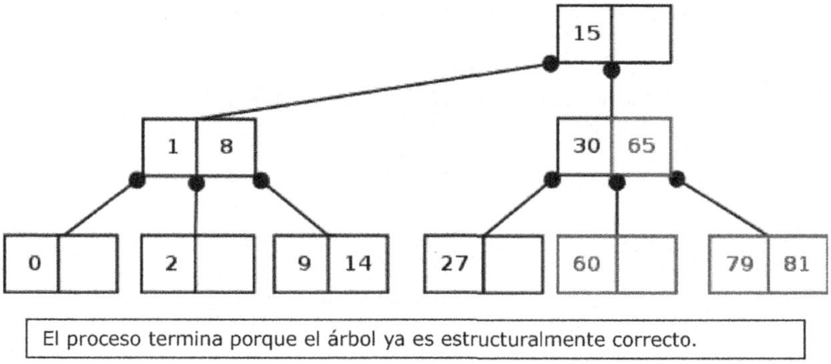

Figura 7.85. Eliminar el dato 63 de un árbol 2-3, paso 4.

EJEMPLO 7.12

Considere la siguiente secuencia de eliminaciones del árbol 2-3, en cada paso se identifica el caso que se debe aplicar.

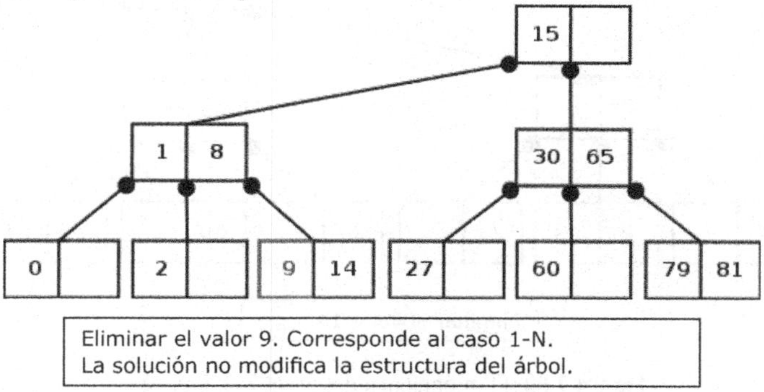

Figura 7.86. Eliminaciones del árbol 2-3. Paso 1.

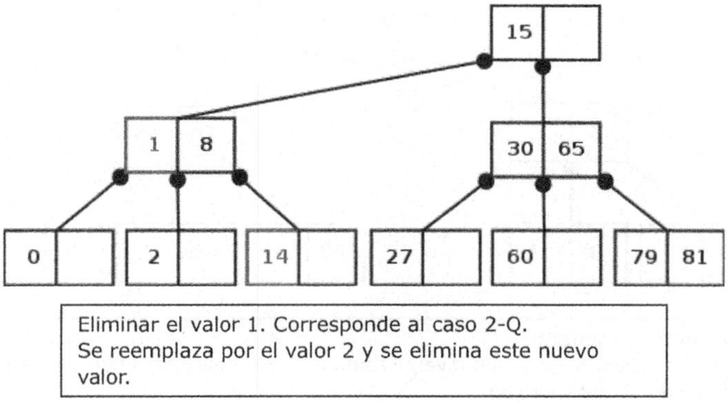

Figura 7.87. Eliminaciones del árbol 2-3. Paso 2.

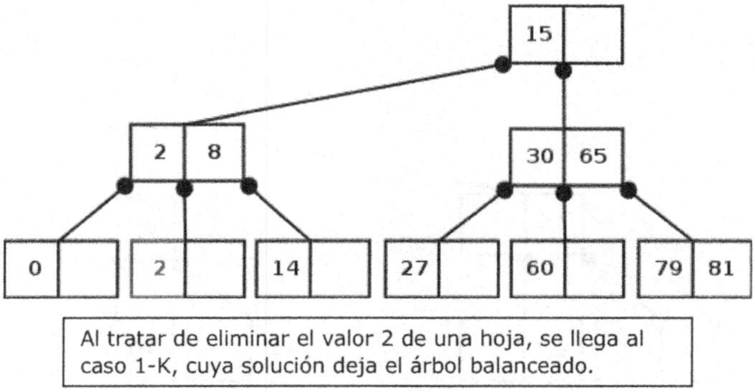

Figura 7.88. Eliminaciones del árbol 2-3. Paso 3.

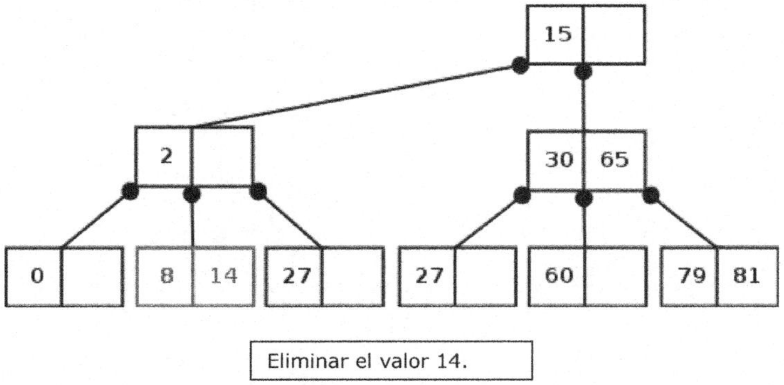

Figura 7.89. Eliminaciones del árbol 2-3. Paso 4.

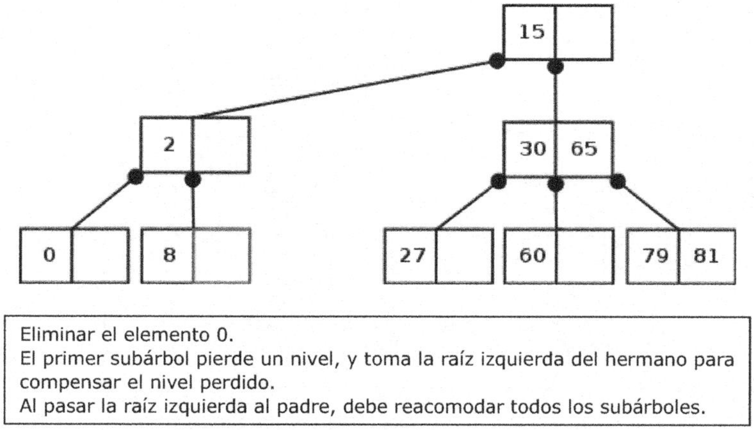

Figura 7.90. Eliminaciones del árbol 2-3. Paso 5.

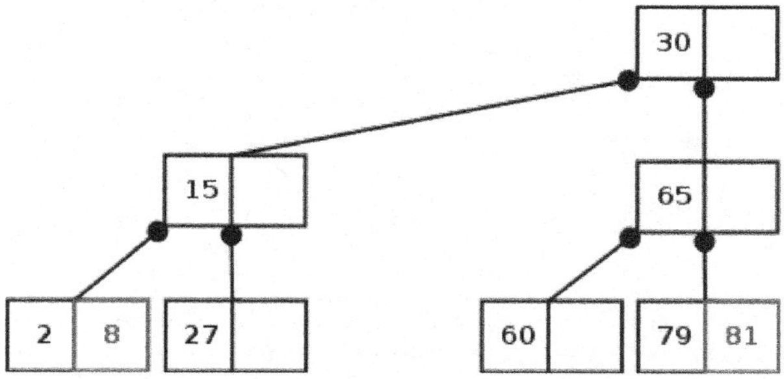

Eliminar los elementos 81 y 8.

Figura 7.91. Eliminaciones del árbol 2-3. Paso 6.

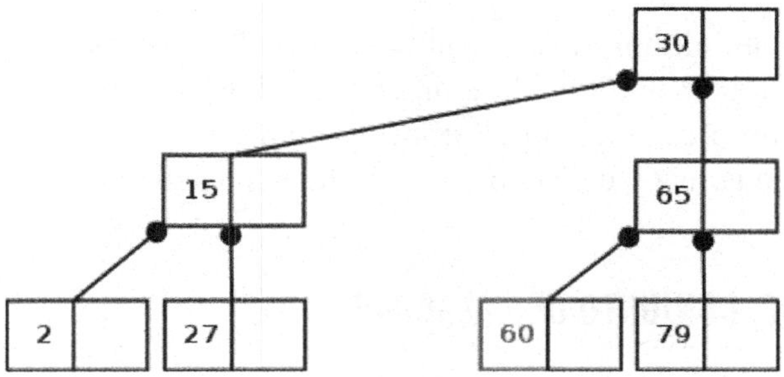

Eliminar los elementos 60.

Figura 7.92. Eliminaciones del árbol 2-3. Paso 7.

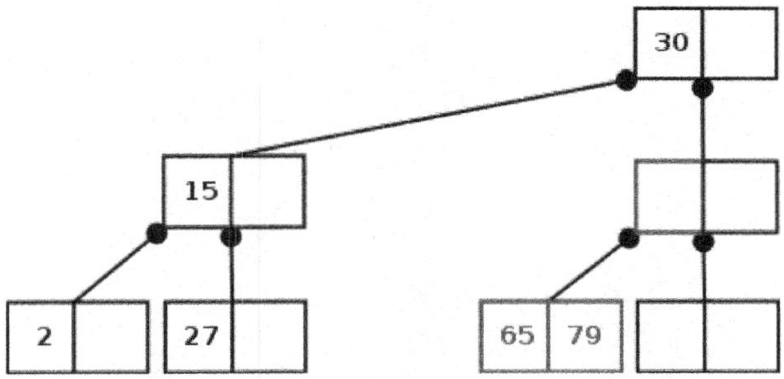

El segundo subárbol pierde un nivel, y no puede tomar ningún otro elemento del árbol para compensarlo.
Se llega a la siguiente situación intermedia.

Figura 7.93. Eliminaciones del árbol 2-3. Paso 8.

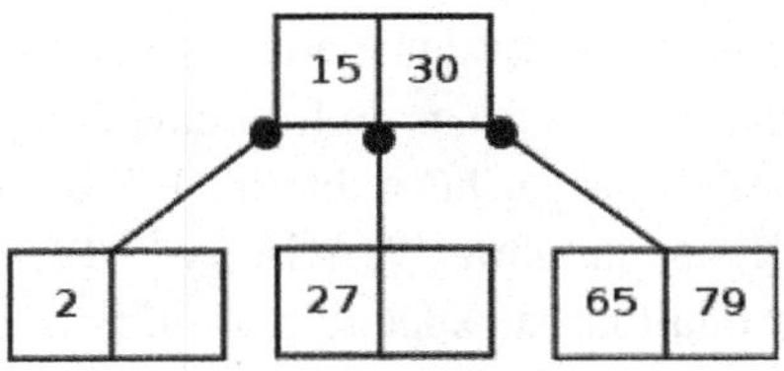

El árbol completo perdió un nivel.

Figura 7.94. Eliminaciones del árbol 2-3. Ejercicio 9.

La rutina que elimina un elemento de un árbol 2-3 llama una función auxiliar, la cual suprime el elemento pedido e informa si el árbol completo debe perder un nivel. En este último caso, como el árbol resultante viene como primer subárbol, elimina el nodo de la raíz y deja como respuesta dicho subárbol.

7.12 EL TAD TRIE: CONJUNTO DE PALABRAS

Un trie es una estructura recursiva utilizada para representar de una manera compacta y eficiente un conjunto de palabras. Un trie es un árbol n-ario, en el cual cada elemento es un carácter y cada rama es una palabra del conjunto [4], como se muestra en la Figura 7.95:

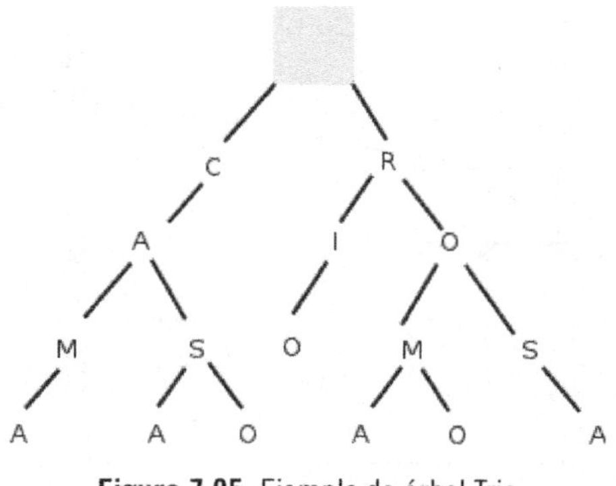

Figura 7.95. Ejemplo de árbol Trie

En esta estructura todos lo prefijos comunes de las palabras comparten su representación. En el ejemplo de la figura anterior, aparece representado el conjunto {"CAMA", "CASA", "CASO", "RIO", "ROMA", "ROMO", "ROSA"} , donde cada palabra comparte los prefijos comunes con las demás. En un trie es necesario agregar un carácter especial para los casos en los cuales un prefijo de una palabra, es una palabra en sí misma. Para agregar las palabras "CASAS" y "ROSAL" al trie de la figura anterior, sin perder las palabras "CASA" y "ROSA" que son un prefijo de las nuevas, se debe incluir una marca especial para indicar que ambas ramas siguen siendo válidas, como se muestra en la Figura 7.96:

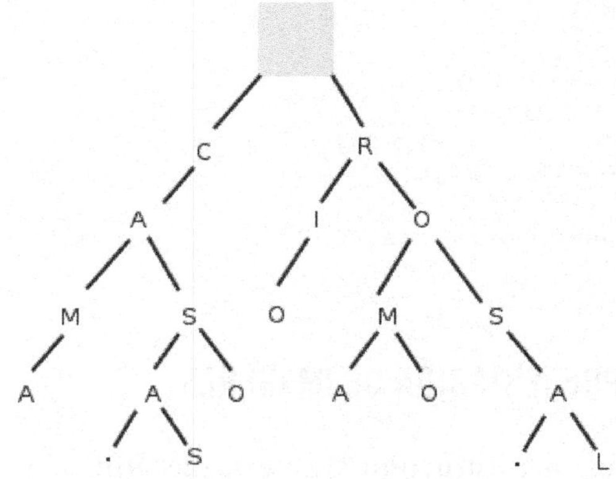

Figura 7.96. Marca especial en árbol trie

7.12.1 TAD Trie

A continuación se presenta el TAD trie.

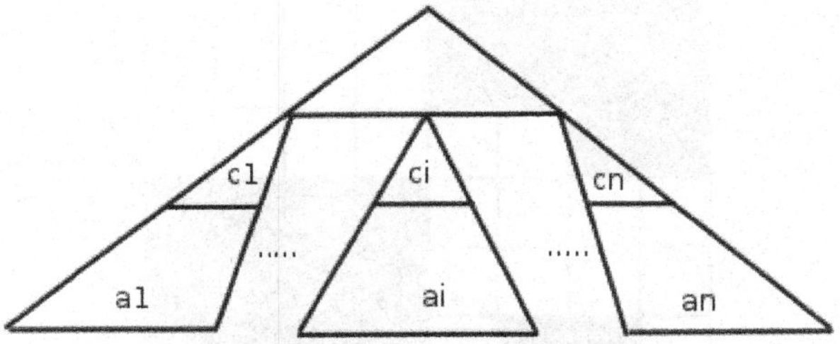

Figura 7.97. TAD trie

Operaciones:

- *InicTrie()*: Crea un trie vacío.
- *InsTrie(Trie t, String elem)*: Inserta una palabra al trie.
- *ElimTrie(Trie t, String elem)*: Elimina una palabra del trie.
- *EstaTrie(Trie t, String elem)*: Informa si una palabra se encuentra en el trie.

Para ilustrar la algorítmica de este tipo de estructuras, se escoge la representación hijo izquierdo - hermano derecho (ver Sección 7.9.3), con las siguientes declaraciones:

```
public class NodoTRIE
{
    /* Información del caracter*/
    protected char info;
    /* Encadenamiento al hijo izquierdo */
    protected NodoTRIE hijo;
    /* Encadenamiento al hermano derecho */
    protected NodoTRIE hermano;
}
```

7.13 CUADTREE: REPRESENTACIÓN DE IMÁGENES

Un cuadtree es una estructura arborescente utilizada con frecuencia para representar imágenes obtenidas de una cámara [4]. Una imagen digitalizada en blanco y negro es un espacio rectangular compuesto de *NxN* píxeles (donde *N* es una potencia de 2), cada uno representando un punto (blanco o negro) de la imagen. La representación usual de una imagen es una matriz de *NxN*, con ceros y unos mostrando los píxeles blancos y negros, como se sugiere en la Figura 7.98 para una imagen de 8*x*8.

0	0	0	0	0	0	0	0
1	1	1	1	0	0	0	0
1	1	1	1	0	0	0	0
1	1	0	0	0	0	0	0
0	0	0	0	1	1	1	1
0	0	0	0	1	1	1	1
0	1	1	0	1	1	1	1
0	1	1	0	1	1	1	1

Figura 7.98. Representación de una imagen con una matriz

Un cuadtree es un árbol 4-ario que permite representar de manera compacta una imagen, que en otro caso podría ocupar grandes cantidades de memoria. Un cuadtree tiene tres tipos de elementos: blancos, negros y grises, que representan un grupo de píxeles de la imagen según el esquema recursivo de representación planteado en la Figura 7.99. La interpretación es la siguiente. La raíz del cuadtree representa la imagen completa: si la imagen es toda negra, el cuadtree tiene un solo elemento con valor NEGRO. Si la imagen es completamente blanca, tiene un solo elemento con valor BLANCO. En cualquier otro caso, la imagen se representa con un nodo GRIS, y se le asocian 4 subárboles, cada uno representando uno de los cuadrantes resultantes al dividir la imagen en 4 cuadros iguales (esto es posible gracias a que *N* es una potencia de 2). Al continuar este proceso recursivamente se obtiene la representación completa de la imagen por medio de una estructura arborescente compacta.

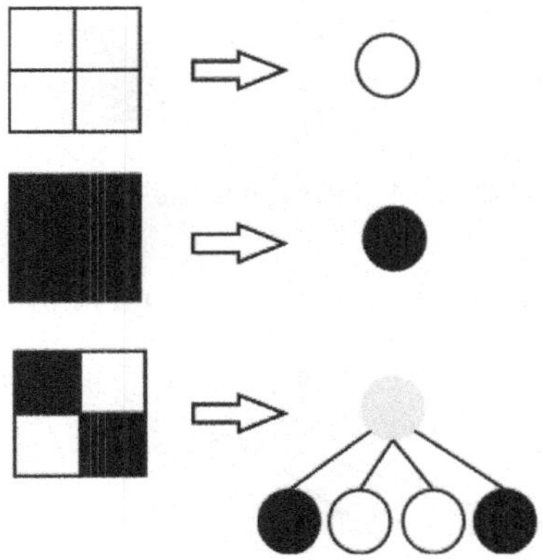

Figura 7.99. Tipos de nodos en un cuadtree

EJEMPLO 7.13

Considere la siguiente imagen de 8x8 píxeles:

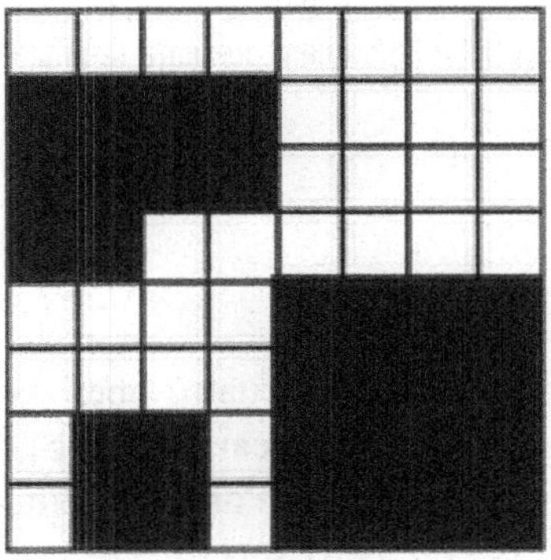

Figura 7.100. Imagen de 8 x 8 píxeles

La raíz del cuadtree que la representa debe ser un nodo gris, para indicar que no todos los píxeles de la imagen son del mismo color. Luego, se parte la imagen en 4 cuadrantes y se aplica recursivamente el mismo proceso, asociando los cuadtrees resultantes como subárboles:

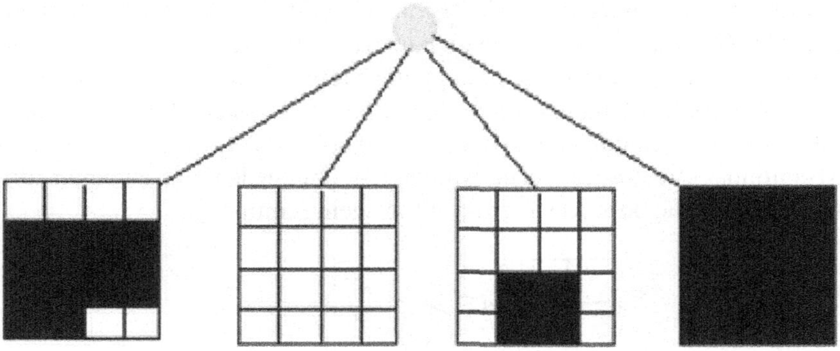

Figura 7.101. 4 cuadrantes de la imagen

Hasta llegar al siguiente árbol 4-ario, que representa la imagen completa:

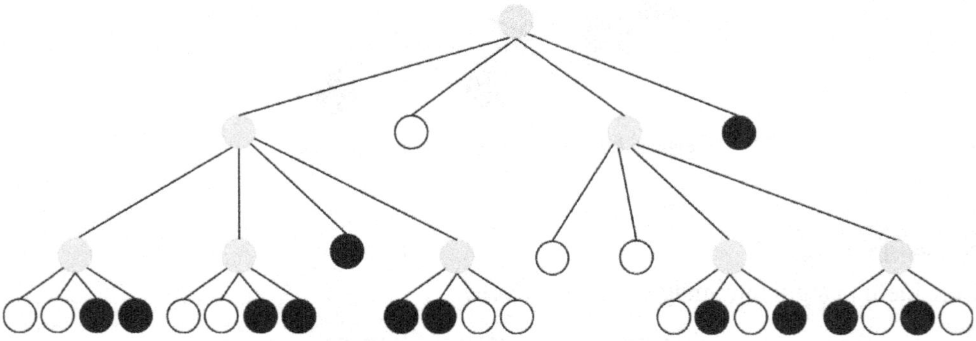

Figura 7.102. Árbol 4-ario que representa la imagen completa

7.13.1 TAD cuadtree

El TAD Cuadtree tiene definidas cuatro operaciones básicas que permiten encender (colocar en blanco), apagar (colocar en negro), inicializar y preguntar por el valor de cualquier pixel de una imagen. Por simplicidad, el TAD presentado solo manipula imágenes de 512 x 512, pero sería perfectamente posible parametrizar dicho valor.

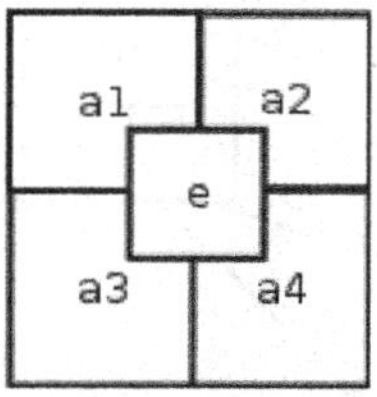

Figura 7.103. TAD cuadtree

Operaciones:

- InicCuadtree() : Crea un cuadtree completamente blanco.
- BlancoPixel(Cuadtree c, int fil, int col) : Coloca en blanco el pixel de coordenadas [fil, col].
- NegroPixel(Cuadtree c, int fil, int col) : Coloca en negro el pixel de coordenadas[fil, col].
- ValorPixel(Cuadtree c, int fil, int col) : Retorna el valor del pixel de coordenadas [fil, col].

7.13.2 Implementación del TAD cuadtree

Para la implementación del TAD se van a utilizar las siguientes estructuras de datos:

```
public class NodoCuadtree
{
    /* BLANCO , NEGRO o GRIS */
    protected int info;
    /* Coordenada inferior del cuadrante */
    int infx, infy;
    /* Coordenada superior del cuadrante */
    int supx, supy;
    protected NodoCuadtree hijos[] = new NodoCuadtree[4];
}
```

En la Figura 7.104 aparece un ejemplo de la manera como serían las estructuras de datos:

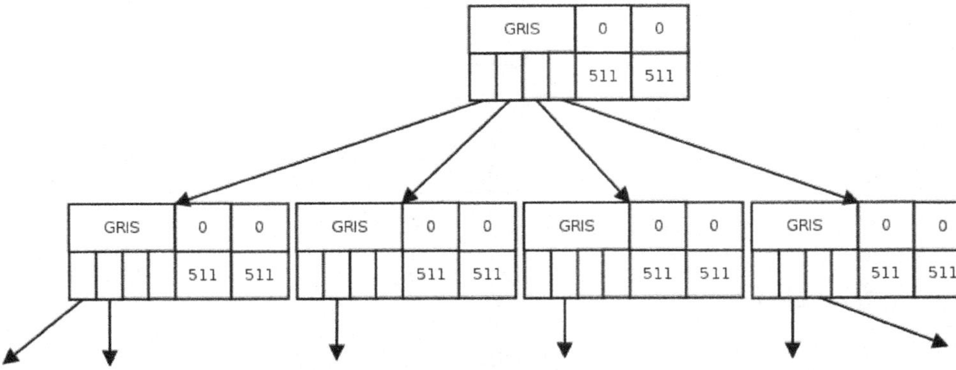

Figura 7.104. Estructuras de datos para un cuadtree

7.14 EJERCICIOS PROPUESTOS

Ejercicio 7.1

Responda las siguientes preguntas [1].

1. ¿Qué relación existe entre el nivel de un árbol binario de búsqueda y la eficiencia de la búsqueda?

2. ¿Cuál es el número máximo de niveles que puede tener un árbol binario de búsqueda con 100 nodos?

3. ¿Cuál es el número mínimo de niveles que puede tener un árbol binario de búsqueda con 100 nodos?

Ejercicio 7.2

¿Cuál es el número total máximo de nodos de un árbol que tiene N niveles (tener en cuenta que la raíz es el nivel 0)?

1. ¿N^2-1?

2. ¿2^N?

3. ¿2^N+1-1?

4. ¿2^N+1?

Ejercicio 7.3

¿Cuál es el número total máximo de nodos en el N-ésimo nivel de un árbol binario?

1. ¿N^2?
2. ¿2^N?
3. ¿2^N+1?
4. ¿2^N-1?

Ejercicio 7.4

¿Cuántos antecesores tiene un nodo en el N-ésimo nivel de un árbol binario de búsqueda?

Responda las preguntas de los Ejercicios 7.5 al 7.7 según el siguiente árbol binario ordenado.

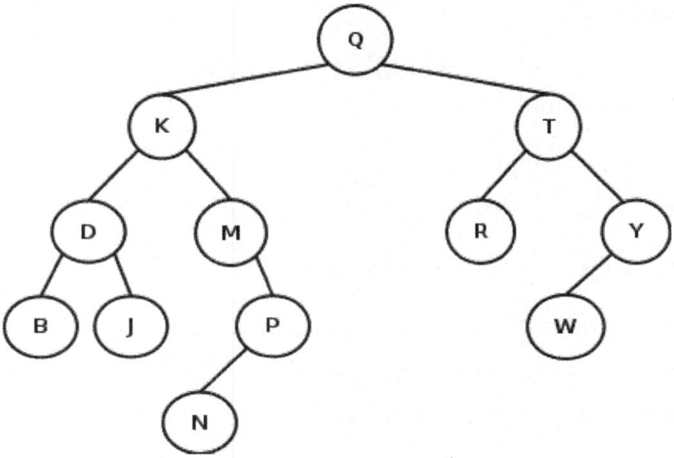

Figura 7.105. Árbol binario ordenado

Ejercicio 7.5

Mostrar cómo quedaría el árbol después de los siguientes cambios (Usar el árbol original para responder a cada apartado).

1. Añadiendo nodo C.
2. Añadiendo nodo Z.
3. Añadiendo nodo X.
4. Añadiendo nodo M.
5. Añadiendo nodo Q.
6. Añadiendo nodo R.

Ejercicio 7.6

Responda:

1. ¿Cuáles son los antecesores del nodo P?
2. ¿Cuáles son los descendientes del nodo Q?
3. ¿Cuál es el máximo número posible de nodos del árbol en el nivel del nodo W?
4. ¿Cuál es el máximo número posible de nodos del árbol en el nivel del nodo N?
5. Insertar nodo O. ¿Cuántos nodos habría en el árbol si el nivel del nodo O estuviera completamente lleno?

Ejercicio 7.7

Mostrar qué se imprimiría con lo siguiente.

1. Un recorrido en inorden del árbol.
2. Un recorrido en postorden del árbol.
3. Un recorrido en preorden del árbol.

Ejercicio 7.8

Si se quiere recorrer un árbol, escribiendo todos los elementos a un archivo, y más tarde reconstruir el árbol leyendo e insertando, ¿Cuál recorrido (inorden, preorden, postorden) sería el más adecuado? ¿Por qué?

Ejercicio 7.9

Dibujar el árbol binario de una expresión que representa la expresión en inorden: $(((a-b+c)\ ((d+e)=f))-g$

Ejercicio 7.10

Dibujar el árbol binario de una expresión que representa la expresión en postorden: $a\ b + c = d\ *$

Ejercicio 7.11

Mostrar cómo quedaría un árbol binario ordenado, después de insertar las siguientes palabras en el orden indicado: mono perdiz burro ciervo cebra buitre yak perro gato armadillo.

Ejercicio 7.12

Ampliar las funcionalidades del árbol binario propuesto en este capítulo, añadiendo la siguiente funcionalidad (implementado en Java u otro lenguaje):

```
void reemplazar(Arbolbin raiz, Object nuevoInfo)\\
/* Reemplaza un nodo existente en el árbol, por el nodo
   nuevoInfo con la misma clave */\\
{ pre: Ya existe un nodo en el árbol con la mims clave
   que el campo Clave de NuevoInfo}
{ post: Un nodo con nuevoInfo existe en el árbol,
   reemplazando a otro nodo con la misma clave }
```

Ejercicio 7.13

El árbol binario de búsqueda se ordena por Código desde menor a mayor. Una organización de mujeres quiere seleccionar algunas estudiantes femeninas próximas a graduarse para otorgar premios. Escribir un método ImpMujeresUltimoAño para escribir el nombre, Código y edad de cada mujer en el último año, ordenado desde el mayor al menor Código.

Ejercicio 7.14

Escribir un método no recursivo llamado Antecesor que imprima los antecesores de un nodo cuyo campo valor contiene un número. Número solo aparece una vez en el árbol. No imprimir número. Se supone que el árbol no está vacío.

Ejercicio 7.15

Se requiere la versión recursiva del ejercicio anterior.

Ejercicio 7.16

Respecto al árbol Avl:

1. Insertar la siguiente secuencia de elementos en un árbol Avl: 12, 19, 34, 1, 12, 15, 45, 2, 46, 13, 89, 16, 35, 26.
2. Eliminar 3 datos del árbol Avl (cualquiera), mostrar cómo quedaría el árbol en cada eliminación.

Ejercicio 7.17

Respecto al árbol 1-2-3:

1. Mostrar el proceso de inserción de un elemento dado en un árbol 1-2-3, mostrando los estados intermedios alcanzados por el árbol cuando se inserta la siguiente secuencia de elementos: 12, 34, 1, 15, 45, 2, 46, 13, 89, 16, 35, 26.
2. Eliminar 3 datos del árbol 1-2-3 (cualquiera), mostrar cómo quedaría el árbol en cada eliminación.
3. Implementar en java las operaciones básicas del TAD del árbol 1-2-3.

Ejercicio 7.18

Respecto al árbol 2-3:

1. Insertar la siguiente secuencia de elementos en un árbol 2-3: 12, 34, 1, 15, 45, 2, 46, 13, 89, 16, 35, 26.
2. Eliminar 3 datos del árbol 2-3 (cualquiera), mostrar cómo quedaría el árbol en cada eliminación.
3. Implementar en java las operaciones básicas del TAD del árbol 1-2-3.

Ejercicio 7.19

Proponer una implementación del TAD TRIE (ver Sección 7.12.1). Crear un Cliente Main que permita probar todas las operaciones del TAD.

Ejercicio 7.20

Proponer una implementación del TAD CUADTREE. Crear un Cliente Main que permita manipular la imagen de la Figura 7.100. Además, implemente un método que permita dibujar la imagen.

Ejercicio 7.21

En este ejercicio se requiere borrar el elemento clave 50 del árbol que se presenta en la Figura 7.106. ¿Qué caso es?

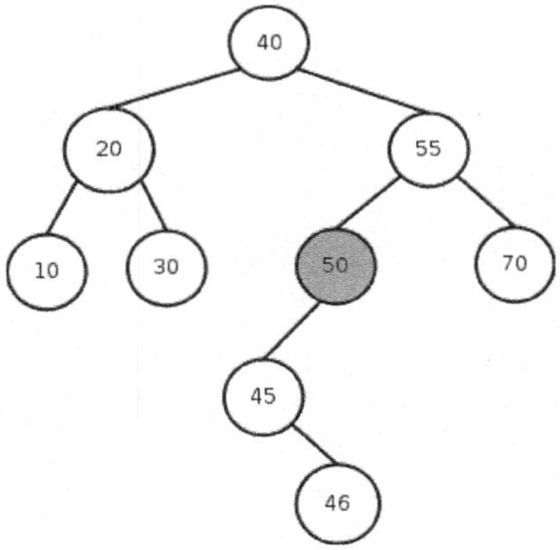

Figura 7.106. Borrando un elemento del árbol binario

Ejercicio 7.22

Se propone crear la implementación recursiva de eliminar de un elemento en un árbol binario.

8

GRAFOS

8.1 INTRODUCCIÓN

En este capítulo se presentan unas estructuras de datos más generales que los árboles, que permiten modelar relaciones no necesariamente jerárquicas entre elementos de un conjunto. Los grafos se utilizan para representar mapas de rutas, organización de procesos, espacios de búsqueda para juegos, circuitos lógicos, etc.

Muchos problemas se plantean y resuelven utilizando un grafo como la estructura de modelaje. Desde un punto de vista práctico, los grafos permiten estudiar las interrelaciones entre unidades que interactúan unas con otras. El caso típico es el de un camión repartidor, que debe visitar diferentes puntos de la ciudad para dejar su producto. Allí, la ciudad se representa con un grafo como el de la Figura 8.1, y el algoritmo que busca la solución se mueve sobre sus componentes y relaciones, teniendo en cuenta el tiempo que toma ir de un lugar a otro [2].

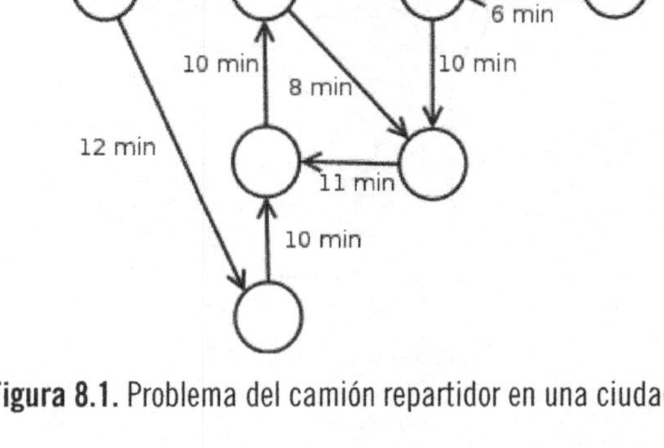

Figura 8.1. Problema del camión repartidor en una ciudad

8.2 CONCEPTOS Y DEFINICIONES

Un grafo *G* agrupa entes físicos o conceptuales y las relaciones entre ellos. Un grafo está conformado por un conjunto de *vértices* o nodos *V*, que representan a los entes, y un conjunto de *arcos A*, que representan las relaciones entre vértices. Un grafo se representa con el par *G* = (*V*, *A*). La Figura 8.2 muestra un grafo formado por los vértices *V* = {1, 4, 5, 7, 9} y el conjunto de arcos *A* = {(1, 4), (4, 1), (5, 1), (1, 5), (7, 9), (9, 7), (7, 5), (5, 7), (4, 9), (9, 4)}.

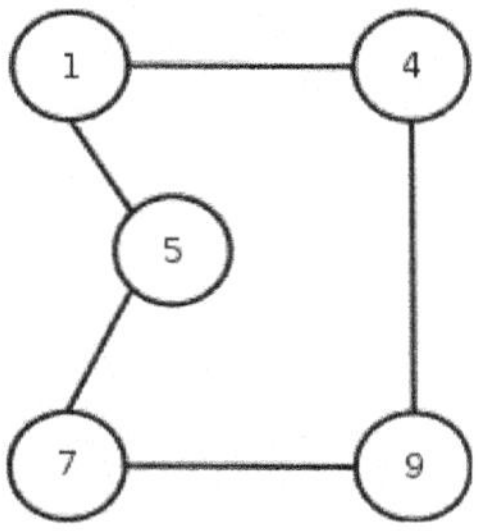

Figura 8.2. Grafo no dirigido

Un arco o una arista representa una *relación* entre dos nodos. Esta relación, al estar formada por dos nodos, se representa por (*u*, *v*) siendo *u*, *v* el par de nodos. El grafo es *no dirigido* si los arcos están formados por pares de nodos no ordenados, no apuntados; se representa con un segmento uniendo los nodos, *u*−*v*. El grafo de la Figura 8.2 es no dirigido.

Un grafo es *dirigido*, también denominado *digrafo*, si los pares de nodos que forman los arcos son ordenados; se representa con una flecha que indica la dirección de la relación, *u* −→ *v*. El grafo de la Figura 8.3, que consta de los vértices *V* = *C*, *D*, *E*, *F*, *H* y de los arcos *A* = (*C*, *D*), (*D*, *F*), (*E*, *H*), (*H*, *E*), (*E*,*C*) forma el grafo dirigido *G* = *V*, *A*.

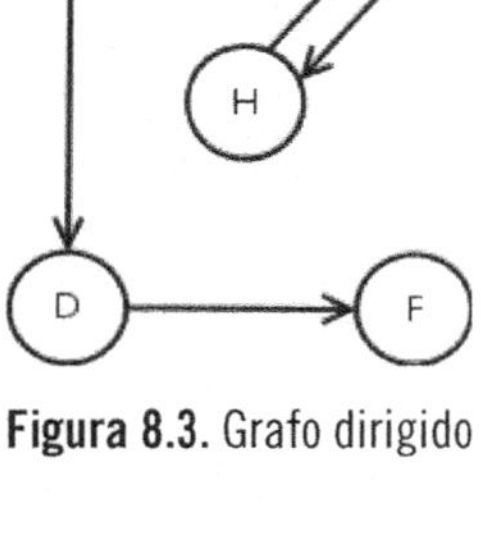

Figura 8.3. Grafo dirigido

Dado el arco (*u, v*) de un grafo, se dice que los vértices *u* y *v* son *adyacentes*. Si el grafo es dirigido, el vértice *u* es adyacente a *v*, y *v* es adyacente a *u*.

En los modelos realizados con grafos, a veces, una relación entre dos nodos tiene asociada una magnitud, denominada *factor de peso*, en cuyo caso se dice que es un grafo *valorado*. Por ejemplo, los pueblos que forman una comarca junto con la relación entre un par de pueblos que están unidos por un camino, esta relación tiene asociado un factor de peso, que es la distancia en kilómetros. La Figura 8.4 muestra un grafo valorado, en el que cada arco tiene asociado un peso que es la longitud entre dos nodos.

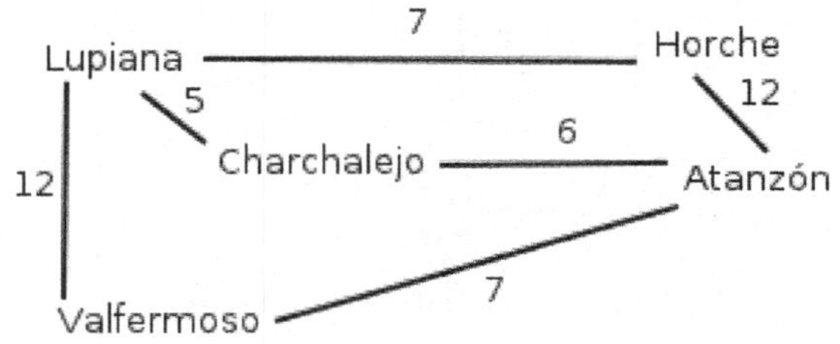

Figura 8.4. Grafo no dirigido valorado

DEFINICIÓN 8.2.1

Grafo

Un grafo permite modelar relaciones arbitrarias entre objetos. Un grafo *G* = (*V, A*), es un par formado por un conjunto de vértices o nodos, *V* , y un conjunto de arcos o aristas, *A*. Cada arco es el par (*u, w*), siendo *u, w* dos vértices relacionados.

8.2.1 Grado de entrada, grado de salida de un grafo

El grado es una cualidad que se refiere a los nodos de un grafo. En un grafo no dirigido, el grado de un nodo *v*, *grado*(*v*), es el número de arcos que contienen a *v*. En un grafo dirigido se distingue entre grado de entrada y grado de salida; grado de entrada de un grafo *v*, *gradent*(*v*), es el número de arcos que llegan a *v*; grado de salida de *v*, *gradsal*(*v*), es el número de arcos que salen de *v*.

Así, en el grafo no dirigido de la Figura 8.4, *grado*(*Lupiana*) = 3. En el grafo dirigido de la Figura 8.3, *gradent*(*D*) = 1 y *gradsal*(*D*) = 1.

8.2.2 Camino

Un camino P de longitud n desde el vértice v_o a v_n en un grafo G, es la secuencia de $n + 1$ vértices $v_0, v_1, v_2, ..., v_n$ tal que $(v_i, v_{i+1}) \in A$ (arcos) para $0 \leq i \leq n$. Matemáticamente el camino $P = (v_0, v_1, v_2, ..., v_n)$.

En el grafo de la Figura 8.5 se pueden encontrar más de un camino; por ejemplo, $P1 = (4, 6, 9, 7)$ es un camino de longitud 3. $P2 = (10, 11)$ es un camino de longitud 1. En resumen, la longitud del camino es el número de arcos que lo forman.

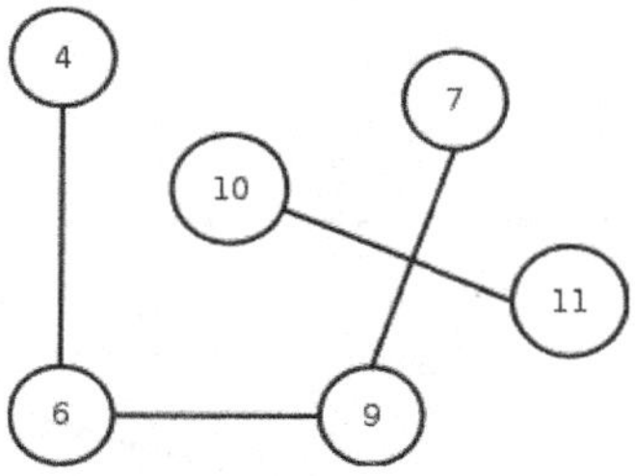

Figura 8.5. Grafo no dirigido de 5 vértices

En el grafo valorado de la Figura 8.4, el camino (Lupiana, Valfermoso, Atanzón) tiene longitud de 12 + 5 = 19.

En algunos grafos se dan arcos desde un vértice así mismo, (v, v); entonces el camino $v \dashrightarrow v$ es un bucle. Normalmente, en los grafos no hay nodos relacionados con sí mismo, no es frecuente encontrarse grafos con bucles.

Un camino $P = (v_0, v_1, v_2, ..., v_n)$ es simple si todos los nodos que forman el camino son distintos, pudiendo ser iguales v_0, v_n, es decir, los extremos del camino.

En un grafo dirigido, un ciclo es un camino simple cerrado. Por tanto, un ciclo empieza y termina en un mismo nodo, $v_0 = v_n$, y además, debe tener más de un arco. Un grafo dirigido sin ciclos (acíclico) se acostumbra a denominar GDA (Grafo Dirigido Acíclico). La Figura 8.6 muestra un grafo dirigido en el que los vértices (A, E, B, F, A) forman un ciclo de longitud 4. En general, un ciclo de longitud k se denomina $k - ciclo$.

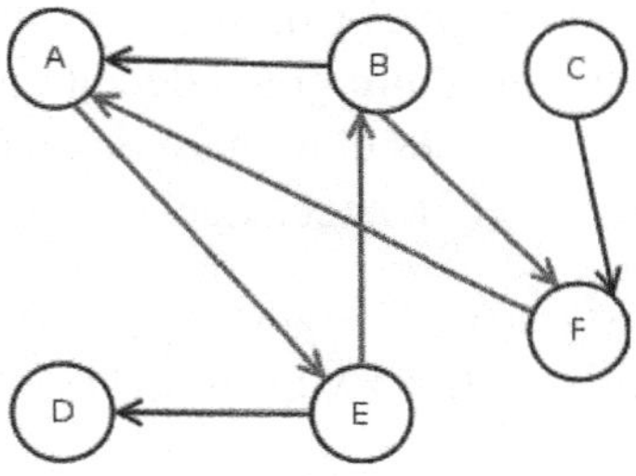

Figura 8.6. Grafo dirigido con ciclos

Un grafo no dirigido es *conexo* (ver Figura 8.7 a.) si existe un camino entre cualquier par de nodos que forman el grafo. Un grafo dirigido con esta propiedad se dice que es *fuertemente conexo* (ver Figura 8.7 b.). Además un grafo *completo* es aquel que tiene un arco para cualquier par de vértices.

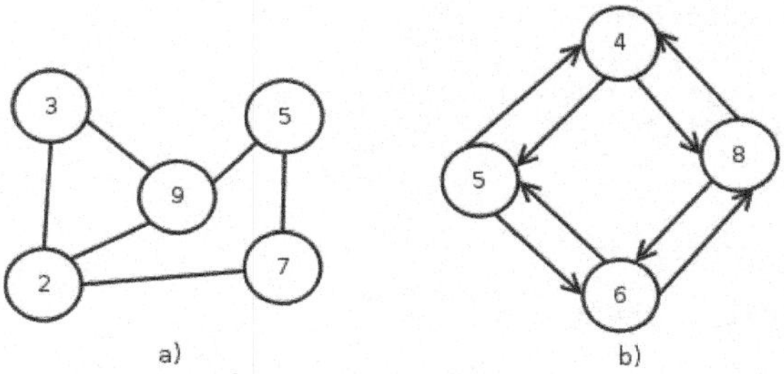

Figura 8.7. a) Grafo conexo. b) Grafo fuertemente conexo

8.3 EL TAD GRAFO

A continuación se muestran las operaciones básicas permiten construir el grafo. Su realización o implementación depende de la representación elegida, ya sea matriz de adyacencia o lista de adyacencia (Ver sección 8.4).

- *nuevoVertice(u)*: Añade el vértice u al grafo *G*.
- *nuevoArco(u, v)*: Añade el arco o arista (*u, v*) al grafo.
- *nuevoArco(u, v, w)*: Para un grafo valorado, añade el arco (*u, v*) al grafo, y el coste del arco, *w*.
- *borrarArco(u, v)*: Elimina del grafo el arco (*u, v*).
- *borrarVertice(u)*: Elimina el vértice *u* del grafo *G*.
- *adyacente(u, v)*: Operación que devuelve cierto si los vértices (*u, v*) forman un arco.

A continuación se muestra la especificación del TAD Grafo al estilo C [4]. El grafo que se presenta en esta sección está parametrizado por el tipo de información que se almacenan en los vértices, en este caso char, por ejemplo, 'A','B','C', etc. Y los costos de los arcos son de tipo int. Otra alternativa habría sido adicionar como parámetros del TAD los tipos *V e˜rtice* y *Costo*, de tal forma que no quedaran restringidos al tipo char e int, como sucede en este caso.

```
TAD Grafo [ T ]
{ invariante: TRUE }
Constructoras:
   crearGrafo:
Modificadoras:
    nuevoVertice: Grafo T
    nuevoArco: Grafo char char
    nuevoArco: Grafo char char int
    borrarVertice: Grafo T
    borrarArco: Grafo T T

Analizadoras:
    adyacente: Grafo char char
Destructora:
    destruirGrafo: Grafo

Grafo crearGrafo( void )
/* Crea un grafo vacio */
{ post: crearGrafo = (ϕ, ϕ) }

void nuevoVertice(Grafo g, T elem)
/* Agrega un vértice al grafo con la información elem asociada*/\
{ pre: g = ({v1,...,vn}, A)}
{ post: g = ({v1,...,vn,vn+1}, A), info(vn+1) = elem}

void nuevoArco(Grafo g, char x1, char x2)
/* Agrega al grafo el arco x1 ⟶ x2 */\
{ pre: V = {v1,...,vn}, x1=vj, x2=vk, ¬∃k|(x1,x2,k) ∈ A }
{ post: g = (V, A ∪ (x1,x2))}

void nuevoArco(Grafo g, char x1, char x2, int c)
/* Agrega al grafo el arco x1 ⟶ x2 con costo c*/\
{ pre: V = {v1,...,vn}, x1=vj, x2=vk, ¬∃k|(x1,x2,k) ∈ A, c ≥ 0 }
{ post: g = (V, A ∪ (x1, x2, c))}

void borrarArco(Grafo g, char x1, char x2)
/* Elimina del grafo el arco x1 ⟶ x2 */\
{ pre: (x1, x2, c) ∈ A }
{ post: g = (V, A - (x1, x2, c))}

void borrarVertice(Grafo g, T element)
/* Elimina del grafo el vértice con la información element asociada
   */\
{ pre: element ∈ V }
{ post: g = ((V - element), A)}

bool adyacente(Grafo g, char x1, char x2)
/* Devuelve true si los vértices x1, x2 forman un arco */
{ post: ((x1 ⟶ x2) ∈ A, adyacente=true) ∨ (¬∃x1,x2|(x1 ⟶ x2) ∈ A,
   adyacente=false)}

void destruirGrafo(Grafo g)
```

```
/* Destruye el objeto abstracto, retornando la memoria ocupada por
   éste */
{ post: el grafo g no tiene memoria reservada }
```

8.4 REPRESENTACIÓN DE LOS GRAFOS

Los grafos se pueden representar con una matriz bidireccional, conocida como *matriz de adyacencia*, o con una estructura multienlazada, denominada *listas de adyacencia*. La primera es conveniente para un grafo denso (tiene la mayoría de arcos posibles); mientras que la lista de adyacencia es útil para grafos dispersos (pocos arcos) [2]. Estas representaciones se explican a continuación.

8.4.1 Matriz de adyacencia

Un grafo tiene un conjunto de pares de vértices que están relacionados, o que son adyacentes. Por ello, la forma más sencilla de representación es mediante una matriz, de tantas filas y columnas como nodos, que permite modelar fácilmente esa cualidad.

Sea $G = (V, A)$ un grafo de n nodos, siendo $V = \{v_0, v_1, v_2, ..., v_{n-1}\}$ el conjunto de nodos, y $A = \{(v_i, v_j)\}$ el conjunto de arcos. Los nodos están numerados consecutivamente de 0 a $n - 1$. La representación de los arcos se hace con una matriz A de nxn elementos, denominada matriz de adyacencia, tal que todo elemento a_{ij} puede tomar valores: 1 (si hay un arco v_i, v_j), y 0 (si no hay arco v_i, v_j).

Ejemplo. Dado el grafo dirigido de la Figura 8.8 , escribir la matriz de adyacencia.

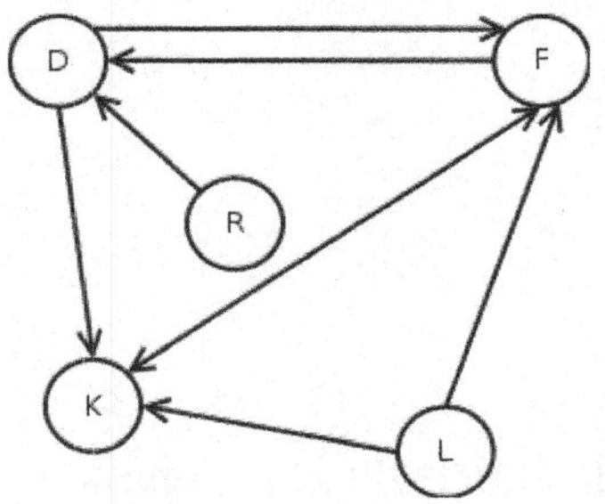

Figura 8.8 Grafo dirigido con los vértices D, F, K, L, R

Suponiendo que el orden de los vértices es *{D, F, K, L, R}*, entonces la matriz de adyacencia A es:

Matriz de adyacencia del grafo de la Figura 8.8					
	D	F	K	L	R
D	0	1	1	0	0
F	1	0	1	0	0
K	0	1	0	0	0
L	0	1	1	0	0
R	1	0	0	0	0

En los grafos no dirigidos la matriz de adyacencia siempre es simétrica: si v_i está relacionado con v_j, entonces v_j está relacionado con v_i.

Los grafos que tienen factor de peso, en lugar de 1, se coloca el factor de peso; un arco que no existe se puede colocar con 0 o con un valor particular. A esta matriz se le llama *matriz valorada* o *matriz de pesos*. La matriz de pesos del grafo de la Figura 8.4 es:

Matriz de pesos del grafo de la Figura 8.4					
	Lupiana	Horche	Charchalejo	Atazón	Valfermoso
Lupiana	0	7	5	0	12
Horche	7	0	0	12	0
Charchalejo	5	0	0	6	0
Atazón	0	12	6	0	7
Valfermoso	12	0	0	7	0

8.4.2 Implementación de la Matriz de Adyacencia

Para implementar un grafo mediante la matriz de adyacencia se necesitan dos clases *Vertice* y *GrafoMatriz*. La clase *Vertice* representa cada nodo y la clase

GrafoMatriz representa el grafo como tal que contiene la matriz de adyacencia y un vector de vértices. La Figura 8.9 muestra el diagrama de clases.

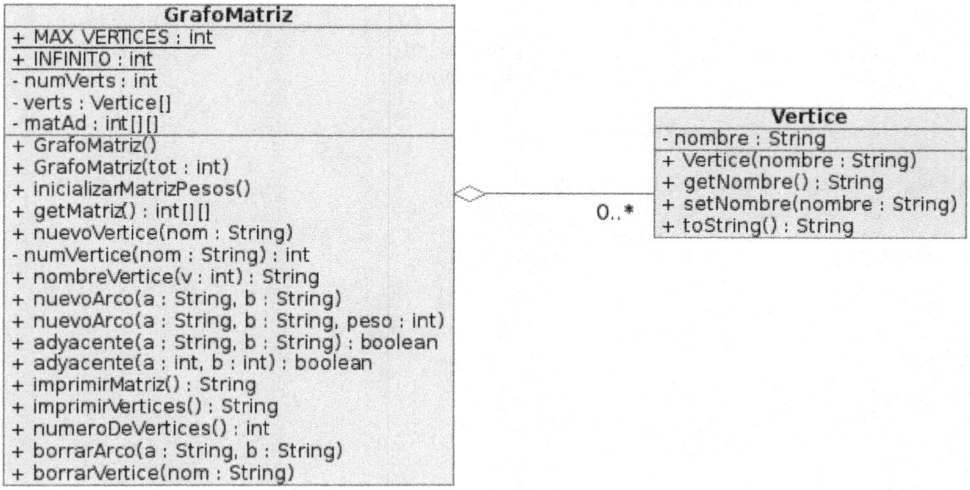

Figura 8.9. Diagrama de clases de la Matriz de adyacencia de un grafo

A continuación se presenta la implementación en Java.

```
package grafos.modelo;
// Representa un nodo del grafo, con su nombre
public class Vertice {
    // Nombre del vértice o nodo
    private String nombre;

    // Constructor
    public Vertice(String nombre) {
        super();
        this.nombre = nombre;
    }

    public String getNombre() {
        return nombre;
    }

    public void setNombre(String nombre) {
        this.nombre = nombre;
    }

    public String toString() {
        return nombre;
    }
}
```

```
package co.unicauca.grafos;
// Representa el grafo, tiene la matriz de adyacencia y un vector
   de vértices
public class GrafoMatriz {
    // Constantes
    public static int MAX_VERTICES = 20;
    public static int INFINITO = 1000000;
    // Numero total de vertices
    private int numVerts;
    // Vector de vertices
    private Vertice[] verts;
    // Matriz de adyacencia
    private int[][] matAd;

    // Constructor por defecto, invoca al constructor parametrizado
    public GrafoMatriz() {
        this(MAX_VERTICES);
    }

    /**
     * Inicializa en cero la matriz de adyacencia
     *
     * @param tot
     *            total de vertices del grafo
     */
    public GrafoMatriz(int tot) {
        this.matAd = new int[tot][tot];
        verts = new Vertice[tot];
        // Se recorre la matriz e inicializa en ceros
        for (int i = 0; i < tot; i++)
            for (int j = 0; j < tot; j++)
                this.matAd[i][j] = 0;
        this.numVerts = 0;
    }

    /**
     * Inicializa con INFINITO la matriz de pesos (matriz valorada)
     */
    public void inicializarMatrizPesos() {
        for (int i = 0; i < numVerts; i++)
            for (int j = 0; j < numVerts; j++)
                this.matAd[i][j] = INFINITO;
    }

    /**
     * Devuelve la matriz de adyacencia o de pesos
     *
     * @return
     */
    public int[][] getMatriz() {
        return this.matAd;
    }

```

```
    /**
     * Crea un nuevo vértice. Verifica que no este en el vector
     *
     * @param nom nombre del vértice
     */
    public void nuevoVertice(String nom) {
        boolean esta = numVertice(nom) >= 0;
        if (!esta) {
            Vertice v = new Vertice(nom);
            verts[numVerts++] = v;
        }
    }

    /**
     * Busca el número de vértice en el vector a partir del nombre,
       devuelve -1
     * si no lo encuentra
     *
     * @param nom nombre del vértice
     */
    private int numVertice(String nom) {
        int i = 0;
        while (i < numVerts) {
            if (verts[i].getNombre().equals(nom))
                return i;
            i++;
        }
        return -1;
    }

    /**
     * Devuelve el nombre del vértice dado el numero o posición del
       vector
     *
     * @param v vértice
     * @return nombre del vértice
     */
    public String nombreVertice(int v) {
        return verts[v].getNombre();
    }

    /**
     * Crea un nuevo arco. Recibe el nombre de cada vértice del
       arco, busca el
     * número de vértice asignado a cada uno de ellos y marca la
       matriz de
     * adyacencia.
     *
     * @param a nombre del primer vértice
     * @param b nombre del segundo vértice
     * @throws Exception
     */
    public void nuevoArco(String a, String b) throws Exception {
```

```
        int va, vb;
        va = numVertice(a);
        vb = numVertice(b);
        if (va < 0 || vb < 0)
            throw new Exception("Vertice no existe");
        matAd[va][vb] = 1;
    }

    /**
     * Crea un nuevo arco valorado. Recibe el nombre de cada vé
        rtice del arco,
     * busca el número de vértice asignado a cada uno de ellos y
        marca la matriz
     * de adyacencia con el peso.
     *
     * @param a nombre del primer vértice
     * @param b nombre del segundo vértice
     * @throws Exception
     */
    public void nuevoArco(String a, String b, int peso) throws
       Exception {
        int va, vb;
        va = numVertice(a);
        vb = numVertice(b);
        if (va < 0 || vb < 0)
            throw new Exception("Vertice no existe");
        matAd[va][vb] = peso;
    }

    /**
     * Determinan si dos vertices v1 y v2, forman un arco; es decir
        , si el
     * elemento de la matriz de adyacenciad es 1.
     *
     * @param a nombre del primer vertice
     * @param b nombre del segundo vertice
     * @return true si forman un arco, false en caso contrario
     * @throws Exception
     */
    public boolean adyacente(String a, String b) throws Exception {
        int va, vb;
        va = numVertice(a);
        vb = numVertice(b);
        if (va < 0 || vb < 0)
            throw new Exception("Vertice no existe");
        return matAd[va][vb] == 1;
    }

    /**
     * Determinan si dos vertices 1 y 2, forman un arco
     *
     * @param a número del primer vértice
     * @param b número del segundo vértice
     * @return
```

```
     * @throws Exception
     */
    public boolean adyacente(int a, int b) throws Exception {

        if (a < 0 || b < 0)
            throw new Exception("Vertice no existe");
        return matAd[a][b] == 1;
    }

    /**
     * Imprime la matriz de adyacencia
     *
     * @return cadena con la matriz de unos y ceros
     */
    public String imprimirMatriz() {
        String res = "";
        for (int i = 0; i < numVerts; i++) {
            for (int j = 0; j < numVerts; j++) {
                res = res + matAd[i][j] + " ";
            }
            res = res + "\n";
        }
        return res;

    }

    /**
     * Imprime los nombres de los vértices
     *
     * @return Cadena con los nombres de los vértices
     */
    public String imprimirVertices() {
        String res = "";
        for (int i = 0; i < numVerts; i++)
            res = res + verts[i].getNombre() + " ";
        return res;
    }

    /**
     * Devuelve el total de vértices del grafo
     *
     * @return total de vértices
     */
    public int numeroDeVertices() {
        return numVerts;
    }

    /**
     * Borra el arco a, b
     *
     * @param a nombre del primer vertice
     * @param b nombre del segundo vertice
     * @throws Exception
```

```
     */
    public void borrarArco(String a, String b) throws Exception {
        int va, vb;
        va = numVertice(a);
        vb = numVertice(b);
        if (va < 0 || vb < 0)
            throw new Exception("Vertice no existe");
        // Borrar el arco equivale a poner 0
        matAd[va][vb] = 0;
    }

    /**
     * Borra un vértice
     *
     * @param nom nombre del vertice a borrar
     * @throws Exception
     */
    public void borrarVertice(String nom) throws Exception {
        int va;
        va = numVertice(nom);
        if (va < 0)
            throw new Exception("Vertice no existe");

        // Borrarlo del vector de vértices
        Vertice vertsAux[] = new Vertice[numVerts - 1];
        int iAux = 0;
        // Copiar todos los elementos menos el que se va a borrar
        for (int i = 0; i < numVerts; i++) {
            if (i != va) {
                vertsAux[iAux] = verts[i];
                iAux++;
            }
        }
        // borrarlo de la matriz de adyacencia
        int matAdAux[][] = new int[numVerts - 1][numVerts - 1];
        int jAux = 0;
        iAux = 0;
        // Copiar todos los elementos menos el que se va a borrar
        for (int i = 0; i < numVerts; i++) {
            if (i != va) {

                jAux = 0;
                for (int j = 0; j < numVerts; j++) {
                    if (j != va) {
                        matAdAux[iAux][jAux] = matAd[i][j];
                        jAux++;
                    }
                }
                iAux++;
            }
        }
        // Renombrar
        this.verts = vertsAux;
```

```
    */
    public void borrarArco(String a, String b) throws Exception {
        int va, vb;
}
```

Para comprender cómo funciona la matriz de adyacencia anterior, a continuación se muestra un programa que inicializa el grafo de la Figura 8.8. En primer lugar, se crea una instancia del grafo utilizando la clase *GrafoMatriz*. Al constructor de esta clase se le pasa el número de nodos del grafo. Las llamadas al método *nuevoVertice()*, crea el vértice y lo asigna a la estructura. Luego se crean los arcos, para lo cual se leen los pares de vértices con sus nombres y se llama al método *nuevoArco()*. Se llama al método *adyacente()* para saber si dos nodos son adyacentes. Finalmente se imprimen los vértices mediante el método *imprimirVertices()*, y la matriz de adyacencia invocando al método *imprimirMatriz()*.

```
package co.unicauca.grafos;
public class ClienteMain {

    // Este programa muestra como utilizar la clase GrafoMatriz
    public static void main(String[] args) {
        GrafoMatriz grafo = new GrafoMatriz(5);
        grafo.nuevoVertice("D");
        grafo.nuevoVertice("F");
        grafo.nuevoVertice("K");
        grafo.nuevoVertice("L");
        grafo.nuevoVertice("R");
        try {
            grafo.nuevoArco("D", "F");
            grafo.nuevoArco("D", "K");
            grafo.nuevoArco("F", "D");
            grafo.nuevoArco("L", "K");
            grafo.nuevoArco("L", "F");
            grafo.nuevoArco("R", "D");
            System.out.println("Adyancete D y F? " + grafo.
               adyacente("D", "F"));
            System.out.println("Adyancete F y D? " + grafo.
               adyacente("F", "D"));
            System.out.println("Adyancete R y F? " + grafo.
               adyacente("R", "F"));

        } catch (Exception e) {
            e.printStackTrace();
        }
        System.out.println("Vertices:");
        System.out.println(grafo.imprimirVertices());
        System.out.println("Matriz de adyacencia:");
        System.out.println(grafo.imprimirMatriz());
    }
}
```

La salida por consola de este programa sería la siguiente.

```
Adyancete D y F? true
Adyancete F y D? true
Adyancete R y F? false
Vertices:
D F K L R
Matriz de adyacencia:
0 1 1 0 0
1 0 0 0 0
0 0 0 0 0
0 1 1 0 0
1 0 0 0 0
```

8.4.3 Lista de adyacencia

La representación de un grafo con una matriz de adyacencia no es eficiente cuando el grafo es poco denso (pocos arcos), ya que la matriz tendría muchos ceros, pues ocuparía la misma cantidad de espacio que si tuviera muchos arcos. Por lo tanto, se puede elegir listas enlazadas, denominadas listas de adyacencia.

Las listas de adyacencia son una estructura multienlazada formada por una tabla directorio en la que cada elemento representa un vértice del grafo, del cual emerge una lista enlazada con todos sus vértices adyacentes. Es decir, cada lista representa los arcos con el vértice origen del nodo de la lista directorio, por eso se llama lista de adyacencia.

La Figura 8.10 representa un grafo dirigido. La representación mediante listas de adyacencia se encuentra en la Figura 8.11.

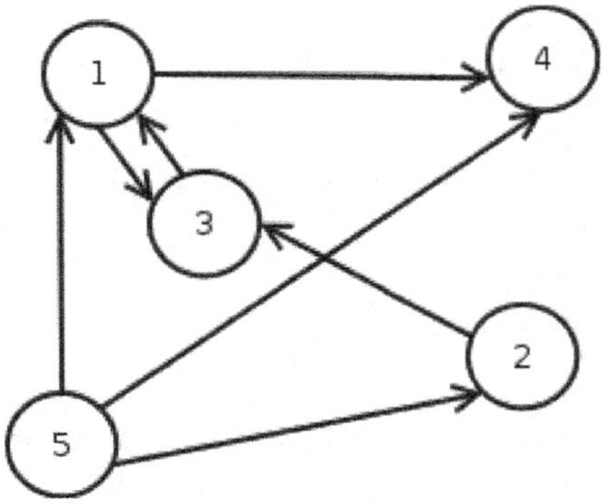

Figura 8.10. Ejemplo de un grafo dirigido

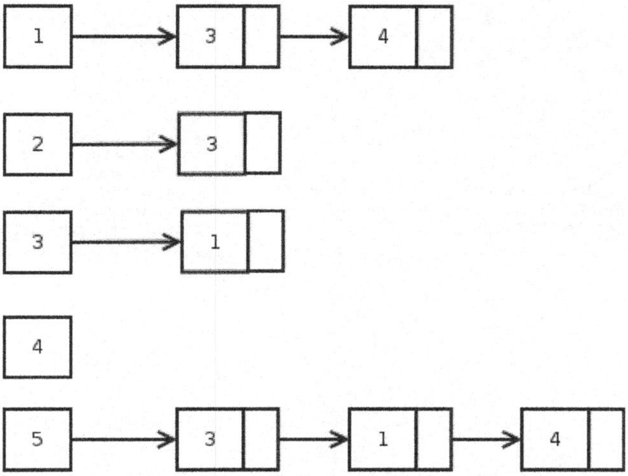

Figura 8.11. Lista de adyacencia del grafo 8.10

Si se analiza el vértice 5, es adyacente a los vértices 1, 2 y 4; por ello su lista de adyacencia consta de tres nodos, cada uno con el vértice destino que forma el arco. El vértice 4 no es origen de ningún arco, su lista de adyacencia está vacía.

8.4.4 Implementación de la Lista de Adyacencia

Para implementar un grafo mediante la matriz de adyacencia se necesitan tres clases: *Arco*, *VerticeAdy* y *GrafoAdcia*. La clase *Arco* representa un arco que guarda el nombre del vértice destino y en los grafos valorados se guarda, el peso asociado al arco. La clase *VerticeAdy* representa un vértice, que contiene una lista adyacente de arcos. Y la clase *GrafoAdcia* define el grafo como una Lista de Adyacencia. Implementa las operaciones básicas para los grafos: nuevo vértice, nuevo arco, borrar arco, borrar vértice, entre otros (las mismas que se implementaron con la matriz de adyacencia).

La Figura 8.12 muestra el diagrama de clases.

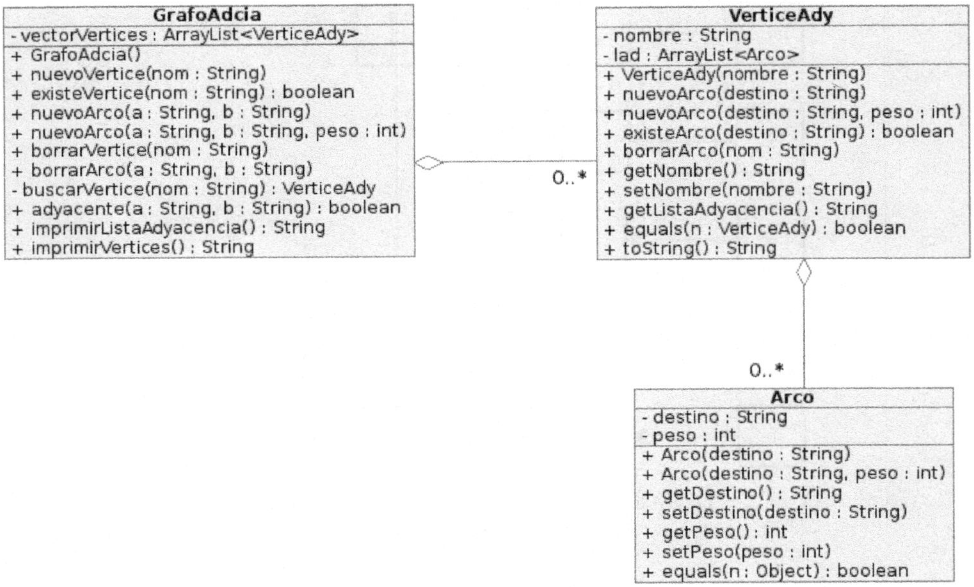

Figura 8.12. Diagrama de clases para la lista de adyacencia de un grafo

A continuación el código fuente en Java:

```
package grafos.modelo;
/**
 * Representa un arco. Guarda el nombre del vertice destino y en los grafos
 * valorados se guarda, el peso asociado al arco.
 *
 */
public class Arco {
    // Nombre del vertice destino
    private String destino;
    // Peso del arco
    private int peso;

    // Constructor
    public Arco(String destino) {
        this.destino = destino;
        this.peso=0;
    }

    // Constructor
    public Arco(String destino, int peso) {
        this.destino = destino;
        this.peso = peso;
```

```java
    }

    public String getDestino() {
        return destino;
    }

    public void setDestino(String destino) {
        this.destino = destino;
    }

    public int getPeso() {
        return peso;
    }

    public void setPeso(int peso) {
        this.peso = peso;
    }

    public boolean equals(Object n) {
        Arco a = (Arco) n;
        return destino == a.destino;
    }
}
```

```java
package grafos.modelo;
import java.util.ArrayList;
// Representa un vértice, que contiene una lista adyacente de arcos
public class VerticeAdy {
    // Nombre del véertice
    private String nombre;

    // Lista de adyacencia
    private ArrayList<Arco> lad;

    // Constructor
    public VerticeAdy(String nombre) {
        this.nombre = nombre;
        lad = new ArrayList<Arco>();
    }

    /**
     * Crea un nuevo arco
     *
     * @param destino vértice destino
     * @throws Exception
     */
    public void nuevoArco(String destino) throws Exception {
        if (existeArco(destino))
            throw new Exception("Vertice destino ya existe");
        Arco arco = new Arco(destino);
        lad.add(arco);
    }
```

```java

    /**
     * Crea un nuevo arco
     *
     * @param destino vértice destino
     * @param peso peso en los grafos valorados
     * @throws Exception
     */
    public void nuevoArco(String destino, int peso) throws
        Exception {
        if (existeArco(destino))
            throw new Exception("Vertice destino ya existe");
        Arco arco = new Arco(destino, peso);
        lad.add(arco);
    }

    /**
     * Examina si un arco existe o no
     *
     * @param destino destino del vertice
     * @return
     */
    public boolean existeArco(String destino) {
        for (Arco arco : lad) {
            if (arco.getDestino().equals(destino))
                return true;
        }
        return false;
    }

    /**
     * Borra un arco de la lista de adyacencia
     *
     * @param nom nombre del vértice destino a borrar
     */
    public void borrarArco(String nom) {
        for (int i = 0; i < lad.size(); i++) {
            Arco arco = lad.get(i);
            if (arco.getDestino().equals(nom))
                lad.remove(i);
        }
    }

    public String getNombre() {
        return nombre;
    }

    public void setNombre(String nombre) {
        this.nombre = nombre;
    }

    public String getListaAdyacencia() {
        String res = "";
```

```
        for (Arco arco : lad) {
            res = res + " " + arco.getDestino();
        }
        return res;
    }

    public boolean equals(VerticeAdy n) {
        return nombre.equals(n.nombre);
    }

    public String toString() {
        return nombre;
    }
}
```

```
package grafos.modelo;
import java.util.ArrayList;

/**
 *
 * Clase que define el grafo como una Lista de Adyacencia. Implementa las
 * operaciones básicas para los grafos: nuevo vértice, insertar arco, dar de
 * baja un vértice y sus arcos...
 *
 */
public class GrafoAdcia {
    // Vector de vértices
    private ArrayList<VerticeAdy> vectorVertices;

    /**
     * Constructor parametrizado Crea la lista de adyacencia para un número de
     * vértices preestablecido.
     *
     * @param maxVerts total de vértices a crear
     */
    public GrafoAdcia() {
        vectorVertices = new ArrayList<VerticeAdy>();
    }

    // Operaciones básicas: nuevoVertice(), nuevoArco(),
    // borrarArco(),adyacente(), borrarVertice()

    /**
     * Recibe la etiqueta (string) de un vértice del grafo, comprueba si ya está
     * en la lista de vértices, en caso negativo incrementa el número de
     * vértices y lo asigna a la lista
     *
```

```
     * @param nom nombre del vértice
     */
    public void nuevoVertice(String nom) throws Exception {
        if (existeVertice(nom))
            throw new Exception("Vertice ya existe");
        VerticeAdy vert = new VerticeAdy(nom);
        vectorVertices.add(vert);
    }

    /**
     * Determina si existe un vértice
     *
     * @param nom nombre del vértice a buscar en la estructura
         general
     * @return true si existe
     */
    public boolean existeVertice(String nom) {
        for (VerticeAdy va : vectorVertices) {
            if (va.getNombre().equals(nom))
                return true;
        }
        return false;
    }

    /**
     * Recibe el nombre de cada vértice del arco, busca el número
         de vértice
     * asignado a cada uno de ellos y crea el arco en el vértice
         respectivo
     *
     * @param a nombre del primer vértice
     * @param b nombre del segundo vértice
     * @throws Exception
     */
    public void nuevoArco(String a, String b) throws Exception {
        if (!(existeVertice(a) && existeVertice(b)))
            throw new Exception("Vertice no existe");

        VerticeAdy vertice = buscarVertice(a);
        vertice.nuevoArco(b);
    }

    /**
     * Recibe el nombre de cada vértice del arco, busca el número
         de vértice
     * asignado a cada uno de ellos y crea el arco en el vértice
         respectivo
     *
     * @param a nombre del primer vértice
     * @param b nombre del segundo vértice
     * @param peso eso del arco
     * @throws Exception
     */
```

```

    public void nuevoArco(String a, String b, int peso) throws
        Exception {
        if (!(existeVertice(a) && existeVertice(b)))
            throw new Exception("Vertice no existe");

        VerticeAdy vertice = buscarVertice(a);
        vertice.nuevoArco(b, peso);
    }

    /**
     * Borra un vértice
     *
     * @param nom nombre del vértice a borrar
     * @throws Exception
     */
    public void borrarVertice(String nom) throws Exception {
        if (!(existeVertice(nom)))
            throw new Exception("Vertice no existe");
        // Recorre el vector de vertices para eliminar el
            solicitado
        int i = 0;
        while (i < vectorVertices.size()) {
            VerticeAdy va = vectorVertices.get(i);
            if (va.getNombre().equals(nom)) {
                vectorVertices.remove(i);
            } else {
                va.borrarArco(nom);
                i++;
            }
        }
    }
    /**
     * Borra el arco a, b
     * @param a nombre del primer vértice
     * @param b nombre del segundo vértice
     * @throws Exception
     */
    public void borrarArco(String a, String b) throws Exception {
        if (!(existeVertice(a) && existeVertice(b)))
            throw new Exception("Vertice no existe");
        VerticeAdy va = buscarVertice(a);
        va.borrarArco(b);
    }
    /**
     * Busca un vértice a partir del nombre
     *
     * @param nom nombre del vértice
     * @return El objeto VerticeAdy, null si no no lo encuentra
     */
    private VerticeAdy buscarVertice(String nom) {
        for (VerticeAdy va : vectorVertices) {
            if (va.getNombre().equals(nom))
```

```
                return va;
        }
        return null;
    }

    /**
     * Determinan si dos vértices v1 y v2, forman un arco; es decir
        , si el
     * elemento de la matriz de adyacenciad es 1.
     *
     * @param a nombre del primer vértice
     * @param b nombre del segundo vértice
     * @return true si forman un arco, false en caso contrario
     * @throws Exception
     */
    public boolean adyacente(String a, String b) throws Exception {

        if (!(existeVertice(a) && existeVertice(b)))
            throw new Exception("Vertice no existe");
        VerticeAdy vertice = buscarVertice(a);
        return vertice.existeArco(b);
    }

    /**
     * Imprime la lista de adyacencia, en forma horizontal los
        arcos de cada
     * vértice
     *
     * @return lista de adyacencia
     */
    public String imprimirListaAdyacencia() {
        String res = "";
        for (VerticeAdy va : vectorVertices) {
            res = res + va.getNombre() + " arcos: " + va.
                getListaAdyacencia()
                    + "\n";
        }
        return res;
    }

    /**
     * Imprime los nombres de los vértices
     *
     * @return Cadena con los nombres de los vértices
     */
    public String imprimirVertices() {
        String res = "";
        for (VerticeAdy va : vectorVertices)
            res = res + va.getNombre() + " ";
        return res;
    }
}
```

Para comprender cómo funciona la lista de adyacencia anterior, a continuación se muestra un programa que inicializa el grafo de la Figura 8.8. En primer lugar se crea una instancia del grafo utilizando la clase *GrafoAdcia*. Las llamadas al método *nuevoVertice()*, crea el vértice y lo asigna a la estructura. Luego se crean los arcos, para lo cual se leen los pares de vértices con sus nombres y se llama al método *nuevoArco()*. Se llama al método *adyacente()* para saber si dos nodos son adyacentes. Finalmente se imprimen los vértices mediante el método *imprimirVertices()*, y la lista de adyacencia invocando al método *imprimirListaAdyacencia()*.

```
package co.unicauca.grafos;
public class ClienteMain {

    // Este programa muestra cómo utilizar la clase GrafoAdcia
    public static void main(String[] args) {
        GrafoAdcia grafo = new GrafoAdcia();
        try {
            grafo.nuevoVertice("D");
            grafo.nuevoVertice("F");
            grafo.nuevoVertice("K");
            grafo.nuevoVertice("L");
            grafo.nuevoVertice("R");
            grafo.nuevoArco("D", "F");
            grafo.nuevoArco("D", "K");
            grafo.nuevoArco("F", "D");
            grafo.nuevoArco("L", "K");
            grafo.nuevoArco("L", "F");
            grafo.nuevoArco("R", "D");
            System.out.println("Adyancete D y F? " + grafo.
                adyacente("D", "F"));
            System.out.println("Adyancete F y D? " + grafo.
                adyacente("F", "D"));
            System.out.println("Adyancete R y F? " + grafo.
                adyacente("R", "F"));

            System.out.println("Vertices:");
            System.out.println(grafo.imprimirVertices());
            System.out.println("Lista de adyacencia:");
            System.out.println(grafo.imprimirListaAdyacencia());

        } catch (Exception e) {
            e.printStackTrace();
        }
    }
}
```

La salida por consola de este programa sería la siguiente:

```
Adyancete D y F? true
Adyancete F y D? true
Adyancete R y F? false
Vertices:
D F K L R
Lista de adyacencia:
D arcos:  F K
F arcos:  D
K arcos:
L arcos:  K F
R arcos:  D
```

8.5 RECORRIDOS DE UN GRAFO

Recorrer un grafo consiste en visitar todos los vértices alcanzables a partir de uno dado. Muchos problemas que se plantean con grafos exigen examinar los arcos de que consta y procesar los vértices [2].

Siendo *V* el conjunto de vértices del grafo, los algoritmos de recorrido de grafos parten de un nodo, *v*, y mantienen un conjunto de nodos marcados (procesables), *W* , que inicialmente es el nodo de partida, *v*. Cada pasada del algoritmo retira un nodo *w*, del conjunto *W* , que se procesa y para cada una de las aristas cuyo origen es *w*, (*w, u*), su vértice adyacente *u* se añade a *W* si no está marcado. El algoritmo continúa hasta que el conjunto *W* queda vacío, en ese momento todo vértice no marcado no es accesible desde el nodo de partida *v*. Si se necesita un recorrido completo, se puede continuar desde cualquier vértice no marcado.

Hay dos formas de recorrer un grafo: recorrido en *profundidad* y recorrido en *anchura*. Si el conjunto de nodos marcados se trata como una cola, el recorrido es en anchura; si se trata como una pila, el recorrido es en profundidad.

8.5.1 Recorrido en anchura

Se utiliza un *cola* como estructura en la que se mantienen los vértices marcados que se van a procesar posteriormente. El proceso de los elementos en una cola (primero en entrar primero en salir) hace que, a partir del vértice de partida *v* se procesen primero todos los vértices adyacentes a *v*, después los adyacentes a éstos que estuvieran ya marcados o visitados, y así sucesivamente con los adyacentes de los adyacentes.

El orden en que se visitan los nodos en el recorrido en anchura se expresa en el siguiente algoritmo:

1. Marcar el vértice de partida *v*.
2. Meter en la cola el vértice de partida *v*.
3. Repetir los pasos 4 y 5 hasta que se cumpla la condición cola vacía.
4. Quitar el nodo frente de la cola, *w*, visitar *w*.
5. Meter en la cola todos los vértices adyacentes a *w* que no estén marcados y, a continuación marcar esos vértices.
6. Fin recorrido.

EJEMPLO 8.1

Considere el grafo dirigido de la Figura 8.13, y suponga que se va a hacer un recorrido por niveles partiendo del vértice 1. A continuación se muestra paso a paso el recorrido por anchura siguiendo el algoritmo anterior.

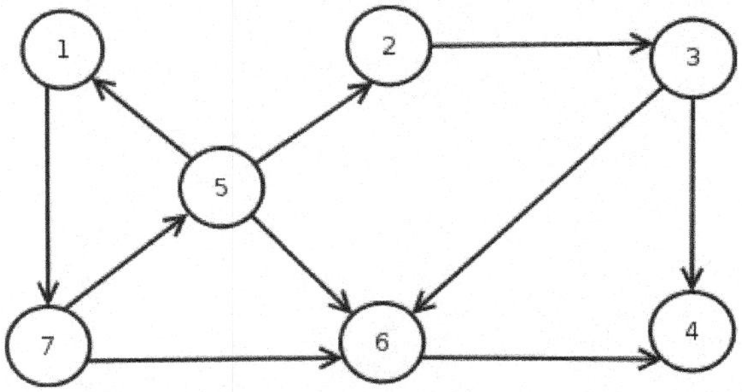

Figura 8.13. Ejemplo de grafo dirigido

Paso 1

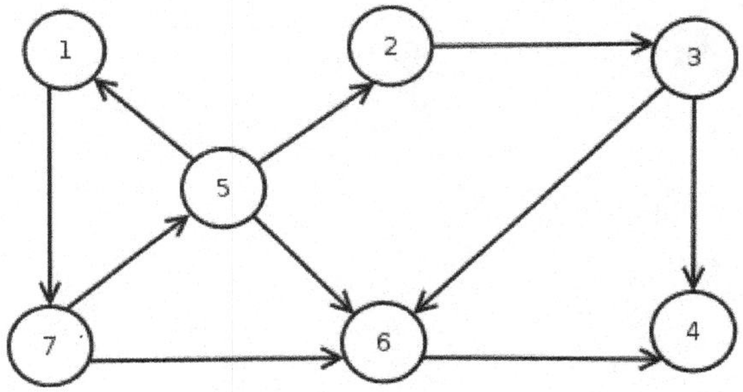

El primer paso es visitar el vértice 1, marcar dicho vértice, localizar sus sucesores, e incluirlos al final de la cola.

- Vértices visitados (recorrido): 1
- Cola: 7

Paso 2

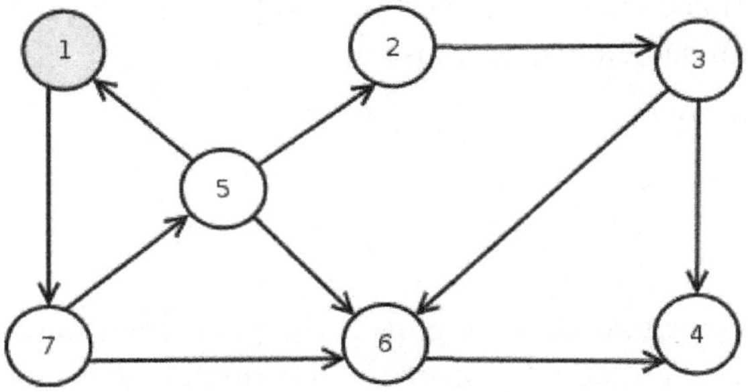

Se toma el primer elemento de la cola (7), y se procesa como se hizo en el paso anterior.

- Vértices visitados: 1, 7
- Cola: 5, 6

Paso 3

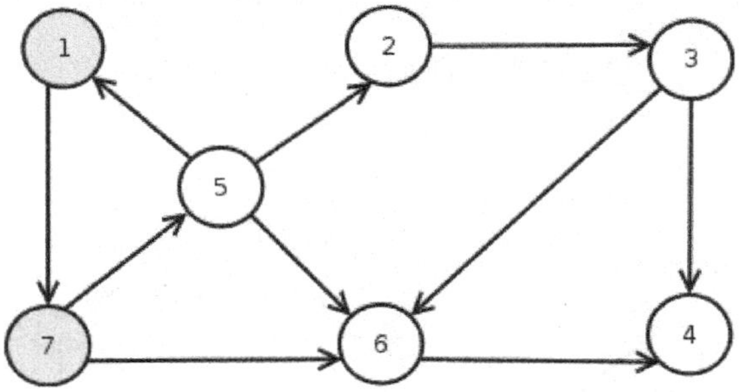

- Vértices visitados: 1, 7, 5
- Cola: 6, 2, 6

Paso 4

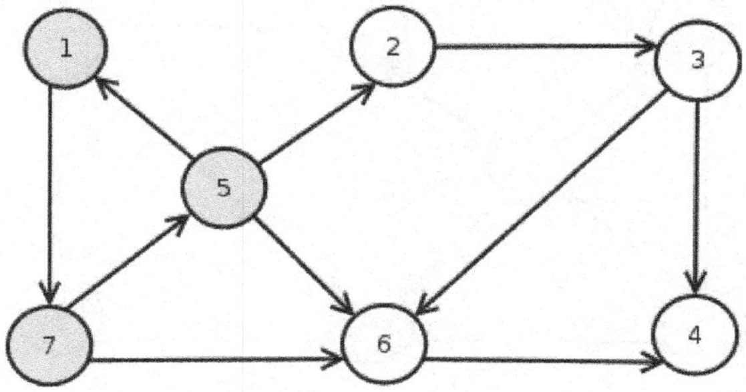

- Vértices visitados: 1, 7, 5, 6
- Cola: 2, 6, 4

Paso 5

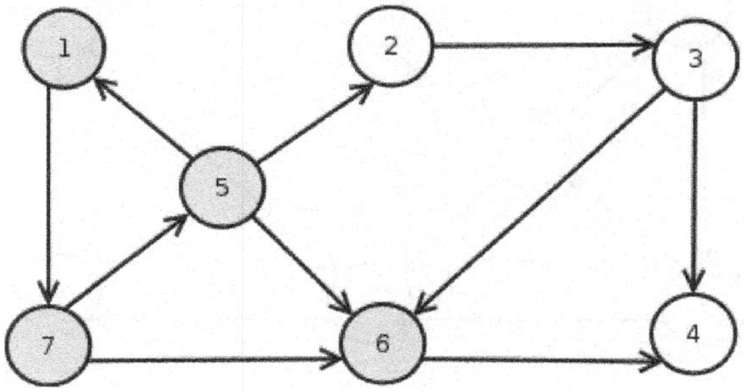

- Vértices visitados: 1, 7, 5, 6, 2
- Cola: 6, 4, 3

Paso 6

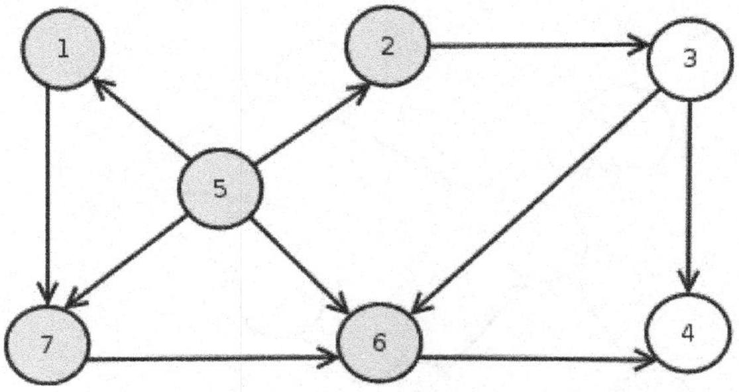

- Vértices visitados: 1, 7, 5, 6, 2, 4
- Cola:3

Paso 7

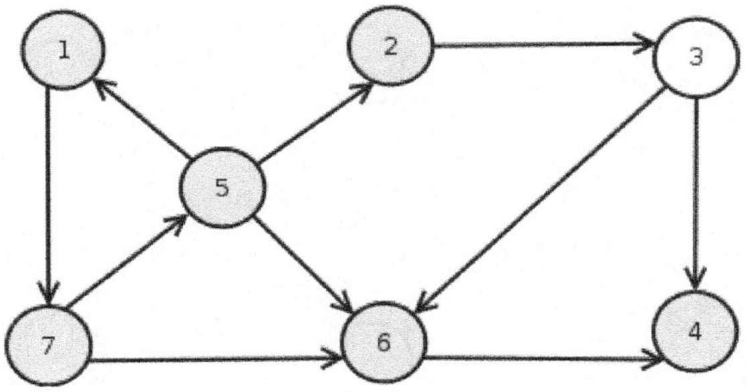

- Vértices visitados: 1, 7, 5, 6, 2, 4, 3
- Cola:

Paso 8

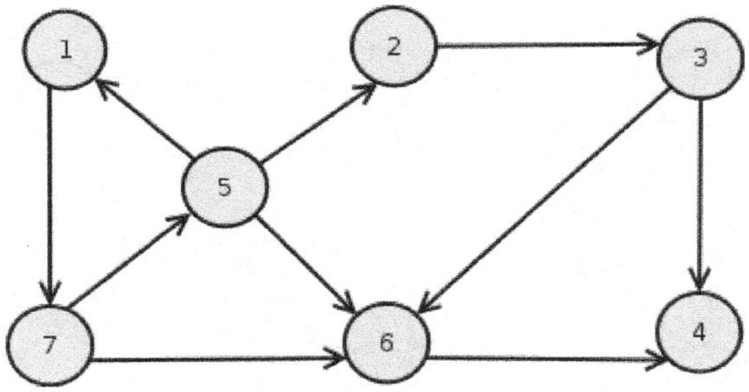

EJEMPLO 8.2

Recorrer en anchura el grafo dirigido de la Figura 8.14 empezando por el vértice D.

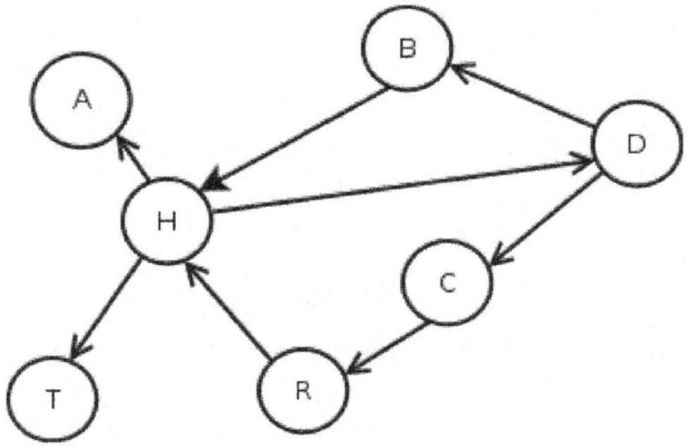

Figura 8.14. Ejemplo 2 de grafo dirigido

A continuación, en la tabla, se muestra el recorrido en anchura del grafo de la Figura 8.14:

Recorrido en anchura del grafo de la Figura 8.14		
Paso	**Cola**	**Vértices Procesados**
1	D	
2	B, C	D
3	C, H	D, B
4	H, R	D, B, C
5	R, A, T	D, B, C, H
6	A, T	D, B, C, H, R
7	T	D, B, C, H, R, A
8	Cola vacía	D, B, C, H, R, A, T

8.5.2 Recorrido en profundidad

El recorrido en profundidad difiere del recorrido en anchura solo en el orden en que se procesan los vértices adyacentes. Este orden lo determina el uso de la estructura *pila*. Se denomina en profundidad porque la dirección de visitar es hacia adelante mientras resulte posible; al contrario de la búsqueda en anchura que primero visita todos los vértices posibles en amplitud.

EJEMPLO 8.3

Considere el mismo grafo dirigido de la Figura 8.13, y suponga que se va a hacer un recorrido en profundidad partiendo del vértice 1. La siguiente tabla muestra paso a paso la ejecución del algoritmo (es el mismo algoritmo del recurrido en anchura salvo que utiliza una pila).

Recorrido en profundidad del grafo de la Figura 8.13		
Paso	**Pila**	**Vértices Procesados**
1	1	
2	7	1
3	5, 6	1, 7
4	5, 4	1, 7, 6
5	5	1, 7, 6, 4
6	2	1, 7, 6, 4, 5
7	3	1, 7, 6, 4, 5, 2
8	Pila vacía	1, 7, 6, 4, 5, 2, 3

Debe ser claro que el orden de visita de los elementos, en el recorrido en profundidad, depende del vértice inicial escogido y del orden en el cual la respectiva operación del TAD retorne los sucesores de un elemento.

EJEMPLO 8.4

Recorrer en profundidad el grafo de la Figura 8.14. La siguiente tabla muestra paso a paso la ejecución del algoritmo.

Recorrido en profundidad del grafo de la Figura 8.14		
Paso	**Pila**	**Vértices Procesados**
1	D	
2	B, C	D
3	B, R	D, C
4	B, H	D, C, R
5	B, A, T	D, C, R, H
6	B, A	D, C, R, H, T
7	B	D, C, R, H, T, A
8	Pila vacía	D, C, R, H, T, A, B

8.5.3 Implementación del recorrido en anchura y profundidad

La implementación del recorrido en anchura y profundidad tiene un método estático que recibe como parámetro el grafo (que puede ser una instancia de *GrafoMatriz* o *GrafoAdcia*) y el vértice de origen del recorrido. Si se comprendió el algoritmo y los ejemplos planteados, comprender el código fuente será sencillo. Se utiliza las clases *Pila* y *Cola* estudiadas en capítulos anteriores.

```
package grafos.modelo;
import colas.modelo.Cola;
import pilas.modelo.Pila;

// Clase que implementa los recorridos
public class RecorridosGrafo {
    /**
     * Recorrido en anchura
     *
     * @param g referencia a GrafoMatriz
```

```
     * @param origen origen
     * @return arreglo de enteros
     * @throws Exception
     */
    public static int[] recorrerAnchura(GrafoMatriz g, String origen)
            throws Exception {
        int w, v;
        int[] m;
        v = g.numVertice(origen);
        int CLAVE = -1;
        if (v < 0)
            throw new Exception("Vertice de origen no existe");

        Cola<Integer> cola = new Cola<Integer>();
        m = new int[g.numeroDeVertices()];
        // Finaliza los vertices como no marcados
        for (int i = 0; i < g.numeroDeVertices(); i++)
            m[i] = CLAVE;// No marcado
        m[v] = 0; // Marcado
        cola.encolar(new Integer(v));
        while (!cola.esVacia()) {
            Integer cw;
            cw = cola.frente();
            cola.desencolar();
            w = cw.intValue();
            System.out.println("Vertice " + g.verts[w] + " visitado ");
            // Inserta en la cola los adyacentes de w no marcados
            for (int u = 0; u < g.numeroDeVertices(); u++)
                if ((g.matAd[w][u] == 1) && (m[u] == CLAVE)) {
                    // Se marca vertice u con numero de arcos hasta el
                    m[u] = m[w] + 1;
                    cola.encolar(new Integer(u));
                }
        }
        return m;
    }

    /**
     * Recorrido en profundidad
     *
     * @param g referecia a GrafoMatriz
     * @param origen origen
     * @return arreglo de enteros
     * @throws Exception
     */

    public static int[] recorrerProfundidad(GrafoMatriz g, String origen)
            throws Exception {
        int w, v;
```

```
        int[] m;
        v = g.numVertice(origen);
        int CLAVE = -1;
        if (v < 0)
            throw new Exception("Vertice de origen no existe");

        Pila<Integer> pila = new Pila<Integer>();
        m = new int[g.numeroDeVertices()];
        // Finaliza los vertices como no marcados
        for (int i = 0; i < g.numeroDeVertices(); i++)
            m[i] = CLAVE;// No marcado
        m[v] = 0; // Marcado
        pila.apilar(new Integer(v));
        while (!pila.esVacia()) {
            Integer cw;
            cw = pila.cima();
            pila.retirar();
            w = cw.intValue();
            System.out.println("Vertice " + g.verts[w] + " visitado
               ");
            // Inserta en la pila los adyacentes de w no marcados
            for (int u = 0; u < g.numeroDeVertices(); u++)
                if ((g.matAd[w][u] == 1) && (m[u] == CLAVE)) {
                    // Se marca vertice u con numero de arcos hasta
                        el
                    m[u] = m[w] + 1;
                    pila.apilar(new Integer(u));
                }
        }
        return m;
    }
}
```

El siguiente programa cliente permite utilizar crear el grafo de la Figura 8.14 e invocar los recorridos en anchura y profundidad.

```
package grafos.pruebas;
importa grafos.modelo.*;
public class ClienteMainRecorridos {
    public static void main(String[] args) {
        GrafoMatriz grafo = new GrafoMatriz();
        grafo.nuevoVertice("A");
        grafo.nuevoVertice("B");
        grafo.nuevoVertice("C");
        grafo.nuevoVertice("D");
        grafo.nuevoVertice("H");
        grafo.nuevoVertice("R");
        grafo.nuevoVertice("T");
        try {
            grafo.nuevoArco("B", "H");
            grafo.nuevoArco("C", "R");
            grafo.nuevoArco("D", "C");
            grafo.nuevoArco("D", "B");
```

```
            grafo.nuevoArco("H", "A");
            grafo.nuevoArco("H", "T");
            grafo.nuevoArco("R", "H");
            System.out.println("Recorrido en anchura:");
            RecorridosGrafo.recorrerAnchura(grafo, "D");
            System.out.println("Recorrido en profunidad:");
            RecorridosGrafo.recorrerProfundidad(grafo, "D");
        } catch (Exception e) {
            System.out.println("Excepcion" + e.getMessage());
        }
    }
}
```

La salida por consola de este programa sería la siguiente.

```
Recorrido en anchura:
Vertice D visitado
Vertice B visitado
Vertice C visitado
Vertice H visitado
Vertice R visitado
Vertice A visitado
Vertice T visitado
Recorrido en profunidad:
Vertice D visitado
Vertice C visitado
Vertice R visitado
Vertice H visitado
Vertice T visitado
Vertice A visitado
Vertice B visitado
```

8.6 CONEXIONES EN UN GRAFO

Un aspecto interesante es conocer si desde cualquier vértice se puede acceder al resto de los vértices del grafo, es decir, si todos los nodos están conectados. Para un grafo dirigido, si todos los vértices están conectados se le llama: *grafo fuertemente conexo* [2].

8.6.1 Componentes conexas de un grafo

En el caso que un grafo no sea conexo, resulta interesante conocer aquellos subconjuntos de vértices que mutuamente estén conectados, es decir, sus componentes conexas. Para ello, se plantea el siguiente algoritmo:

1. Realizar un recorrido del grafo a partir de cualquier vértice *w*.
2. Si en el recorrido se han marcado todos los vértices, entonces el grafo es conexo.

3. Si el grafo no es conexo, los vértices marcados forman una componente conexa.
4. Se toma un vértice no marcado, z, y se realiza de nuevo el recorrido del grafo a partir de z. Los nuevos vértices marcados forman otra componente conexa.
5. El algoritmo termina cuando todos los vértices han sido marcados (visitados).

8.6.2 Matriz de caminos, cierre transitivo

Dado un grafo G, un camino de longitud n desde el vértice v_0 hasta el vértice v_n, es una secuencia de $n + 1$ vértices v_0, v_1, v_2, ..., v_n, tal que el vértice inicial es v_0, el vértice final es v_n, y son adyacentes (v_i, v_{i+1}) para $0 \leq i \leq n$.

Consideremos por un momento que la matriz de adyacencia, A, es de tipo boolean, la expresión $A_{i,k}$ && $A_{k,j}$ es verdadera si y solo si los valores de ambos operandos lo son. Esta hipótesis implica que hay un arco desde el vértice i al vértice k, y otro del vértice k al j. También se puede afirmar, que si $A_{i,k}$ && $A_{k,j}$ es verdadera existe un camino de longitud 2 desde el vértice i al j. Ese sencillo razonamiento se puede ampliar a la siguiente expresión:

$$(A_{i,1}\&\&A_{1,j})||(A_{i,2}\&\&A_{2,j})||(A_{i,3}\&\&A_{3,j})...(A_{i,n}\&\&A_{n,j})$$

Si la expresión es verdadera implica que hay al menos un camino de longitud 2 desde el vértice i al vértice j que pase por el vértice 1, o por el vértice 2 ... o por el vértice n. Esto se puede apreciar en la Figura 8.15.

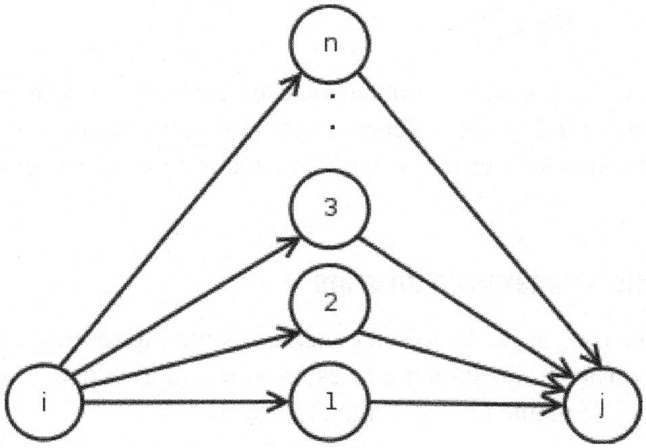

Figura 8.15. Caminos del vértice *i* al *j*

Si ahora en la expresión se cambia el operador && por el operador *producto*, y el operador || por el operador *suma*, la expresión es el elemento $A_{i,j}$ de la matriz producto A^2:

$$(A_{i,1} * A_{1,j}) + (A_{i,2} * A_{2,j}) + (A_{i,3} * A_{3,j}) ... (A_{i,n} * A_{n,j})$$

La conclusión es inmediata: los elementos $A_{i,j}$ de la matriz A^2 son distintos de cero si existe un camino de longitud 2 desde el vértice i al vértice j.

El razonamiento se puede extender para encontrar caminos de longitud 3. Realizando el producto matricial $A^2 x A = A^3$ se encuentran caminos de longitud 3 entre cualquier par de vértices del grafo.

Generalizando, una manera de encontrar los caminos de longitud m entre cualquier par de vértices de un grafo es mediante el producto matricial A^{m-1} por la matriz de adyacencia A.

EJEMPLO 8.5

Obtener los caminos del grafo de la Figura 8.16, cuya matriz de adyacencia A es la siguiente:

A=Matriz de adyacencia del grafo de la Figura 8.16

	A	B	C	D	E
A	0	1	0	0	0
B	0	0	1	0	1
C	1	0	0	0	0
D	1	1	0	0	1
E	0	0	0	0	0

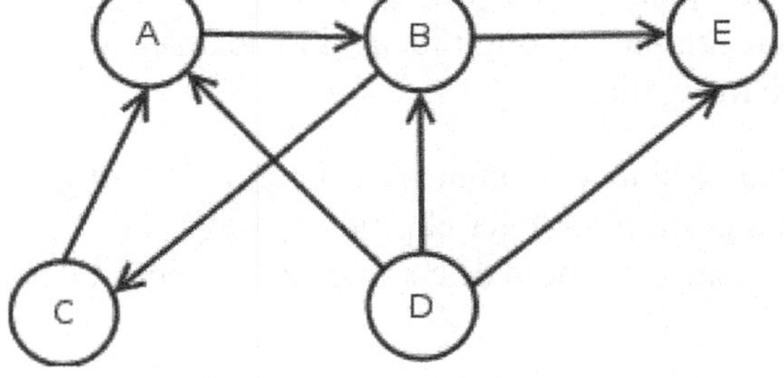

Figura 8.16 Grafo dirigido de 5 vértices

El producto matricial $AxA = A^2$, considerando todo valor distinto de 0 como 1 es:

Matriz AxA					
	A(1)	B(2)	C(3)	D(4)	E(5)
A(1)	0	0	1	0	1
B(2)	1	0	0	0	0
C(3)	0	1	0	0	0
D(4)	0	1	1	0	1
E(5)	0	0	0	0	0

Si, por ejemplo, A_{15} toma el valor de 1, significa que hay un camino de longitud 2, desde A hasta E, formado por los arcos: $A \dashrightarrow B \dashrightarrow E$.

De igual manera, se puede obtener el producto matricial A^2xA:

Matriz A3					
	A(1)	B(2)	C(3)	D(4)	E(5)
A(1)	1	0	0	0	0
B(2)	0	1	0	0	0
C(3)	0	0	1	0	1
D(4)	1	0	1	0	1
E(5)	0	0	0	0	0

Si por ejemplo, nos fijamos en A_{41}, su valor es 1, ya que hay un camino de longitud 3 desde D hasta A, formado por los arcos: $D \dashrightarrow B \dashrightarrow C \dashrightarrow A$.

Realizando el producto matricial, el valor almacenado en cualquier posición, A_{ij}, no solo indica si hay un camino de longitud m, sino además el número de caminos de dicha longitud entre los vértices i y j.

En resumen, la forma de obtener el número de caminos de longitud k entre cualquier par de vértices de un grafo es obtener el producto matricial A_2, A_3...A_k. Entonces, el elemento $A_k(i, j)$ contiene el número de caminos de longitud k desde el vértice i hasta el vértice j.

8.6.3 Matriz de caminos y cierre transitivo

Sea G un grafo con n vértices, la matriz de caminos de G es la matriz P de $n*n$ elementos, definida como:

$$P_{ij} = \begin{cases} 1, \text{ si hay un camino desde } (v_i, v_j) \\ 0, \text{ si no hay un camino desde } (v_i, v_j) \end{cases}$$

Se encuentra la siguiente relación entre la matriz de caminos P, la matriz de adyacencia A y las sucesivas potencias de A para encontrar los caminos de longitud m:

Dada la matriz $B_n = A + A_2 + A : 3 + \ldots + A_n$, la matriz de caminos P es tal que un elemento $P_{ij} = 1$, si y solo si $B_n(i, j) = 1$ y en otro caso $P_{ij} = 0$.

El cierre transitivo o contorno transitivo de un grafo G es otro grafo, G^I, con los mismos vértices y cuya matriz de adyacencia es la matriz de caminos del grafo G.

8.7 MATRIZ DE CAMINOS: ALGORITMO DE WARSHALL

Por lo tanto, matemáticamente podemos plantear el factorial de un número positivo entero n como: Este algoritmo calcula la matriz de caminos P (también llamado cierre transitivo) de un grafo G de n vértices, representado por su matriz de adyacencia A. La estrategia que sigue el algoritmo consiste en definir, a nivel lógico, una secuencia de matrices n-cuadradas P_0, P_1, P_2, P_3, ..., P_n; los elementos de cada una de las matrices $P_k[i, j]$ tienen el valor de 0 si no hay camino, y 1 si existe un camino del vértice i al j. La Matriz P_0 es la matriz de adyacencia [2].

Los elementos P_{ij} de P_1 son igual a 1 si lo son de la matriz P_0, o bien si se puede formar un camino desde el vértice v_i a v_j, con la ayuda del vértice 1. En definitiva, $P_1[i, j] = 1$ si lo es $P_0[i, j]$, o bien, hay un camino $vi \longrightarrow v1 \longrightarrow vj$.

La matriz P_2 se forma a partir P_1, añadiendo el vértice 2 para poder formar camino entre dos vértices todavía no conectados.

La diferencia entre dos matrices consecutivas P_k y P_{k-1} viene dada por la incorporación del vértice de orden k, para estudiar si es posible formar camino del vértice i al j con la ayuda del vértice k. La descripción de cada matriz se muestra a continuación.

$$P_0[i,j] = \begin{cases} 1, \text{ si existe un arco del vértice } v_i \text{ al } v_j \\ 0, \text{ en otro caso} \end{cases}$$

$$P_1[i,j] = \begin{cases} 1, \text{ si existe un arco del vértice } v_i \text{ al } v_j \\ \text{que no pasa por ningún otro vértice, a no ser por el vértice 1} \\ 0, \text{ en otro caso} \end{cases}$$

$$P_2[i,j] = \begin{cases} 1, \text{ si existe un arco del vértice } v_i \text{ al } v_j \\ \text{que no pasa por ningún otro vértice, a no ser por el vértice 1 y 2} \\ 0, \text{ en otro caso} \end{cases}$$

$$P_3[i,j] = \begin{cases} 1, \text{ si existe un arco del vértice } v_i \text{ al } v_j \\ \text{que no pasa por ningún otro vértice, a no ser por el vértice 1 y 3} \\ 0, \text{ en otro caso} \end{cases}$$

En cada paso se incorpora un nuevo vértice, el que coincide con el índice de la matriz *P*, a los anteriores para poder formar camino.

$$P_k[i,j] = \begin{cases} 1, \text{ si existe un arco del vértice } v_i \text{ al } v_j \\ \text{que no pasa por ningún otro vértice, a no ser por el vértice 1 y k} \\ 0, \text{ en otro caso} \end{cases}$$

$$P_n[i,j] = \begin{cases} 1, \text{ si existe un arco del vértice } v_i \text{ al } v_j \\ \text{que no pasa por ningún otro vértice, a no ser por el vértice 1 y n} \\ 0, \text{ en otro caso} \end{cases}$$

Según estas definiciones, P_0 es la matriz de adyacencia del grafo de n vértices, la matriz P_n es la matriz de caminos.

El algoritmo de Warshall encuentra una relación recurrente entre los elementos de la matriz P_k, y los elementos de la matriz P_{k-1}. Un elemento $P_k[i, j] = 1$ si ocurre uno de estos casos:

1. Existe un camino simple de v_i a v_j del cual pueden formar parte los vértices de índice 1 a $k - 1$ (v_1 a v_{k-1}); por consiguiente, el elemento $P_{k-1}[i, j] = 1$.

2. Existe un camino simple de v_i a v_j y otro camino simple de v_k a v_j (Ver Figura 8.17) de los cuales pueden formar parte los vértices de índice 1 a $k - 1$ (v_1 a v_{k-1}); por consiguiente, esto equivale:

$(P_{k-1}[i,k] = 1)$	y	$(P_{k-1}[k,j] = 1)$
$vi \to \dots \to vj$		$vi \to \dots \to vk \to \dots \to vj$
a) Camino de *vi* a *vj*		b) Camino de *vi* - *vk* – *vj*

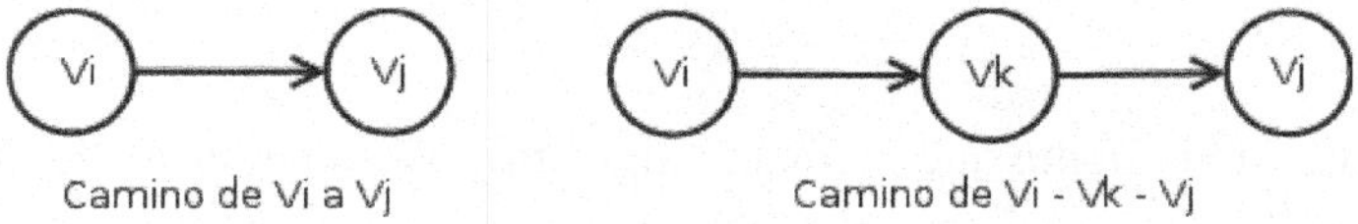

Figura 8.17. Posibilidad de camino de v_i a v_j

En definitiva, Warshall encuentra una relación recurrente entre la matriz P_{k-1} y P_k que permite, a partir de la matriz de adyacencia P_0, encontrar P_n, matriz de caminos. La relación para encontrar los elementos P_k puede expresarse como una relación lógica:

$$P_k[i, j] = P_{k-1}[i, j] \vee (P_{k-1}[i, k] \wedge P_{k-1}[k, j])$$

8.7.1 Implementación del algoritmo de Warshall

A continuación se muestra una implementación del Algoritmo de Warshall, que obtiene la matriz de caminos P. Este algoritmo es de orden cúbico $O(n^3)$.

```
package grafos.warshall;

public class Warshall {
    /**
     * Algoritmo de Warshall. Obtiene la matriz de caminos P
     *
```

```
     * @param g referencia GrafoMatriz
     * @return matriz ce caminos
     * @throws Exception
     */
    public static int[][] matrizCaminos(GrafoMatriz g) throws
        Exception {
        int n = g.numeroDeVertices();
        // Matriz de caminos
        int[][] P = new int[n][n];
        // Se obtiene la matriz inicial: matriz de adyacencia
        for (int i = 0; i < n; i++)
            for (int j = 0; j < n; j++)
                P[i][j] = g.adyacente(i, j) ? 1 : 0;
        // Se obtienen a partir de P0, las sucesivas matrices P1,
           P2, ... Pn que
        // es la de caminos
        for (int k = 0; k < n; k++)
            for (int i = 0; i < n; i++)
                for (int j = 0; j < n; j++)
                    P[i][j] = Math.min(P[i][j] + P[i][k] * P[k][j],
                        1);

        return P;
    }
}
```

El programa cliente que invoca el algoritmo Warshall es el siguiente:

```
package grafos.pruebas;
import grafos.modelo.*;
import grafos.warshall.*;
public class ClienteMainWarshall {

    public static void main(String[] args) {
        GrafoMatriz grafo = new GrafoMatriz();
        //Crear un grafo
        grafo.nuevoVertice("A");
        grafo.nuevoVertice("B");
        grafo.nuevoVertice("C");
        grafo.nuevoVertice("D");
        grafo.nuevoVertice("H");
        grafo.nuevoVertice("R");
        grafo.nuevoVertice("T");
        try {
            grafo.nuevoArco("B", "H");
            grafo.nuevoArco("C", "R");
            grafo.nuevoArco("D", "C");
            grafo.nuevoArco("D", "B");
            grafo.nuevoArco("H", "A");
            grafo.nuevoArco("H", "T");
            grafo.nuevoArco("R", "H");
            mostrarMatriz(grafo.matrizCaminos(grafo));

```

```
        } catch (Exception e) {
            System.out.println("Excepcion" + e.getMessage());
        }
    }

    public static void mostrarMatriz(int[][] matriz) {
        System.out.println("Matriz de Caminos:");
        for (int i = 0; i < matriz.length; i++) {
            for (int j = 0; j < matriz.length; j++)
                System.out.print(matriz[i][j] + " ");
            System.out.println();
        }
    }
}
```

La salida por consola de este programa sería la siguiente.

```
Matriz de Caminos:
0 0 0 0 0 0 0
1 0 0 0 1 0 1
1 0 0 0 1 1 1
1 1 1 0 1 1 1
1 0 0 0 0 0 1
1 0 0 0 1 0 1
0 0 0 0 0 0 0
```

8.8 ALGORITMO DE COSTOS MÍNIMOS: DIJKSTRA

Dado un grafo dirigido $G = (V, A)$ y con factores de peso no negativos, el algoritmo de Dijkstra determina el camino más corto desde un vértice al resto de los vértices del grafo. Esto útil, por ejemplo, en problemas como determinar la mejor ruta (menor tiempo) para ir desde un lugar a un conjunto de centros de la ciudad [2].

El algoritmo inicia, obteniendo la matriz de pesos de los arcos. El algoritmo considera las siguientes variables:

- *F* representa los vértices marcados (los que ya se les conoce el costo mínimo), *v*, es el vértice incorporado (vértice no marcado de menor distancia).

- *D*[], es el vector de costos mínimos de cada vértice. *D*[0] guarda el costo mínimo del primer vértice v_1, *D*[1] guarda el costo mínimo de v_2, etc.

El algoritmo consta de los siguientes pasos:

1. Obtener la matriz de pesos de los arcos del grafo.
2. Indicar el vértice origen *s*.
3. Marcar el vértice *s*.
4. Inicializar el vector *D*[] con los costos mínimos del vértice *s* a los demás vértices. Un valor ∞ se coloca cuando no se conoce la distancia. Estos valores se obtienen a partir de la matriz de pesos.
5. Mientras hayan nodos por marcar:
   - Seleccionar un vértice *v* no marcado de menor distancia.
   - Se marca el vértice *v* para indicar que ya se conoce el camino mínimo más corto de *s* a *v*.
   - Actualizar la distancia de vértices no marcados (cuando un nuevo valor sea menor que el anterior). Es decir, se actualiza el valor de *D*[*w*] para aquellos vértices que aun no están marcados, a partir de $D[w] = D[v] + C_{vw}$, cuando *D*[*w*] sea menor que el valor anterior. El costo mínimo se va guardando en el vector *D*[*v*].

EJEMPLO 8.6

Dado el grafo dirigido y con pesos no negativos de la Figura 8.18, se desea calcular el coste mínimo de los caminos desde el vértice v_1, a los otros vértices del grafo, aplicando el algoritmo de Dijkstra.

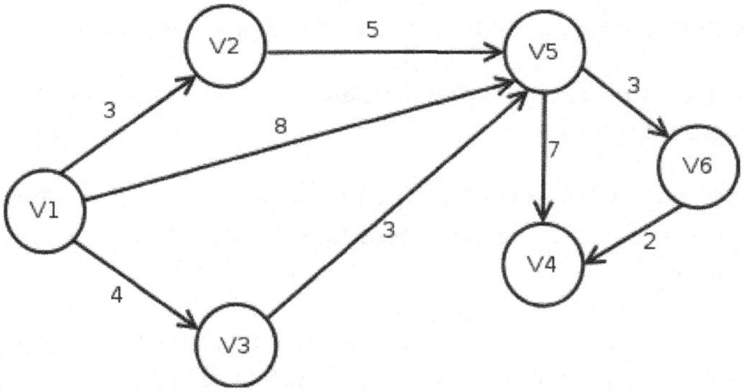

Figura 8.18. Grafo dirigido con factor de peso positivo

La matriz de pesos de los arcos, considerando ∞ cuando no existe arco es:

Matriz de pesos C del grafo de la Figura 8.18						
	v1	*v2*	*v3*	*v4*	*v5*	*v6*
v1	∞	3	4	∞	8	∞
v2	∞	∞	∞	∞	5	∞
v3	∞	∞	∞	∞	3	∞
v4	∞	∞	∞	∞	∞	∞
v5	∞	∞	∞	7	∞	3
v6	∞	∞	∞	2	∞	∞

La siguiente tabla muestra los resultados paso a paso al aplicar el algoritmo Dijkstra, donde:

- *F* representa los vértices marcados (los que ya se les conoce el costo mínimo), *v*, es el vértice incorporado (vértice no marcado de menor distancia).
- *D*[], es el vector de costos mínimos de cada vértice. *D*[0] guarda el costo mínimo del primer vértice v_1, *D*[1] guarda el costo mínimo de v_2, etc.

Ejecución del Algoritmo Dijkstra								
Paso	**F**	**v**	*D*[0] (*v1*)	*D*[1] (*v2*)	*D*[2] (*v3*)	*D*[3] (*v4*)	*D*[4] (*v5*)	*D*[5] (*v6*)
1	*v1*		0	3	4	∞	8	∞
2	*v1*, *v2*	*v2*	0	3	4	∞	8	∞
3	*v1*, *v2*, *v3*	*v3*	0	3	4	∞	7	∞
4	*v1*, *v2*, *v3*, *v5*	*v5*	0	3	4	14	7	10
5	*v1*, *v2*, *v3*, *v5*, *v6*	*v6*	0	3	4	12	7	10
6	*v1*, *v2*, *v3*, *v5*, *v6*, *v4*	*v4*	0	3	4	12	7	10

De esta forma termina el algoritmo, en el vector *D*[] se ha guardado el camino mínimo desde el vértice v_1. Por ejemplo, el camino mínimo de v_1 a v_6 es 10. La secuencia de vértices que forman el camino mínimo de v_1 a v_6 es: $v_1 \rightarrow v_3 \rightarrow v_5 \rightarrow v_6$. Este camino se lo puede obtener mediante un vector que vaya guardando los caminos (*ultimo*[], aquí se relaciona el índice del vector con el ultimo vértice del camino).

8.8.1 Implementación del Algoritmo de Dijkstra

A continuación una implementación del Algoritmo de Dijkstra en lenguaje java.

```
package grafos.dijkstra;
// Algoritmo de Dijkstra y operaciones auxiliares
import grafo.modelo.*;
public class CaminoMinimo {
    // Grafo representada mediante una matriz de adyacencia.
    private GrafoMatriz g;
    // Matriz de pesos
    private int[][] pesos;
    // Ultimo vertice en el camino
    private int[] ultimo;
    // Coste minimo. D[]
    private int[] D;
    // Vertices marcados: F[]
    private boolean[] F;
    // vertice origen: s
    private int s;
    // Numero de vertices
    private int n;

    /**
     * Constructor
     *
     * @param g referencia a GrafoMatriz
     * @param origen nodo origen
     */
    public CaminoMinimo(GrafoMatriz g, String origen) {
        this.g = g;
        n = g.numeroDeVertices();
        this.s = g.numVertice(origen);
        pesos = g.getMatriz();
        ultimo = new int[n];
        D = new int[n];
        F = new boolean[n];
    }

    /**
     * Metodo que aplica el algorimto de Dijkstra
     */
```

```
    public void caminoMinimos() {
        // Inicializar valores
        for (int i = 0; i < n; i++) {
            F[i] = false;
            D[i] = pesos[s][i];
            ultimo[i] = s;
        }
        // Se marca el nodo origen
        F[s] = true;
        D[s] = 0;
        // Pasos para marcar los n-1 vertices
        for (int i = 1; i < n; i++) {
            // Seleccionar vertice no marcado de menor distancia
            int v = minimo();
            F[v] = true;
            // Actualiza distancia de vertices no marcados
            for (int w = 1; w < n; w++)
                if (!F[w])
                    if ((D[v] + pesos[v][w] < D[w])) {
                        D[w] = D[v] + pesos[v][w];
                        ultimo[w] = v;
                    }
        }
        int g = 1;
    }

    /**
     * Devuelve el vertice no marcado de menor distancia
     *
     * @return el vertice no marcado
     */
    private int minimo() {
        int mx = GrafoMatriz.INFINITO;
        int v = 1;
        for (int j = 1; j < n; j++)
            if (!F[j] && (D[j] <= mx)) {
                mx = D[j];
                v = j;
            }
        return v;
    }

    /**
     * Reconstruye el camino de costos minimos desde el origen hasta un vector
     * cualquiera. Invoca al metodo recursivo
     *
     * @param vertice vértice
     */
    public void recuperarCamino(String vertice) {
        int v = g.numVertice(vertice);
        recuperarCamino(v);
    }
```

```java

    /**
     * Reconstruye recursivamete el camino mínimo.
     *
     * @param v vértice
     */
    private void recuperarCamino(int v) {
        int anterior = ultimo[v];
        if (v != s) {
            // vuelve al ultimo del ultimo
            recuperarCamino(anterior);
            System.out.print(" -> " + g.nombreVertice(v));
        } else
            System.out.print(" -> " + g.nombreVertice(s));
    }

    public void imprimirCostosMinimos() {
        System.out.println("\nVector de costos minimos:");
        for (int i = 0; i < n; i++)
            System.out.print(D[i] + " ");
    }
}
```

A continuación un programa cliente que invoca el algoritmo e inicializa el grafo del ejemplo dado:

```java
package grafos.pruebas;
import grafos.modelo.*;
import grafos.dijkstra.*;
public class ClienteMainDijkstra {

    public static void main(String[] args) {
        GrafoMatriz grafo = new GrafoMatriz(6);

        grafo.nuevoVertice("V1");
        grafo.nuevoVertice("V2");
        grafo.nuevoVertice("V3");
        grafo.nuevoVertice("V4");
        grafo.nuevoVertice("V5");
        grafo.nuevoVertice("V6");
        // Inicializa con infinito cada peso de la matriz
        grafo.inicializarMatrizPesos();
        try {
            grafo.nuevoArco("V1", "V2", 3);
            grafo.nuevoArco("V1", "V3", 4);
            grafo.nuevoArco("V1", "V5", 8);
            grafo.nuevoArco("V2", "V5", 5);
            grafo.nuevoArco("V3", "V5", 3);
            grafo.nuevoArco("V5", "V4", 7);
            grafo.nuevoArco("V5", "V6", 3);
            grafo.nuevoArco("V6", "V4", 2);
            mostrarMatriz(grafo.getMatriz());
```

```
            CaminoMinimo cm = new CaminoMinimo(grafo, "V1");
            cm.caminoMinimos();

            System.out.println("Matriz de caminos del vector v4:");

            cm.recuperarCamino("V4");
            cm.imprimirCostosMinimos();

        } catch (Exception e) {
            System.out.println("Excepcion" + e.getMessage());
        }
    }

    public static void mostrarMatriz(int[][] matriz) {
        System.out.println("Matriz de pesos:");
        for (int i = 0; i < matriz.length; i++) {
            for (int j = 0; j < matriz.length; j++)
                System.out.print(matriz[i][j] + "\t");
            System.out.println();
        }
    }
}
```

La salida por consola de este programa sería la siguiente.

```
Matriz de pesos:
1000000 3       4       1000000 8       1000000
1000000 1000000 1000000 1000000 5       1000000
1000000 1000000 1000000 1000000 3       1000000
1000000 1000000 1000000 1000000 1000000 1000000
1000000 1000000 1000000 7       1000000 3
1000000 1000000 1000000 2       1000000 1000000
Matriz de caminos del vector v4:
 -> V1 -> V3 -> V5 -> V6 -> V4
Vector de costos minimos:
0 3 4 12 7 10
```

8.9 ALGORITMO DE FLOYD

El algoritmo de Floyd encuentra el camino mínimo entre todos los pares de vértices de un grafo dirigido y valorado. Considerando como vértice origen cada uno de los vértices del grafo, el algoritmo de Dijkstra resuelve este problema. El algoritmo de Floyd resuelve el problema pero de manera más elegante y más directa [2].

El grafo está representado por la matriz de pesos, de tal forma que todo arco (v_i, v_j) tiene asociado un peso C_{ij}; si no existe arco, $C_{ij} = \infty$. Además cada elemento de la diagonal, C_{ij} se hace igual a 0. El algoritmo de Floyd determina una nueva matriz, D, de nxn elementos tal que cada elemento, D_{ij}, contiene el costo mínimo de v_i a v_j.

El algoritmo genera consecutivamente las matrices D_1, D_2, ..., D_k, ..., D_n a partir de la matriz D_0 que es la matriz de pesos. En cada paso se incorpora un nuevo vértice y se estudia si con este vértice se puede mejorar los caminos para ser más cortos. El significado de cada matriz es:

$$D_0[i,j] = \begin{cases} C_{ij}, \text{ coste (peso) del arco del vértice } i \text{ al vértice } j. \\ \infty, \text{ si no hay arco} \end{cases}$$

$$D_1[i,j] = \begin{cases} mnimo(D_0[i,j], D_0[i,1] + D_0[1,j]). \\ \text{Menor de los costes entre el anterior camino mínimo de} \\ i \text{ a } j \text{ y la suma de los costos de caminos de } i \text{ a 1 y de 1 a } j \end{cases}$$

$$D_2[i,j] = \begin{cases} mnimo(D_1[i,j], D_1[i,2] + D_1[2,j]). \\ \text{Menor de los costes entre el anterior camino mínimo de} \\ i \text{ a } j \text{ y la suma de los costos de caminos de } i \text{ a 2 y de 2 a } j \end{cases}$$

En cada paso se incorpora un nuevo vértice para determinar si hace el camino menor entre un par de vértices:

$$D_k[i,j] = \begin{cases} mnimo(D_{k-1}[i,j], D_{k-1}[i,k] + D_{k-1}[k,j]). \\ \text{Menor de los costes entre el anterior camino mínimo de} \\ i \text{ a } j \text{ y la suma de los costos de caminos de } i \text{ a k y de k a } j \end{cases}$$

De forma recurrente, se añade en cada paso un nuevo vértice para determinar si se consigue un nuevo camino mínimo, hasta llegar al último vértice y obtener la matriz D_n, que es *la matriz de caminos mínimos del grafo*.

EJEMPLO 8.7

La Figura 8.19, muestra un grafo dirigido con factor de peso. Aplicar el algoritmo de Floyd para obtener, en los sucesivos pasos, la matriz de caminos mínimos.

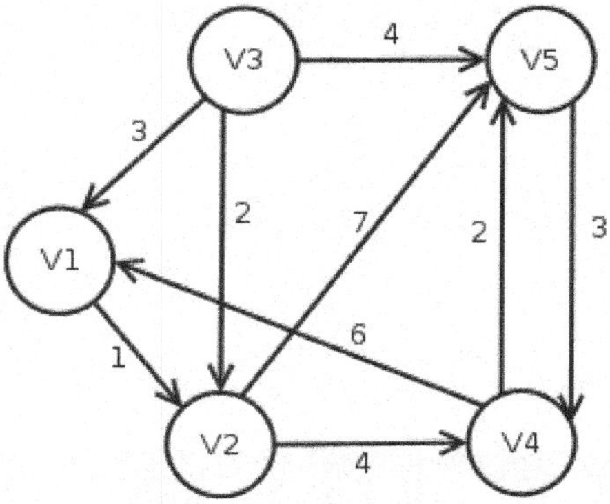

Figura 8.19. Grafo dirigido valorado de 5 vértices

La matriz de pesos del grafo de la Figura 8.19, es la siguiente:

Matriz de pesos C					
	$v1$	$v2$	$v3$	$v4$	$v5$
$v1$	0	1	∞	∞	∞
$v2$	∞	0	∞	4	7
$v3$	3	2	0	∞	4
$v4$	6	∞	∞	0	2
$v5$	∞	∞	∞	3	0

El grafo consta de cinco vértices; por ello se forman cinco matrices: D_1, D_2, D_3, D_4, D_5, que es la matriz de caminos mínimos. La matriz D_0 es la matriz de pesos C. A continuación se muestran estas matrices.

Matriz D1. Al incorporar el vértice 1 ha cambiado D1[4;2] ya que C[4;1] + C[1;2] < C[4;2]					
	v1	v2	v3	v4	v5
v1	0	1	∞	∞	∞
v2	∞	0	∞	4	7
v3	3	2	0	∞	4
v4	6	7	∞	0	2
v5	∞	∞	∞	3	0

Matriz D2. Al incorporar el vértice 2 ha habido varios cambios; así D1[1;4]: D1[1;2] + D1[2;4] < D1[1;4]. También cambian D1[1;5], D1[2;4], D1[3;4]					
	v1	v2	v3	v4	v5
v1	0	1	∞	5	8
v2	∞	0	∞	4	7
v3	3	2	0	6	4
v4	6	7	∞	0	2
v5	∞	∞	∞	3	0

Matriz D3. Al incorporar el vértice 3 no hay cambios; al vértice 3 no llega ningún arco					
	v1	v2	v3	v4	v5
v1	0	1	∞	5	8
v2	∞	0	∞	4	7
v3	3	2	0	6	4
v4	6	7	∞	0	2
v5	∞	∞	∞	3	0

Matriz D4. Al incorporar el vértice 4 cambian los elementos: D3[1;5], D3[2;1], D3[5;1] y D3[5;2]					
	*v*1	*v*2	*v*3	*v*4	*v*5
*v*1	0	1	∞	5	7
*v*2	10	0	∞	4	7
*v*3	3	2	0	6	4
*v*4	6	7	∞	0	2
*v*5	9	10	∞	3	0

Matriz D5. La incorporación del vértice 5 no genera cambios					
	*v*1	*v*2	*v*3	*v*4	*v*5
*v*1	0	1	∞	5	7
*v*2	10	0	∞	4	7
*v*3	3	2	0	6	4
*v*4	6	7	∞	0	2
*v*5	9	10	∞	3	0

La matriz D_5 es la *matriz de caminos mínimos*. Dado cualquier par de vértices, se puede conocer la longitud del camino más corte que hay entre ellos.

8.9.1 Implementación del Algoritmo de Floyd

A continuación una implementación del Algoritmo de Floyd en lenguaje java.

```
package grafos.floyd;
// Implementacion del Algoritmo Floyd
public class TodoCaminoMinimo {
    private int[][] pesos;
    private int[][] traza;
    private int[][] d;
```

```
    // Numero de vertices
    private int n;

    /**
     * Constructor
     *
     * @param g referencia a GrafoMatriz
     */
    public TodoCaminoMinimo(GrafoMatriz g) {
        n = g.numeroDeVertices();

        pesos = g.getMatriz();
        d = new int[n][n];
        traza = new int[n][n];
    }

    public void todosCaminosMinimos() {
        // Obtener d: matriz inicial es la matriz de pesos
        for (int i = 0; i < n; i++)
            for (int j = 0; j < n; j++) {
                d[i][j] = pesos[i][j];
                // indica que caminio mas corto es el arco
                traza[i][j] = -1;
            }
        // Establecer el camino minimo asi mismo como cero
        for (int i = 0; i < n; i++)
            d[i][i] = 0;

        for (int k = 0; k < n; k++)
            for (int i = 0; i < n; i++)
                for (int j = 0; j < n; j++)
                    // K: nuevo vertice que se incorpora
                    if ((d[i][k] + d[k][j]) < d[i][j]) {
                        // nuevo minimo
                        d[i][j] = d[i][k] + d[k][j];
                        traza[i][j] = k;
                    }
    }

    public int[][] matrizCaminos() {
        return d;
    }

    public int[][] getTraza() {
        return traza;
    }
}
```

A continuación un programa cliente que invoca el algoritmo e inicializa el grafo del ejemplo dado:

```
package grafos.pruebas;
import grafos.modelo.*;
import grafos.floyd.*;
public class ClienteMainFloyd {

    public static void main(String[] args) {
        GrafoMatriz grafo = new GrafoMatriz(5);

        grafo.nuevoVertice("V1");
        grafo.nuevoVertice("V2");
        grafo.nuevoVertice("V3");
        grafo.nuevoVertice("V4");
        grafo.nuevoVertice("V5");
        // Inicializa con infinito cada peso de la matriz
        grafo.inicializarMatrizPesos();
        try {
            grafo.nuevoArco("V1", "V2", 1);
            grafo.nuevoArco("V2", "V4", 4);
            grafo.nuevoArco("V2", "V5", 7);
            grafo.nuevoArco("V3", "V1", 3);
            grafo.nuevoArco("V3", "V2", 2);
            grafo.nuevoArco("V3", "V5", 4);
            grafo.nuevoArco("V4", "V1", 6);
            grafo.nuevoArco("V4", "V5", 2);
            grafo.nuevoArco("V5", "V4", 3);
            System.out.println("Matriz de pesos antes de poner la
               diagonal en cero:");
            mostrarMatriz(grafo.getMatriz());
            TodoCaminoMinimo cm = new TodoCaminoMinimo(grafo);
            cm.todosCaminosMinimos();

            System.out.println("Matriz de caminos minimos:");
            mostrarMatriz(cm.matrizCaminos());

        } catch (Exception e) {
            System.out.println("Excepcion" + e.getMessage());
        }
    }

    public static void mostrarMatriz(int[][] matriz) {

        for (int i = 0; i < matriz.length; i++) {
            for (int j = 0; j < matriz.length; j++)
                System.out.print(matriz[i][j] + "\t");
            System.out.println();
        }
    }
}
```

La salida por consola de este programa sería la siguiente.

```
Matriz de pesos antes de poner la diagonal en cero:
1000000  1       1000000 1000000 1000000
1000000  1000000 1000000 4       7
3        2       1000000 1000000 4
6        1000000 1000000 1000000 2
1000000  1000000 1000000 3       1000000

Matriz de caminos mínimos:
0        1       1000000 5       7
10       0       1000000 4       6
3        2       0       6       4
6        7       1000000 0       2
9        10      1000000 3       0
```

8.10 EJERCICIOS PROPUESTOS

Ejercicio 8.1

Dibujar el grafo no orientado y su matriz de adyacencia según lo que expresan los siguientes conjuntos de vértices (V) y aristas (A):

- $V = \{a, b, c, d, e, f\}$
- $A = \{ab, bc, be, ed, de, ad, ef\}$

Ejercicio 8.2

Construir un grafo no dirigido de 5 vértices en los que cada uno tenga los siguientes grados: 1, 3, 2, 2, 4.

Ejercicio 8.3

¿Cuántas aristas tiene un grafo si sus vértices tienen los siguientes grados: 4, 3, 3, 2, 2? Dibujar el grafo.

Ejercicio 8.4

Dado el grafo g de la Figura 8.20 escribir explícitamente el conjunto de vértices y el conjunto de aristas de g.

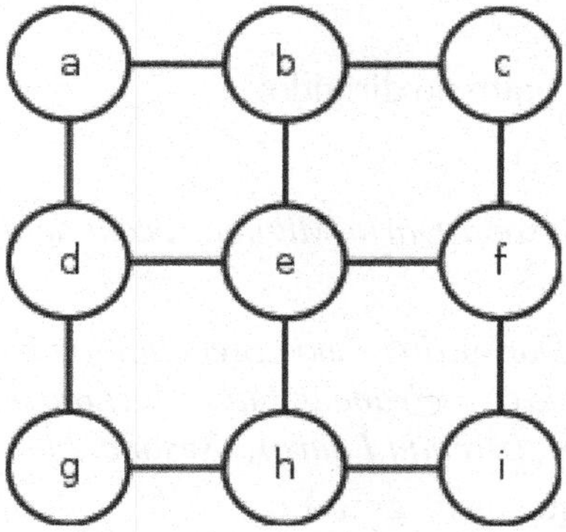

Figura 8.20. Grafo del ejercicio 8.4

Ejercicio 8.5

Dibujar un digrafo completo ponderado de orden 5 (o sea, de 5 vértices).

Ejercicio 8.6

Dado el grafo g de la Figura 8.21:

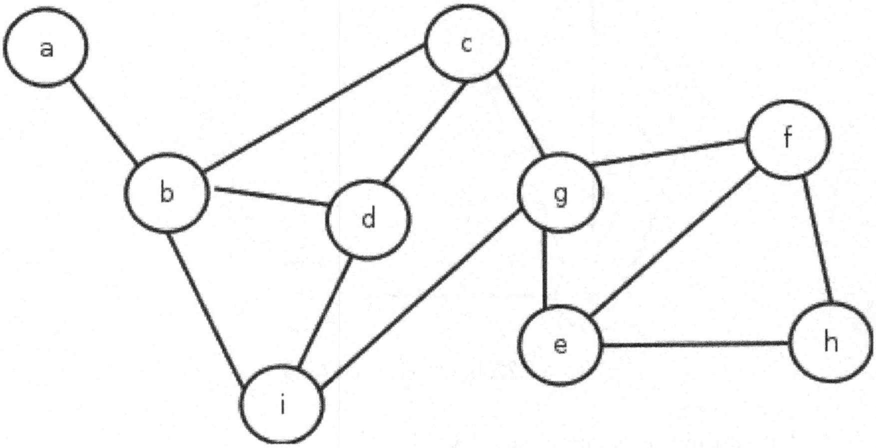

Figura 8.21. Grafo del ejercicio 8.6

1. Definir el grado de cada uno de los vértices.
2. Definir tres caminos y tres circuitos.
3. Dibujar tres subgrafos a partir del mismo.

Ejercicio 8.7

Dado el siguiente grafo no dirigido:

- *gra f oE j* = (*V*,*A*)
- *V()* = {*Susana*,*Dario*,*Miguel*,*Fernando*,*Juan*,*Sandro*,*Laura*,*Jairo*, *Brenda*,*Francia*}
- *A()* = {*(Susana,Dario)*, *(Fernando,Brenda)*, *(Sandro,Susana)*, *(Laura,Francia)*, *(Sandro,Francia)*, *(Francia,Juan)*, *(Laura,Jairo)*, *(Jairo,Susana)*, *(Miguel,Dario)*, *(Brenda,Laura)*, *(Susana,Juan)g*

1. Dibujar un esquema de grafoEj.
2. Dibujar la matriz de adyacencia de grafoEj.
3. Usando la matriz de adyacencia de grafoEj, describir el camino de Susana A Laura, primero usando una estrategia primero en anchura, y luego, usando una estrategia primero en profundidad.

Ejercicio 8.8

Dado el g de la Figura 8.22, encontrar en él:

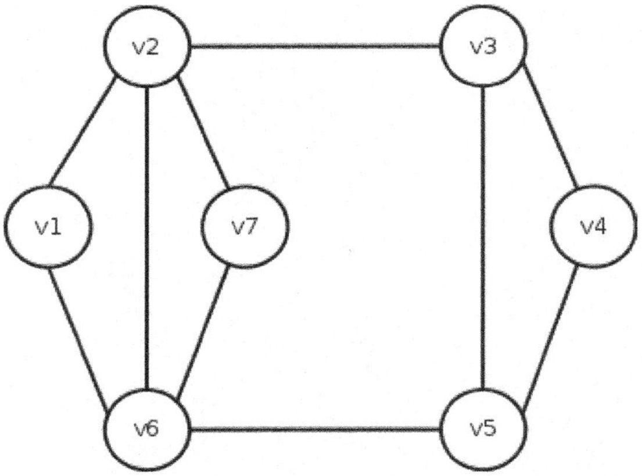

Figura 8.22. Grafo del ejercicio 8.8

1. Un camino que conecta a v1 y v4.
2. Un camino simple de longitud 5 entre v1 y v4.
3. Un camino de longitud 6 entre v1 y v4.
4. Un camino cerrado con origen en v4 y de longitud 6.
5. Un ciclo de longitud 3, otro de longitud 4 y otro de longitud 6.
6. Un circuito de longitud 9.

Ejercicio 8.9

Dado el grafo de la Figura 8.23, escribir el grado de entrada y de salida para cada vértice.

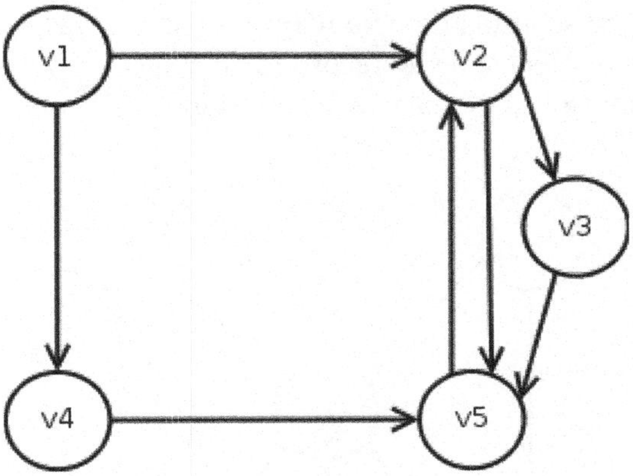

Figura 8.23. Grafo del ejercicio 8.9

Ejercicio 8.10

Dibujar la matriz de costos o pesos asociada al siguiente grafo de la Figura 8.24.

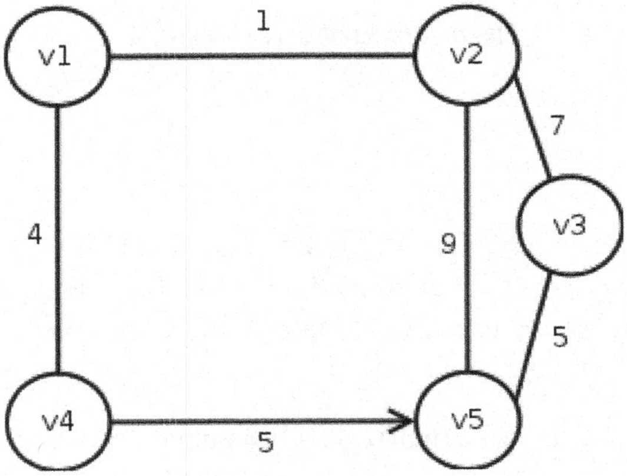

Figura 8.24. Grafo del ejercicio 8.10

Ejercicio 8.11

Una compañía de autopistas ha contratado a una empresa de seguridad para que patrulle la red de autopistas cuyo mapa está esquematizado en el grafo de la Figura 8.25.

La empresa de seguridad quiere realizar el servicio con un solo vehículo y quiere determinar la existencia de un recorrido de manera que se vigilen los tramos de la autopista una única vez. ¿Cuál es ese recorrido? ¿Es la única solución?

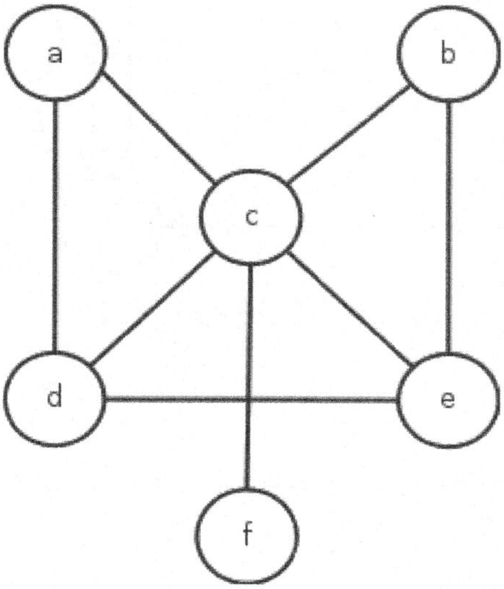

Figura 8.25. Grafo del ejercicio 8.11

Ejercicio 8.12

En un colegio X hay alumnos de tres pueblos *A*, *B* y *C*. La distancia entre *A* y *B* es 6 km, la de *B* a *C* es 7 km, la de *A* a *C* es 10 km y la de *A* a *X* es 8 km. Una empresa de transporte escolar hace dos rutas; la ruta 1 parte de *B* y recorre *C*, *A* y *X*. La ruta 2 parte de *C* y recorre *B*, *A* y *X*.

1. Dibujar el grafo y su matriz de adyacencia, pero con sus ponderaciones.
2. Determinar una matriz de 2x3, que guarde las distancias de cada pueblo al colegio X por cada ruta.
3. La cantidad de alumnos que se suben al bus en cada ruta es:

- Pueblo A: 10 alumnos en la ruta 1 y 9 en la ruta 2.
- Pueblo B: 15 alumnos en la ruta 1 y 8 en la ruta 2.
- Pueblo C: 5 alumnos en la ruta 1 y 9 en la ruta 2.

4. Determinar una matriz de 3x2 que guarde la cantidad de alumnos que siguen cada ruta en cada pueblo.
5. Suponiendo que se cobra a cada alumno 85 centavos por km recorrido, determinar cuál es la ruta que más le conviene a la empresa y por qué.

Ejercicio 8.13

¿Para qué sirve el Algoritmo de Warshall? ¿Cómo funciona? Dar un ejemplo.

Ejercicio 8.14

¿Para qué sirve el Algoritmo de Dijkstra? ¿Cómo funciona? Dar un ejemplo.

Ejercicio 8.15

¿Para qué sirve el Algoritmo de Floyd? ¿Cómo funciona? Dar un ejemplo.

Ejercicio 8.16

Implementar en Java la siguiente operación del TAD Grafo extendido:

```
void salvarGrafo(Grafo g, File f)
/* Salva el grafo en un archivo */
{pre: el archivo esta abierto}
{post: se ha hecho persistir el grafo en el archivo}
```

Ejercicio 8.17

Implementar en Java la siguiente operación del TAD Grafo extendido:

```
void cargarGrafo(File f)
/* Construye un grafo a partir de la información de un
   archivo */
{pre: el archivo esta abierto y es estructuralmente correcto,
    de acuerdo con el esquema de persistencia}
{post: se ha construido el grafo que corresponde a la imagen
   de la información del archivo}
```

Ejercicio 8.18

Implementar en Java la siguiente operación del TAD Grafo extendido:

```
int ordenGrafo(Grafo g)
/* Retorna el número de vértices del grafo */
{post: ordenGrafo=n}
```

Ejercicio 8.19

Implementar en Java la siguiente operación del TAD Grafo extendido:

```
Lista sucesores(Grafo g, char v)
/* Retorna una lista con los identificadores de los vértices
   sucesores de v */
{pre: v in V}
{post: sucesores = <x1,...,xk> | v→xi}
```

REFERENCIAS

[1] N. Dale and S.C. Lilly. *Pascal y estructuras de datos*. Informática y computación. 1989. ISBN: 9788476154045.

[2] Roberto Tamassia Michael T. Goodrich. *Estructuras de datos y algoritmos en Java / Michael*

T. Goodrich, Roberto Tamassia ; traducción Virgilio González Pozo. México, Compañía Editorial continenta, 2002.

[3] A.S. Tanenbaum and R.E. García. *Sistemas operativos modernos*. Pearson Educación. Pearson Educación, 2003. ISBN: 9789702603153. URL: *https://books.google.com.co/books? id=g88A4rxPH3wC.*

[4] Jorge Villalobos. *Estructuras de datos*. 1999.

[5] Mark Allen Weiss. *Estructuras de datos en Java*. Addison Wesley, 2004.

ÍNDICE ALFABÉTICO

Made in the USA
Monee, IL
16 August 2025

23308447R00181